山西大学城乡发展书系

民生政治

惠农政策与乡村治理

慕良泽　王芳　等著

中国社会科学出版社
南開大學出版社

图书在版编目(CIP)数据

民生政治：惠农政策与乡村治理／慕良泽等著．
—天津：南开大学出版社；北京：中国社会
科学出版社，2020.12
（山西大学城乡发展书系）
ISBN 978-7-310-06079-5

Ⅰ．①民…　Ⅱ．①慕…　Ⅲ．①农业政策—研究—
中国　Ⅳ．①F320

中国版本图书馆 CIP 数据核字(2020)第 269978 号

民生政治
惠农政策与乡村治理
MINSHENG ZHENGZHI
HUINONG ZHENGCE YU XIANGCUN ZHILI

南开大学出版社
中国社会科学出版社　出版发行
出版人：陈　敬　赵剑英
地址：天津市南开区卫津路 94 号　邮政编码：300071
营销部电话：(022)23508339　营销部传真：(022)23508542
http://www.nkup.com.cn

北京君升印刷有限公司印刷　全国各地新华书店经销
2020 年 12 月第 1 版　2020 年 12 月第 1 次印刷
240×170 毫米　16 开本　14.25 印张　230 千字
定价：58.00 元

如遇图书印装质量问题，请与本社营销部联系调换，电话：(022)23508339

《山西大学城乡发展书系》编委会成员

总　序

进入中国特色社会主义新时代后，城乡发展问题愈加引人关注。2019年，习近平总书记在江西视察时指出“城镇化和乡村振兴互促互生”，回答了新时代两个重要发展任务之间的关系，也奠定了未来一个时期中央处理城乡发展问题的基本思路。由于过去的非均衡发展积累了大量的矛盾，城乡发展尚有许多问题需要解决，需要学者们投入大量的精力开展研究。

基于这一背景，山西大学乡村振兴研究院组织撰写和出版“山西大学城乡发展书系”。

山西大学乡村振兴研究院是隶属于山西大学的校级科研单位，2016年获批山西省人文社科重点研究基地。研究院依托哲学、政治学一级学科博士点，充分发挥协同创新、联合攻关的整体科研优势，开展实验研究和调查研究。研究院按照国家急需、特色鲜明、制度创新、引领发展的总要求，将咨政服务、理论研究、实验研究有机结合，形成三位一体的科研创新发展模式。近年来，研究院对城乡发展问题开展了大量研究工作，尤其在精准扶贫、乡村振兴等方面投入了巨大的研究资源。

本书系出版的主要目的有二：一是将过去一段时间本单位研究人员关于城乡发展相关问题的研究成果进行系统梳理和展示，与领域内的专家学者进行学术交流，并推动科研成果得到应用，为相关问题的解决提供智力支持；二是持续记录和发现中国城乡发展进程中的新情况、新问题，为城乡发展不断寻找新思路、新方法。

未来，我们将继续关注城乡发展问题，不断深化研究，依托这一书系推出更多高质量的研究成果。

《山西大学城乡发展书系》编委会

2020年11月3日

目　录

导　论

本书主要以21世纪以来制定、贯彻、实施的惠农政策为研究对象，分类型、分区域、分阶段考察惠农政策的背景、属性、内容、贯彻落实的方式、政策成效及政策发展等内容。通过惠农政策的相关研究，希望能为架构和确立民生政治内涵，提供一个理解视角和考察纬度。

一　选题依据与研究意义

在中国共产党和新中国的发展历程中，动员农民参加革命，农民是夺取政权和维护政权的主要力量；农村包围城市，不管是在革命年代还是在改革征程中，都是重要的战略和策略之一；[①] 农业支持工业，也是新中国原始积累的一个主要方针。为此，中国共产党有丰富的“三农”工作战略、方针和政策。特别是21世纪以来，中央出台了公益型、福利型、保障型、保险型4大类、共计120多项惠农政策。从公益建设、福利提升、保障兜底、保险呵护4个层面，全方位、立体化地将改革开放的成果逐步惠及“三农”，使“三农”享优惠，得实惠。惠农政策实施至今，政策的政治效应、经济效应和社会效应均已发挥，支农强农惠农的发展局面基本形成。农村政治发展正在沿着新的路径，呈现新的趋向，写就新的主题。农村政治的新变化可以提升为什么样的理论命题，这是本研究的“现实问题”和现实基础。

回到理论界，在梁漱溟看来，中国旧社会是一个伦理本位、职业分立

---

① 徐勇认为，新中国历史上发生过两次“农村包围城市”，第一次，即革命阶段，中国共产党实施的农村包围城市的战略；第二次，即改革开放由农村的联产承包改革而始。

的社会。近代以来乡村建设的主要任务是自下而上恢复、重建乡村文化。乡村社会没有阶级分属，更不需要阶级斗争。[①] 费孝通也认为，传统中国乡村是一个文化共同体，乡绅治乡是传统乡村治理的主要面向。[②] 梁漱溟和费孝通对乡村社会的研究都有一个相近的判断，即在传统乡村社会，“皇权不下县”，国家与民众之间联系松散，乡村社会很少受国家权力体系的影响，几近处于“无政治”状态。近代以来，“外敌入侵”“民族团结”“一致对外”等“唤醒运动”的发生，使得中国农村社会经历了从“无政治”到“有政治”的转型发展。在政治进入农村社会或农村社会产生政治之后，农村政治的主要议题不是一成不变，而是随着经济社会环境的变化而变化。总体来看，新中国成立以来，农村政治生活经历了“生存政治”“权力政治”“民主政治”等政治发展主题的演变，逐步成为中国政治发展的主要面向。在理论整理、文献检视和逻辑架构中，“上层政治”“生存政治”“权力政治”以及“民主政治”能否全面解释当下农村政治发展？是否足以构筑当下农村政治发展的理论框架？如果回答是否定的，其解释限度和理论局限如何突破，成为本研究的“理论问题”和理论契机。

在现实情境和理论困惑中，笔者试图引入和切入“民生政治”，以期管窥惠农政策的政治效应，探索农村政治发展的理论逻辑和现实趋向。

追本溯源，民生政治之“民生”，中国传统典籍中多有论述。《左传·宣公十二年》中有对“民生”的最早记载，即所谓“民生在勤，勤则不匮”，主旨是说民众的生计状况在于勤劳，只要勤劳了，衣食住用行则不会匮乏，不会缺吃少穿。这一观点代表了对传统中国社会民生的普遍看法，即民生就是民众的自然生计，民众自立自为所达到的生产生活状态。直到20世纪20年代，孙中山给“民生”注入新的内涵，他将民生上升到国家大政方针、历史观甚至“主义”这样的高度来把握。在孙中山看来，民生就是民众的生命、生活和生计，以及整个社会的生存状态。[③] 静态分析，民生就是政治、经济和社会活动的“中心”；[④] 动态分

---

① 梁漱溟：《乡村建设理论》，上海人民出版社2011年版。

② 费孝通：《乡土中国　生育制度》，北京大学出版社1998年版。

③ 《孙中山选集》，人民出版社1981年版，第802页。

④ 同上书，第825页。

析，民生也是一切社会活动的原动力。① 笔者认为，上述对民生的理解，可以概括为广义的民生，即与民众生计直接相关或间接相关的事务均可囊括其中。所以，广义的“民生”强调民生的综合性和重要性，适合对民生问题的总体性把握和概览性认知。也可看到，广义的“民生”不易具体操作，不利于对民众切身感受和现实体验的民生问题进行精准把握，也不利于直接对接改善民生的具体政策和措施。从这一层面出发，需要从狭义上来界定“民生”，即民生主要是指表现于基层社会层面的民众的生产状况和生活状态。狭义上的民生，可以与改善民生的具体措施和政策相对应、相对接。

就民生与政治的关系，谢忠文的研究具有代表性和启发性。在他看来，民生与政治的关系经历了民生与政治的二元对立、政治遮蔽甚至替代民生、民生与政治的分离、民生政治观的确立四个阶段。② 具体而言，在中国“大历史”中，传统社会虽然有“民生”记载，但是思考民生问题的主体是民众，视野也仅限于村落共同体。虽然优秀的统治者尽量坚持“不扰民”“以苍生为念”“养民”“保民”等执政理念，但是，这其中更深层次的内涵是对民众主体性和自主性的否定，对“家天下”理念的贯彻和执行。当然，部分民众也坚守“纳完粮，自在王”的无国家束缚的生活状态，甚至在面对国家沉重的赋税时，还想逃至荒野，进入无国家的绝对自由状态。为此，在传统社会，民生未能真正进入“政治”视野，充其量，“民生政治”与“民本思想”“民本政治”等理论一样，只是确立执政合法性的一个噱头。将民众生活真正纳入政治视野、将国家与民众关系作为主要政治关系来处理、通过公共政策保障和改善民生等一系列政治和行政活动的开展，是现代国家治理体系的主要任务，也是现代国家的主要内涵。③ 可以说，自孙中山先生开始，“民生”被赋予了现代政治内涵，同时，现代政治也需要“民生”的支撑。正如陈明明认为，现代政治从国家和社会的现代化转型和长治久安出发，需要以民意为归依，以共享共治为目的，需要将民生导入公共政策和制度安排的构建中，建立公平

① 《孙中山选集》，人民出版社1981年版，第835页。

② 谢忠文：《民生政治观的谱系与建构》，《西南大学学报》（社会科学版）2013年第5期。

③ 陈浩天：《民生政治：国家治理体系建构的合法性向度与发展理路》，《行政论坛》2016年第6期。

的利益分配机制，并从满足民众日益增长的社会需要出发，为发展经济和民生幸福创造适宜的政治和社会环境。[①] 曹文宏的研究直接认为：表现为经济、社会问题的民生问题实质上是一个现代政治问题，现代政治合法性的支撑就来源于民众生活质量的提高。[②] 将上述两个层面相结合来探讨，可以认为，现代社会赋予民生的政治内涵，主要来源于两方面：一方面是在现代社会，民生问题的产生与解决都与政府层面的公共政策有密切关系；另一方面是现代政治的民生取向直接关乎民心向背，乃至整个经济社会的发展。[③]

联系对民生的广义和狭义的分类来理解民生政治，可以认为，从孙中山所处的历史背景和现实环境来看，孙中山所讲的民生与民生政治，属于广义上的理解，更多充当政治动员的口号和策略。但是直到当下，广义和狭义上对民生的理解，仍然有助于从广义和狭义上理解民生政治。可以说，广义上的民生政治更多体现为执政理念、执政方略和民生政治观。[④] 如有研究认为，民生政治，是指坚持共建共享原则，以民生保障和民生发展作为政治发展和社会治理的重心，[⑤] 以民生改善和社会和谐为主要政治行动的一种政治理念、政治模式。[⑥] 而狭义上的民生政治，则可以通过民生政策来考量。所以，本书选取民生政治的视角来研究惠农政策；通过惠农政策的政治效应分析，赋予民生政治新的内涵。在本研究中，惠农政策既体现执政理念，也从具体事项层面解决民生问题。这是既有的研究提供给本研究的方法上的启示。

综合对民生政治的两个层面的研究和理解，就具体研究内容而言，目前学界对于“民生政治”的研究尚未形成相对精准的范畴和完整的命题，主要研究内容分属两大类，围绕四个议题展开。议题一，突破“政治就是国家大事”的片面理解，认为民生也是政治，甚至认为“民生就是最

---

① 陈明明：《以民生政治为基本导向的政治发展战略》，《江苏社会科学》2012 年第 2 期。

② 曹文宏：《民生政治：民生问题的政治学诠释》，《天府新论》2008 年第 1 期。

③ 张翠：《民生政治与民主政治辨析》，《党政论坛》2015 年第 1 期。

④ 谢忠文：《民生政治观的谱系与建构》，《西南大学学报》（社会科学版）2013 年第 5 期。

⑤ 曹文宏：《民生政治：民生问题的政治学诠释》，《天府新论》2008 年第 1 期。

⑥ 田新文：《民生政治：理解政治生活变化的新视角》，《社会主义研究》2008 年第 4 期。

大的政治"。[1] 议题二，将"民生"建设作为政治建设的重要内容，作为政治合法性的重要来源来看待，抓民生建设，就是培育政治合法性资源，提升政府公信力。这两大议题可归属为"民生"与"政治"重叠类。议题三，认为政治的主旨是国家大事，将"民生"提升到"政治"的高度来看待，更有利于解决民生问题，推进民生建设。议题四，将"民生"作为政治的社会基础来夯实，民生政治的要点是推进社会建设，优化国家与社会关系，这两大议题可归属为"民生"与"政治"勾连类。概括而言，上述议题及其类别的相关研究多属于就民生和民生政治内部的逻辑演绎式的研究，研究结果所呈现的民生政治的理论脉络还不是很清晰。所以，本书在吸纳既有的对民生政治进行分层研究和逻辑演绎式研究的基础上，基于农村政治发展的历史和现实，分析和解读惠农政策的政治效应，明确民生政治的基本内涵，扩展民生政治的解释力。

从惠农政策评估这一现实问题来考察，从目前来看，民生政治的多数研究，主要提供了一个自上而下的理论指导和管窥"三农"问题的视角；主要体现一种规范意义上的价值期盼。而从"农民的视角"出发，考察自下而上的政策输入和政治合法性的资源，收集政治表达，通过惠农政策的改善性意见，让农民参与民生政治的建构，也具有研究的理论价值。

回到现实政治生活中，我们也可以清晰地看到民生政治的构建过程。进入21世纪以来，党的十六大、十七大、十八大和十九大报告中均提到"民生"问题，为自上而下关注民生政治提供了有力的视角。十六大报告在第四部分"经济建设和经济体制改革"中提到："千方百计扩大就业，不断改善人民生活。就业是民生之本。"[2] 十七大报告单列一部分，即"八、加快推进以改善民生为重点的社会建设"。整个报告3次提到"民生"。报告强调："社会建设与人民幸福安康息息相关。必须在经济发展的基础上，更加注重社会建设，着力保障和改善民生，推进社会体制改革，扩大公共服务，完善社会管理，促进社会公平正义，努力使全体人民

① 赵强：《民生就是最大的政治》，《光明日报》2014年3月7日。

② 江泽民：《全面建设小康社会 开创中国特色社会主义事业新局面——在中国共产党第十六次全国代表大会上的报告》，《人民日报》2002年11月9日。

学有所教、劳有所得、病有所医、老有所养、住有所居，推动建设和谐社会。”[①] 十八大报告，也单列一部分，即“七、在改善民生和创新管理中加强社会建设”。整个报告10处提到“民生”，报告强调：“加强社会建设，必须以保障和改善民生为重点。提高人民物质文化生活水平，是改革开放和社会主义现代化建设的根本目的。要多谋民生之利，多解民生之忧，解决好人民最关心最直接最现实的利益问题，在学有所教、劳有所得、病有所医、老有所养、住有所居上持续取得新进展，努力让人民过上更好生活。”[②] 十九大报告，也单列一部分，即“八、提高保障和改善民生水平，加强和创新社会治理”。整个报告12处提到“民生”，报告更是强调：“坚持在发展中保障和改善民生。增进民生福祉是发展的根本目的。必须多谋民生之利、多解民生之忧，在发展中补齐民生短板、促进社会公平正义，在幼有所育、学有所教、劳有所得、病有所医、老有所养、住有所居、弱有所扶上不断取得新进展，深入开展脱贫攻坚，保证全体人民在共建共享发展中有更多获得感，不断促进人的全面发展、全体人民共同富裕。建设平安中国，加强和创新社会治理，维护社会和谐稳定，确保国家长治久安、人民安居乐业。”[③] 从十六大报告到十九大报告，不断增多的“民生”论述，说明顶层的政治设计中，越来越多地关注了民生政治，为民生政治的研究注入了时代动力。

就本书而言，“民生政治”的主要载体和研究对象是“惠农政策”。进入21世纪以来，从2004年开始，中央通过连续出台“中央一号文件”，并辅以单项的政策，构筑了惠农政策的体系和网络。以十几个“中央一号文件”和一系列惠农政策的出台为出发点，构建了自下而上透视民生政治的有力视角。结合“附录一”我们可以看到“中央一号文件”中反映的惠农政策构建、完善、体系化的路径：从政策属性来看，单项惠农政策本身呈现出了由建立到完善的过程。惠农政策体系则呈现出这样的

---

① 胡锦涛：《高举中国特色社会主义伟大旗帜 为夺取全面建设小康社会新胜利而奋斗——在中国共产党第十七次全国代表大会上的报告》，《人民日报》2007年10月15日。

② 胡锦涛：《坚定不移沿着中国特色社会主义道路前进 为全面建成小康社会而奋斗——在中国共产党第十八次全国代表大会上的报告》，《人民日报》2012年11月18日。

③ 习近平：《决胜全面建成小康社会 夺取新时代中国特色社会主义伟大胜利——在中国共产党第十九次全国代表大会上的报告》，《人民日报》2017年10年18日。

趋势：公益型的惠农政策一直是坚持的主线，内容不断丰富，覆盖面不断拓宽，充分显示了公益型惠农政策的普遍性和大众性。在公益型惠农政策的基础上，则逐步建立了福利型、保障型和保险型惠农政策。福利型、保障型和保险型惠农政策在“福利”“保障”和“保险”的对象、内容、功能上，是惠农政策特殊性和针对性的体现。公益型、福利型、保障型和保险型惠农政策的完善和体系化，使惠农政策实现了普遍性与特殊性、个体性和公共性的结合。从政策内容来看，惠农政策经历了由狭义范围上的“三农”向“三林”“三牧”“三渔”“三矿”等层面的广覆盖。① 总体来看，惠农政策的体系逐渐形成，许多政策的周期还有没有终结，许多政策还没有来得及评估和改善。所以，在当下，研究惠农政策的评估和完善问题，具有重要的意义。

本书在自上而下关注民生政治的政策体系构建的同时，重点挖掘惠农政策的基层实践，以自下而上的政策反馈和政策评估，参与惠农政策的完善，共同创新民生政治的领域。

二 研究梳理与述评

对相关研究的评述取决于本书中对“惠农政策”的界定。本书中的“惠农政策”主要包含两个层面的内涵，其一，“惠”当“优惠”来讲，主要是指进入21世纪以来，中国政府为了支持农业的发展，提高农民的经济收入和生活水平，推动农村的可持续发展而对农业、农民和农村给予的政策倾斜和优惠。② 比如，农业和农民所享受的一些补贴，对农村的特殊支持等惠农政策。其二，“惠”当“惠及”来讲，主要是指把在城乡二元体制下所形成的、农民所缺失的“国民待遇”补给农民，惠及农村。比如，建立农村最低生活保障制度和医疗保险制度等。两层内涵相结合，是特殊保护原则和普遍惠及原则相结合，是发展过程和发展目标相结合。为此，与本书主题和内涵相关的研究主要表现在以下几个方面。

---

① 徐勇：《多层次把握“三农问题”及其特点》，《中国社会科学报》2009年10月15日。

② 奚洁人：《科学发展观百科辞典》，上海辞书出版社2007年版，第105页。

一方面，研究惠农政策的理论视角较为丰富，有着深厚的学理传统。

其一，“国家的视角”。斯科特对东南亚某些国家的农业改造项目的研究所提炼的“国家的视角”是研究公共政策的经典传统，也是本书主要的学术对话目标。[①] 林毅夫则较早的从国家政治稳定的角度谈及惠农政策的实施与终结问题。[②] 亢霞站在“国家的视角”，探讨了惠农政策产生的原因：我国经济的整体发展状况、“三农”问题和粮食流通体制改革等为现行惠农政策产生提供了内部动力，加入世界贸易组织为我国现行惠农政策提供了外部动力。[③] 李兆友、胡平则具体研究了县域公共权力在惠农政策过程中表现出的价值追求的利己化、价值理念的官僚化、价值选择的商品化和价值实现途径的滥化四个问题。[④]

其二，农民、农村社会的视角。其实，斯科特早期的研究，主要关注的是“弱者的武器”，即农民对国家行为的一系列抵制和反抗行为。这里，笔者将其研究归类于“农民的视角”。[⑤] 徐勇提出“农民改变国家”的农民主体性的确立和建构，是理解农村社会发展变化的重要视角。[⑥] 鲁子问针对自上而下的政策话语模式的缺陷，认为自下而上的政策话语模式有利于政策的准确传播和政策目标的实现。[⑦] 马平轩则认为，要站在农民立场，深刻理解把握惠农政策的利、乐、和、安结构，尊重农民主体地位，发挥农民积极性，培养造就全面发展的新型农民。[⑧] 加芬芬、吴晓燕也研究了农民、农村分化与现代化和惠农政策评价之间的关系。[⑨]

其三，国家与农民互动、互构的视角。徐勇对“行政下乡”“政策下

---

① 詹姆斯·C. 斯科特：《国家的视角：那些试图改善人类状况的项目是如何失败的》，社会科学文献出版社 2011 年版，第 92 页。

② 林毅夫：《有关当前农村政策的几点意见》，《农业经济问题》2003 年第 6 期。

③ 亢霞：《我国惠农政策出台的原因探析》，《中国粮食经济》2008 年第 6 期。

④ 李兆友、胡平：《惠农政策背景下县域公共权力价值的异化》，《当代经济管理》2017 年第 9 期。

⑤ 詹姆斯·C. 斯科特：《弱者的武器》，译林出版社 2011 年版，第 43 页。

⑥ 徐勇：《农民改变中国：基层社会与创造性政治——对农民政治行为经典模式的超越》，《学术月刊》2009 年第 5 期。

⑦ 鲁子问：《自下而上政策话语模式分析》，《当代世界与社会主义》2008 年第 6 期。

⑧ 马平轩：《惠农政策的人学寓意》，《河南社会科学》2010 年第 5 期。

⑨ 加芬芬、吴晓燕：《心态变迁影响惠农政策评价》，《人民论坛》2013 第 33 期。

乡”与乡土社会的互动关系进行了总体性的研究。[1] 具体而言，申恒胜研究认为，惠农政策下乡重塑了基层政权的分配性特征，重塑了农民向基层政权索要资源的特征。基层政权的分配性特征打破了“基层政权功能弱化”的模糊性理论界说，农民行为角色的转换也意味着基层政权并未完全“悬浮”，这为解读国家与农民关系提供了新的分析理路。[2] 黄振华认为，21 世纪以来，以一系列国家惠农政策的出台和实施为标志，政府对乡村社会的介入开始迎来历史性转换的重要节点，表现为政府介入过程具有越来越明显的适应性和互构性特征，由过去的“强制性政府介入模式”或称为“政府介入的强制模式”逐渐转变为“适应性政府介入模式”或者称为“政府介入的适应模式”。[3] 王晓毅则以一个半农半牧区草场管理的案例，分析了农民放牧行为与国家政策之间的互动关系。[4]

其四，历时的视角。程利英通过对古今中国惠农政策的论述发现，封建时代的一些惠农措施是为了增加国家的财政收入，不是真正为广大劳动人民着想。当今的政府是真正为农民着想，关注农民，重视农业，大力建设新农村，充分体现了党中央对广大农民的关爱、对农村繁荣的关心、对农业发展的关注。[5] 就改革开放以来惠农政策的发展，巩前文从财政支农的角度将其分为四个阶段：即 1978—1987 年，财政支农全面改革阶段。重点是财政部门改革了财政支农资金的分配、使用管理办法，改进农业税征收管理办法，促进了农业生产力发展。1988—1997 年，多层次、多渠道增加农业投入阶段。重点支持粮食生产，建立财政支农专项资金，促进农村经济全面发展。1997—2002 年，大力加强基础设施建设，支农机制和方式改革深化阶段。通过公共财政体制改革，增加农村基础设施建设投

① 徐勇：《“政策下乡”及对乡土社会的政策整合》，《当代世界与社会主义》2008 年第 1 期。

② 申恒胜：《“分配型政权”：惠农政策背景下基层政权的运作特性及其影响》，《东南学术》2013 年第 3 期。

③ 黄振华：《从强制到适应：政府与乡村关系变迁的一个解释框架——以国家惠农政策为分析视角》，《社会主义研究》2014 年第 4 期。

④ 王晓毅：《政策下的管理缺失——一个半农半牧区草场管理的案例研究》，《华中师范大学学报》（人文社会科学版）2005 年第 6 期。

⑤ 程利英：《国家支农惠农政策述论——以中国古今国家支农惠农政策为例》，《开发研究》2010 年第 3 期。

入，进行税费改革。2003 年以来，基于统筹城乡发展战略，财政支农政策实现战略性转变，突出体现在 2004 年以来连续出台“中央一号文件”关注农村发展，并出台了大量惠农政策。[①]

其五，国际比较的视角。滕淑娜和顾銮斋研究指出，英国政府的经济政策经历了从轻视到重视进而珍视农业并对农业实行巨额补贴的过程。而赋税制度也相应经历了以农业税为主到以工商税、所得税等为主的过程。[②] 高志辉、崔计顺、郝娟娟的研究介绍了美国、欧盟、日本、韩国、瑞士、加拿大的农业补贴政策的主要形式，认为这些国家的政策对我国农业补贴政策的调整有如下启示：逐步建立灵活多样的农业补贴政策体系；在对农民进行收入补贴时应强调环境保护问题；扩大一般农业政府服务的投入；要有选择、有主次顺序的对农业实行补贴。[③] 姜维壮研究认为，国际上支农惠农取得成就的国家，比如欧美发达国家支农惠农政策的主要共同特点之一，是政策的多样性、体系性和广泛性。发展中国家取得惠农支农成就的国家，主要特征之一是重视农村基础设施建设。[④] 邓谨、张金梅在对 James P. G、Kym Anderson、Vandermeulen V、Dimitri 等国外学者的农业支持保护政策理论、生产者补贴等值（PES）模型、WTO 的综合支持 T 指标的梳理和介绍的基础上，认为我国在加入 WTO 以后，农业部及国内学者采用西方农业支持的话语体系、研究指标和范式，对发达国家的农业支持政策绩效进行探究，具有后发适应的特点。[⑤] 蔡禹农分析了欧盟在市场支持、直接补贴、政府公益服务、基础设施等方面的财政支农政策。[⑥] 陶群山分析了欧盟共同农业政策的三个发展阶段，并指出应根据经济形势需要，确立农业政策目标，完善支农政策的手段和方式。[⑦]

---

① 巩前文：《强农惠农政策解答》，天津科技翻译出版公司 2009 年版，第 12 页。

② 滕淑娜、顾銮斋：《由课征到补贴——英国惠农政策的由来与现状》，《史学理论研究》2010 年第 2 期。

③ 高志辉、崔计顺、郝娟娟：《发达国家农业补贴政策及其启示》，《前沿》2005 年第 1 期。

④ 姜维壮：《一项长久重中之重的财政职责——财政支农惠农政策溯源》，《财政研究》2010 年第 10 期。

⑤ 邓谨、张金梅：《惠农政策执行绩效研究综述》，《中国农学通报》2011 年第 14 期。

⑥ 蔡禹农：《欧盟的财政支农政策》，《中国财政》2007 年第 5 期。

⑦ 陶群山：《欧盟共同农业政策的演变及启示》，《重庆社会科学》2010 年第 4 期。

另一方面，对21世纪中国的惠农政策本身的研究刚刚起步，研究呈现多样化。

其一，惠农政策分类研究。邓大才把惠农政策分为四种类型，即民生型惠农政策、基础型惠农政策、增收型惠农政策和经济型惠农政策。① 巩前文将惠农政策分为生产补贴类、生活保障类、能力建设类、基础设施改善类惠农政策四种。② 樊志民认为，惠农政策可从制度、政策、措施三个层面来理解、梳理和归纳。③ 邵青认为，可以从农业经济发展、农民生活保障、农村公共服务、农村基础设施和农村组织建设五个维度，架构我国惠农政策的框架体系。④

其二，惠农政策绩效研究。谢来位指出，政策资源的非均衡性、执行机构的科层性、目标群体的低组织化等制约因素在很大程度上决定了我国惠农政策“自上而下”执行及其结构性冲突，而执行环境的复杂性、目标群体的异质性又对该模式提出了严峻挑战，且运行机制的不完善将加剧这种模式的结构性损耗。须通过提升农民组织化程度，增强目标群体功能；重配政府功能和职责，减少政策执行层级；完善政策运行机制，降低结构性损耗等优化路径来提升我国惠农政策的执行效力。⑤ 邓谨、张金梅认为，随着2004—2010年“中央一号文件”出台，中国惠农政策体系逐渐形成，国内研究重点转向对现阶段惠农政策执行绩效的研究，包括执行现状实证调研、低效成因分析和对策研究。这些成果对于提高惠农政策执行绩效具有重要意义，但是在惠农政策绩效评价中没有立足于农户的主体性需求，执行绩效体系尚未建构，成为惠农政策执行绩效后续研究的重点。⑥ 黄利民、刘成武等指出，惠农政策对不同农民群体有不同的影响；

---

① 未刊稿。

② 巩前文：《强农惠农政策解答》，天津科技翻译出版公司2009年版，第3页。

③ 康嘉伟：《正确把握惠农政策的三个层次——访西北农林科技大学樊志民教授》，《西部大开发》2009年第1期。

④ 邵青：《我国惠农政策的框架体系及政策执行影响因素分析》，《甘肃理论学刊》2012年第3期。

⑤ 谢来位：《惠农政策“自上而下”执行的问题及对策研究》，《经济体制改革》2010年第2期。

⑥ 邵青：《我国惠农政策的框架体系及政策执行影响因素分析》，《甘肃理论学刊》2012年第3期。

并且认为惠农政策在一定程度上抑制了农地规模经营和农地流转。① 王良健、罗凤、贺文慧等认为，不同类型的惠农政策，绩效不同。整体而言，我国现阶段惠农政策实施绩效农民满意度处于中等偏低水平。② 与此相反，胡宪、黄斌的抽样评估认为，农民对惠民政策的总体满意程度较高，但对不同惠农政策的评价出现分化。③ 由此可见，惠农政策因区域、时段和具体的政策而异，其绩效评价还需细化和具体化。

其三，惠农政策调整研究。孔凡丕提出国家要加强政策配套建设，支持地方政府在惠农政策创新方面的积极性。④ 邓大才建议制定惠农政策要因地制宜、因时而动、分类推进，同时促进惠农政策实现“两个转变”：一是惠农政策要从单项政策下乡向打包政策下乡转变；二是惠农政策要从全国基本性政策向地方特色性政策转变。⑤ 姜玉中则认为要打造“直通”机制，落实惠农政策。⑥ 钟淑健也认为，惠农政策与相关法律规定也应该相契合。⑦ 周晓农则提出，要注意惠农政策的累积效应。⑧ 王元成认为，要进一步巩固惠农政策地位，完善惠农政策体系，调整惠农政策结构与转变惠农政策信息传播方式，以确保其顺利运转，发挥最大效用。⑨ 杜辉认为，面对农村人口转移问题，惠农政策功能定位应着眼巩固农村人力资本和促进农业可持续发展，政策体系应坚持“降劳动力成本、完善财政补贴、重生态环保”的三位一体改革方向，并积极开展以主体激励、政策

---

① 黄利民、刘成武、余鹏、彭大雷：《惠农政策实施状况及其对农户农地利用的影响——基于随州市苏家寺村农户调查》，《咸宁学院学报》2011 年第 2 期。

② 王良健、罗凤：《基于农民满意度的我国惠农政策实施绩效评估——以湖南、湖北、江西、四川、河南省为例》，《农业技术经济》2010 年第 1 期；贺文慧、程实：《基于农户满意度的惠农政策研究》，《西北农林科技大学学报》（社会科学版）2013 年第 2 期。

③ 胡宪、黄斌：《惠农政策满意度评估及影响因素研究：基于实地调研的大样本分析》，《湘潭大学学报》（哲学社会科学版）2017 年第 1 期。

④ 孔凡丕：《落实中央惠农政策要把握的几个问题》，《农业经济问题》2014 年第 9 期。

⑤ 邓大才：《惠农政策要适时调整和优化》，《农村工作通讯》2010 年第 13 期。

⑥ 姜玉中：《打造“直通”机制 落实惠农政策——对安陆市农民信访案件的调查》，《地方财政研究》2009 年第 3 期。

⑦ 钟淑健：《法官法源的选择——惠农政策与法律规定的冲突与契合》，《法律方法》2009 年第 8 卷。

⑧ 周晓农、戴劲松：《惠农政策在累积发酵》，《瞭望》2008 年第 17 期。

⑨ 王元成：《惠农政策的成效评价：农民视角——基于全国 245 村 3641 户农民的调查与思考》，《东南学术》2012 年第 1 期。

协调、绩效评价、执行监督为主要内容的政策运行保障机制建设。[①]

需要补充的是，对21世纪中国的惠农政策的实施，有很多媒体报道、工作报道和社会调查，为往后的学术研究积累了丰富的资料。

其一，媒体报道和工作报道。随着“三农”被确立为各级政府工作的“重中之重”，为解决“三农”问题而推行的惠农政策也成为各大媒体和工作报道的主要栏目，成为社会关注的焦点之一。《中国农民报》《中国牧业通讯》《中国农学通报》《农村工作通讯》等各级涉农媒体和涉农行业、涉农部分的刊物，对各级各类惠农政策进行介绍，报道各级政府落实惠农政策的举措和地方经验，等等。

其二，社会调查和调查报告。由国务院发展研究中心农村经济研究部汇编的《中国农村调查报告》、农业部农村经济研究中心汇编的《中国农村研究报告》、农业部产业政策与法规司编辑的《农村政策法规调查与研究》等书籍，是研究惠农政策的重要资料来源。华中师范大学“百村观察”项目组从2008年开始，在对全国200多个村庄3000多户农民进行问卷调查的基础上，推出了一系列惠农政策的调查报告和咨询报告，汇编出版了《中国农村咨政报告》，其中有关林权改革、“家电下乡”、农村水利建设等专题报告被国家领导人批示或被地方政府采纳。与此同时，还有农业部的“百乡万户调查”、中央国家机关青年“百村调研”实践活动和各级政府组织的惠农政策专题调研活动等，均构成了惠农政策研究的丰富资料。

综合上述研究进展我们可以看出，在有关惠农政策的研究中，对策研究较多，学理研究需要加强；惠农政策相关资料较为丰富，但资料还需整合和系统化。为此，本书以河北省、山西省有关惠农政策的问卷调查数据、参与式观察资料和个案访谈资料为主，主要基于“农民的视角”，指向“民生政治”，研究惠农政策的实施和改进思路，试图将惠农政策的对策研究引向深入；同时，提升惠农政策的学理研究。

三　研究思路与方法

从理论假设的角度来讲，本书的理论旨归——“民生政治”，可以从

① 杜辉、胡振虎：《中国农村人口转移、农业国际竞争力与惠农政策调整》，《农村经济》2017年第11期。

三个层面来理解：其一，将“民生”提升到政治的高度来看待并开展工作。其二，将“民生”建设作为政治建设的重要内容，作为政治合法性的重要来源来看待，抓民生建设，就是培育政治合法性资源。其三，将“民生”作为政治的物质基础来夯实。对民生政治的这三层理解，笔者试图在本书中得以检验。

就本书具体的研究对象——惠农政策来看，参考表1可以看到，21世纪以来出台的系列惠农政策纷繁复杂，体系庞杂。为方便研究，笔者将直接涉及农民个体的惠农政策分为四种类型，即福利型惠农政策、公益型惠农政策、保障型惠农政策和保险型惠农政策。从前期调研所获得的信息来看，农民对义务教育“两免一补”政策、种粮补贴政策、农资综合补贴

表1　我国惠农政策内容摘录表①

惠农领域	政策类别	具体政策内容
农业经济发展	财税价格	税费改革、取消农牧业税及特产税、实行粮食最低收购价、玉米大豆油菜籽等临时收储政策、产粮大县奖励、村级公益事业一事一议财政奖补政策
	农业补贴	种粮农民直接补贴、农资综合补贴、良种补贴、农机具购置补贴、动物防疫补贴
	农业保险	种植业保险、养殖业保险
	农业产业化	农业产业化专项资金、所得税减免、出口退税、增值税抵扣、投融资和国际贸易支持
	农产品贸易	扶持菜篮子产品标准化生产、完善鲜活农产品“绿色通道”政策、支持优势农产品生产和特色农业发展、农产品加工及休闲农业发展、农产品“农超对接”
	农业科技	良种培育、转基因生物新品种培育、现代农业产业技术体系、乡镇农技推广服务机构建设
	农村金融	完善金融机构服务“三农”激励机制、发展小额信贷和联户贷款、发展农村小型金融机构
	农业经营	农村土地承包法律政策、土地流转政策

① 邵青：《我国惠农政策的框架体系及政策执行影响因素分析》，《甘肃理论学刊》2012年第3期。

续表

惠农领域	政策类别	具体政策内容
农村基础设施	农田水利	病险水库除险加固、小型农田水利工程建设专项补助、节水灌溉改造
	土地保护	耕地保护制度、建设高标准农田、土壤改良、农业机械化
	“水电路气房”民生工程	饮水安全工程、乡村公路、支持农民建房、农村沼气建设工程
	生态环境	天然林保护、退耕还林等重点生态工程，森林、草原和水土保持生态效益补偿制度
农民生活保障	农民就业	加强农民就业创业培训、多渠道促进农民就业、扶持农民工返乡创业、切实维护农民工合法权益
	农村消费	家电下乡政策、汽车下乡补贴政策、“万村千乡市场工程”
	社会保障	新型农村合作医疗制度、新型农村社会养老保险、被征地农民养老保险、农村五保户供养政策、农村最低生活保障政策
农村公共服务	教育发展	义务教育“两免一补”政策、中等职业学校农村家庭经济困难学生和涉农专业学生免学杂费、开展农民培训和农村实用人才培养
	文化发展	广播电视村村通、文化信息资源共享、乡镇综合文化站和村文化室建设、农村电影放映、农家书屋等重点文化惠民工程
	医疗卫生	农村部分计划生育家庭奖励扶助政策、乡村医疗卫生服务体系建设
农村组织建设	组织建设	基层党组织建设、村民自治、村务公开与民主管理
	人才建设	引导和鼓励高校毕业生到村任职、从农村优秀人才中选拔村党支部书记、村干部考录乡镇公务员
	合作组织	扶持农民专业合作社发展
其他		放宽中小城市和小城镇落户条件、加大农村扶贫支持力度

政策、合作医疗等政策较为熟知，认识相对清晰，农民对这些政策也有自己的看法。所以，在本书中，笔者对系列惠农政策的研究，有所取舍和选择。表 2 所列惠农政策，即是本书重点调查和评估的惠农政策。

表 2　　本书重点涉及的惠农政策列表

政策类型	政策特征	代表性政策
福利型惠农政策	刚性、普遍性	种粮农民直接补贴、农资综合补贴、家电下乡补贴、购买农机补贴、良种补贴
公益型惠农政策	普遍性、基础性、均等性	义务教育“两免一补”政策、农村基础设施建设
保障型惠农政策	特殊性	农村最低生活保障政策、新型农村合作医疗制度
保险型惠农政策	参与性、发展性	新型农村社会养老保险、农业保险

根据前期研究，笔者认为，种粮农民直接补贴、农资综合补贴、家电下乡补贴、购买农机补贴等惠农政策，可以看成是对符合条件的农户直接“发钱”，农民的逻辑是：发钱的事情当然是好事情，“有点总比没有强”，最好是发钱越来越多，起码不能减少。这就是福利的刚性：只能增加，不能减少。一旦削减福利，可能引发埋怨，甚至带来合法性资源的流失。义务教育“两免一补”政策、基础设施建设等政策在此研究中被看成是公益型惠农政策，公益对全社会的进步，起码对于农村教育的进步，能起到基础性和普遍性的作用。义务教育“两免一补”不仅仅是对于受教育学生和家庭的福利性补贴，对于增进整个社会尽到“教育义务”，有很好的支持和引导作用。最低生活保障政策、新型农村合作医疗制度等被看成是保障型惠农政策，最低生活保障当时是针对最低生活线下的特殊群体和家庭提供基本的生活辅助。新型农村合作医疗制度，虽然绝大多数农户都会参与，农户不是分享其福利或者公益，而是坚持“保障性”的底线思维：万一有较多钱的医疗花费，还可以有所分担和保障。新型农村社会养老保险、农业保险被看成是保险型惠农政策的典型代表，是因为在农户的现实表现中，保险有不同的档次，也有不同的兑保待遇，农户的参与状况也是有较大差异，充分表现了其“保险”属性。

当然，“福利”“公益”“保障”“保险”可能在各项惠农政策中也都有所蕴含，在不同的政策阶段，甚至可以转化。所以，本书中的划分和归类，侧重于政策属性、政策内容的主要层面和政策过程的主要环节。

上述对惠农政策类型的划分和属性的简述也可以看作本书的研究假设。检验的过程就具体呈现于后续章节的研究中。

在具体的研究中，一方面，采取实证研究策略。实地调查主要集中在以下时段。其一，2012 年 1—6 月，慕良泽借助在河北省张家口区域带领本科生参加顶岗实习的机会，对张家口区域义务教育“两免一补”政策以及义务教育均衡发展相关政策进行了访谈和参与式观察。其二，2013 年 3—8 月，慕良泽在石家庄周边的 16 个县（县级市）进行了有关“惠农政策与农村发展”的全面考察和综合调研，获得了一些访谈资料和文本资料。这 16 个县（县级市）分布在河北省 11 个省辖市，达到了相对均衡分布。2013 年 7—8 月，慕良泽组织了 16 名调查员，对河北省 16 个村庄（一个县市选择一个乡镇，一个乡镇选择一个村庄），进行了有关惠农政策与农村发展的问卷调查（问卷见“附录二”）。本调查共发放问卷 330 份，有效问卷 312 份。慕良泽也亲自参与了 3 个村庄的问卷调查。其三，2016 年 7 月，王芳就惠农政策执行情况在晋南地区 1 个村对村干部和农户进行了入户访谈和参与式观察，收集了一些村庄基本资料和访谈资料。2016 年 9 月，王芳在晋南地区 1 个村进行了有关农村最低生活保障制度、种粮农民直接补贴以及农户小额信用贷款 3 项惠农政策的深入考察和专项调研，获得了大量访谈资料和文本资料。

本书中所用资料和数据，主要来源于上述调研活动。在本书中，调研涉及的所有地名、人名均做了技术性处理。具体编码为 A 县（县级市）、A 乡（镇）、A 村，以此类推。访谈记录的编号由“地点”“时间”“人物编号”三部分构成，如“访谈记录 A 乡 2013040501”就表示 2013 年 4 月 5 日在 A 乡的第一位受访者。数据和访谈有特别注明者除外。还需说明的是，不同调研地点有不同的惠农政策实践，同一惠农政策在不同地方也有不同实践，所以，本书中涉及相左甚至不一致的实践案例，也能反映惠农政策实践的多样性。

另外，本书的部分章节也分析了党和政府的部分文献，特别是“中央一号文件”及其相关地方配套政策，构成了本书文献研究的主要对象。

第一章　“政策惠农”的时代背景和顶层设计

21 世纪以来，党和政府将“三农”问题确定为工作的“重中之重”，出台了一系列的惠农政策，开创了一个“政策惠农”的发展局面。

一　农村发展新时代

狭义的农村发展，是农村自身的发展变化，广义的农村发展是将农民与农业也包括在内。农村、农民与农业本身是不可分割的紧密联系体，就像整体中的部分不可分割一般，作用于整个中国“三农”问题解决的大背景之中。农村的发展离不开农业与农民。我国自古以来就是农业大国，尽管新中国建立之后尤其是改革开放以来，我国的经济重心逐步转移到了工业以及服务业，农业占我国 GDP 比重降到 10% 左右，2015 年是 8.8%，2016 年是 8.6%，2017 年是 7.9%。[①] 但是不能忽视农业对我国社会经济的贡献。在经济飞速发展的今天，仍有许多农民固守在耕地上，耕种粮食，保障国家的粮食安全。“三农”问题不仅仅与我国农村经济发展的安全稳定相关，更是国民经济社会发展的基础性问题。农业为经济发展提供物质基础、农业是人类赖以生存的主要生产部门，其发展制约和影响其他各个生产部门的发展。农业可以为其他生产部门提供劳动力与原材料以对其发展起到促进作用。农村是由农民构成的，农业的发展同样离不开农民，农民将农村与农业紧密结合在一起。而农业农村的发展又像事物的部分一样互相促进来影响农村发展的整体进程。所以农村发展离不开农业与

---

① 中国统计年鉴 2018，http：//www. stats. gov. cn/tjsj/ndsj/2018/indexch. htm. 最后访问日期 2019 年 3 月 2 日。

农民。

一般意义上的农村发展可以认为是农村经济的发展。但农村发展的外延又可以理解为农村政治、文化、生态等诸多方面。经济基础决定上层建筑，经济发展对于社会进步具有促进作用，但上层建筑可以反作用经济发展，即政治文化等上层建筑符合其经济基础便可以反过来推动经济发展。所以探讨农村发展并不能仅讨论农村经济的发展，而是要全方位进行综合的考量，这样才可以得出比较客观的结论。

我国自古以来就是农业大国。新中国成立初期农民人口数量占我国总人口的80%，随着社会经济发展，目前我国农民占比有所下降，但还是占到了一半左右。在第六次全国人口普查中，乡村的人口为67415万，占全国总人口50.3%。[①] 新中国成立后我国农村发展主要历经两个阶段。第一个阶段是新中国成立初期，我国借鉴苏联高度集中的计划经济体制，消灭私有制，建立了人民公社制度，向社会主义过渡。但随着社会经济的发展，高度集中的计划经济体制对社会发展产生了影响，成为经济发展的束缚，矛盾在农村尤为突出。高度集中的计划经济体制束缚了农民的积极性、主动性、创造性，“人民公社”时期吃“大锅饭”致使人们认为“干与不干一个样，干多干少一个样”，严重影响了农民的生产热情，导致生产力降低，使农村农业不能正常发展。第二个阶段是改革开放之后，具体又可分为三个时间段。1978年是我国改革开放伊始之年，同样在这一年，安徽凤阳县小岗村的农民，冒着极大的风险，写下血书，悄悄搞起了包干到户。[②] 如果我们认为1978年改革开放是中国发展进程的分水岭，那么这一年也是农村进行改革创新的重要年份。第一个时间段是1978—1987年，乡村改革的主要目标为建立和推进家庭联产承包责任制，其工作重点也在于此。国家认识到了农民的生产积极性在高度集中的计划经济体制中不断降低这一问题，于1979年9月，中国共产党召开十一届四中全会并通过了《关于加快农业发展若干问题的决定》，开始允许在国家统一计划指导之下保障农民的经营自主权，发挥其生产积极性。之后有1982—1986年五个

① 中华人民共和国国家统计局：《2010年第六次全国人口普查主要数据公报（第1号）》，2011年4月28日。

② 郑有贵、李成贵：《一号文件与中国农村改革》，安徽人民出版社2008年版，第1页。

“中央一号文件”作为顶层设计支撑深入推进农村改革的进程，使得农村面貌得到了改善，农业生产取得了进步。第二个时间段是1988—1997年，深化农产品流通体制改革，加快推进农业产业化经营。这一阶段是前一阶段的深化与发展，在联产承包责任制落实之后，农民生产热情有了很大的提升，农产品数量增多且种类变丰富，所以如何推动农产品的流通成了重点议题。虽然这一阶段农村的发展得到了改善，但还存在一系列问题，尤其在20世纪90年代后期。尽管农业是国民经济的基础，但是其效益并不如第二产业以及第三产业。在社会经济发展中，第二产业与第三产业的提升作用是相当明显的，所以这个阶段还是以发展工业、服务业为主，农业有所发展，但是与其他两个产业相比进步不明显。另外制度体系上的缺陷也是农村发展在这一阶段有所迟滞的原因。第三个时间段是1998年至今，这一阶段的主题是统筹城乡社会经济发展，并大力推进农村发展。1998年10月党的第十五届三中全会通过了《中共中央关于农业和农村工作若干重大问题的决定》，会议指出，“三农”问题是关系到我国改革开放与社会主义现代化建设全局的重大问题，这次会议标志着中国的农村发展迈入第二个快速推进阶段。这一阶段更是有2004—2019年16个“中央一号文件”作为宏观指导来解决“三农”问题，保障农村发展。

同时，农村发展与农村改革相同步。1949年之后，工业化以及绿色革命给农业和农村经济的发展提供了现代生产要素和技术支持，进而为农业和农村经济快速发展提供了可能。然而，改革开放前，由于过度集中的计划经济体制的缺陷，也由于剩余的农业生产被过多转移到了工业，导致农民缺乏生产热情，严重削弱了农村农业自我积累和发展能力，无法实现快速进步，农村的落后状况也在较长时间内无法得到明显改善，甚至相当多的农民面临着严重的生存压力。

我国农村人口占总人口的比重巨大，自古以来农业农村的发展对于国家经济发展是起到巨大的支撑作用的。我国古代农业经济是封建主义小农经济，小农户、个体经营是其基本形态。1949年后，我国逐渐过渡到社会主义国家，国家的大政方针逐渐开始改变，生产资料与生产方式同样发生了变化，开始实行公有制，农村亦如此。新中国成立初期，我国实行土地制度改革，以农民代替地主改变了土地所有制形式，农民生产积极性得到提高，农村劳动力得以解放，有效促进了农村发展。之后国家认为小农经济难以适应中国这一大国发展的需要，开始逐步推行农业合作化，即国家对农业开始进行社会主义改造。国家首先开始推行农业互助组，然后推动初级农业生产合作社的建立，之后推动高级农业生产合作社的建立，加快了我国建设社会主义制度的步伐。随后，人民公社化运动开始，并被当作社会主义应有的形式。“一大二公”，“一平二调”思想指导着农村农业，盲目地追求公有化程度、盲目地追求公社规模、盲目的追求绝对平均，致使农民的生产积极性严重下降，严重阻碍了农业的生产与发展，严重影响了社会的发展进程。之后中央认识到人民公社化运动对社会造成的不良影响，于 1958 年 11 月召开工作会议开始逐渐修正错误。但是国家计划经济体制还是对农业发展有所影响，主要表现在农民生产积极性不高。1978 年，安徽省凤阳县小岗村搞起了包干到户，自下而上的农村改革破茧而出。这一改革逐步被中央认可并开始推广，成为农村发展的新型模式，为农村农业发展提供了源源不断的动力。在家庭联产承包责任制推广初期，国家仍然对社会经济进行计划与控制，使得市场上农产品分配不均并且其供求机制不完善。所以 1982—1986 年 5 个“中央一号文件”的主题在于继续强化家庭联产承包责任制并且“放活”农村经济，增加其发展的自主权。这一系列政策增加了农民的生产积极性，提高了其经营自主权。随着改革开放的不断深入，工业化以及城镇化被放在了经济发展的主流。20 世纪 90 年代农村发展又出现了新的问题。虽然家庭联产承包责任制使得农民生产积极性有所提升，农业经济发展效果明显，但是国家的政策一直偏向于工业以及城镇经济，期间农业支持工业的政策以及城乡二元化制度使得国家向农业农村投入不足，农业基础设施薄弱、农民稳定增收依然困难、农村社会事业发展依然滞后。① 所以 21 世纪之后，以工业促进农业进步，用城市帮扶乡村发展，以破除城乡二元结构的思路逐步解决“三农”问题的政策体系逐步形成。党的十八大提出了全面建成小康社会，“三农”问题的解决作为小康社会全面建成的突破口被国家摆在了重要的地位。

2004—2019 年，国家连续 16 年发布“中央一号文件”来促进“三农”问题的解决。尽管每份文件具体内容不尽相同，但是这些“中央一

① 郑有贵、李成贵：《一号文件与中国农村改革》，安徽人民出版社 2008 年版，第 15 页。

号文件”的主旨尽是从当年农业农村发展过程中急需解决的问题出发来制定政策促进其解决的。

20世纪末21世纪初期，我国农业发展面临严峻的挑战。1997年，全国农民纯收入连续多年放缓，城乡收入差距不断拉大。农民增收效果不明显，不只是影响了农民生活水平，对粮食生产和农产品的有效供给也造成了巨大影响，在一定程度上制约了整个国民经济的发展。据统计，自1997—2003年，农民收入平均每年只增长4%左右，仅相当于城镇居民收入涨幅的一半；2002年与1997年相比，农民来自农业的人均收入不仅没有增加，反而减少了100元左右。① 粮食产量从1999年的50838.6万吨逐年下降到2003年的43069.5万吨。② 从2000年开始农作物总播种面积也是呈逐年下降趋势。各种现象以及各项统计数据表明，“三农”问题需要被重新提上日程。农民问题是解决农村以及农业问题之关键，而收入的高低又是农民最为关心的事情。所以2004年国家的“中央一号文件”主题旨在促进农民增收。2004年“中央一号文件”开宗明义，表明农民收入长期上不去，不仅影响农民生活水平的提高，而且影响粮食生产和农产品供给；不仅制约农村经济发展，而且制约整个国民经济增长；不仅关系农村社会进步，而且关系全面建成小康社会目标的实现；不仅是重大的经济问题还是重大的政治问题。该文件从9个角度入手旨在提高农民收入。③ 2004年“中央一号文件”对于缓解农村农业发展中存在的问题效果明显。粮食作物耕作面积在2004年已经增长，转变了自1998年以来逐年下降的局面。④ 粮食产量相比

---

① 金春明：《中华人民共和国简史》，中共党史出版社2007年版，第376页。

② 中国统计年鉴2004，http：//www. stats. gov. cn/tjsj/ndsj/yb2004 - c/indexch. htm. 最后访问时间2019年3月1日。

③ 2004年“中央一号文件”九个角度分别指：一是集中力量支持粮食主产区发展粮食产业，促进种粮农民增加收入；二是继续推进农业结构调整，挖掘农业内部增收潜力；三是发展农村第二、三产业，拓宽农民增收渠道；四是改善农民进城就业环境，增加外出务工收入；五是发挥市场机制作用，搞活农产品流通；六是加强农村基础设施建设，为农民增收创造条件；七是深化农村改革，为农民增收减负提供体制保障；八是继续做好扶贫开发工作，解决农村贫困人口和受灾群众的生产生活困难；九是加强党对促进农民增收工作的领导，确保各项增收政策落到实处。

④ 通过2005年中国统计年鉴数据分析得出。

2003 年来说增长将近 3900 万吨，同样转变了自 1998 年粮食产量逐年下降的局面。[①] 这些成果都表明 2004 年“中央一号文件”的顶层设计收效明显，逐步扭转了农业农村发展后劲不足的局面。但是总体来讲，我国农业的发展与其他产业的发展相比仍然是滞后的。国家对农业投入不足，农业基础设施较为薄弱，没有形成良好的农业发展体制机制，农业发展内部矛盾仍然存在，所以我们不能满足于 2004 年粮食产量上升、农民收入增加等一系列成就，更要为全局着想为长远考虑，在更深层面来解决“三农”问题，所以以提高农业综合生产能力为主旨的 2005 年“中央一号文件”应运而生。2005 年“中央一号文件”同样是从 9 个角度来为当年农业发展做设计，内容具体翔实又深入农村发展实际。[②]

随着“中央一号文件”的落实以及对农业农村发展的指导，“三农”问题逐步缓解并得到了一定程度的改善。但是目前农村农业状况的改善并不是根本性的，还存在诸多问题，例如，农村与农业的基础设施相对薄弱，并且乡村的公共事业的发展较城市落后，城乡居民的收入差距仍在加大。农业农村问题的解决对于推动工业化以及城镇化的发展有着巨大的促进作用。党的十六届五中全会通过了“第十一个五年规划”，明确指出了应建设社会主义新农村，所以 2006 年的“中央一号文件”就是围绕社会主义新农村的建设而展开。2006 年“中央一号文件”从 8 个角度展开，为社会主义新农村的建设谋篇布局。[③]

① 通过 2005 年中国统计年鉴数据分析得出。

② 第一，稳定、完善和强化扶持农业发展的政策，进一步调动农民的积极性；第二，坚决实行最严格的耕地保护制度，切实提高耕地质量；第三，加强农田水利和生态建设，提高农业康与自然灾害的能力；第四，加快农业科技创新，提高农业科技含量；第五，加强农村几户设施建设，改善农业发展环境；第六，继续推进农业和农村经济结构调整提高农业竞争力；第七，改革和完善农村投融资体制，健全农业投入机制；第八，提高农村劳动者素质，促进农民和农村社会全面发展；第九，加强和改善党对农村工作的领导。

③ 一，统筹城乡经济社会发展，扎实推进社会主义新农村建设；二，推进现代农业建设，强化社会主义新农村建设的产业支撑；三，促进农民持续增收，夯实社会主义新农村建设的经济基础；四，加强农村基础设施建设，改善社会主义新农村建设的物质条件；五，加快发展农村社会事业，培养推进社会主义新农村建设的新型农民；六，全面深化农村改革，健全社会主义新农村建设的体制保障；七，加强农村民主政治建设，完善建设社会主义新农村的乡村治理机制；八，切实加强领导，动员全党全社会关心、支持和参与社会主义新农村建设。

“中央一号文件”的逐步落实使我国农业农村状况得到了改善，经济得以快速发展。但是随着国家经济的发展与现代化建设进程加快，现代农业的发展、社会主义新农村建设被提上日程。2007 年“中央一号文件”便是符合这一形势，推进社会主义新农村建设为主旨的，其从 8 个角度来进行阐释。①

2007 年 10 月份，中国共产党第十七次全国代表大会在北京召开，大会确定了为夺取全面建设小康社会新胜利奋斗的大会主题，而保障和巩固农业基础地位则是推动科学发展，促进社会和谐，夺取全面建设小康社会新胜利的关键所在。由此 2008 年“中央一号文件”确定了加强农业基础建设的主题。②

2008 年全球性金融危机持续蔓延，致使国际经济增速放缓，我国国内经济受到了严重影响，农村农业经济亦是如此。基于此，2009 年的“中央一号文件”以促进农业稳定发展，以及促进农民持续增收的主题，来遏制国际金融危机对农业农村发展产生的负面影响，从 5 个角度展开。③

2009 年，我国经济发展面临重重困难，不仅要面临国际金融危机产生的影响，还要应对自然灾害带来的挑战。虽然农业农村发展的客观环境比较恶劣，但是在党和政府的领导下，克服了农业农村面临的诸多困难并有效地推动了其发展。在此基础上要进一步发展，戒骄戒躁，出台了 2010 年“中央一号文件”。文件的出台为加大统筹城乡发展力度

① 第一，加大对“三农”的投入力度，建立促进现代农业建设的投入保障机制；第二，加快农业基础建设，提高现代农业的设施装备水平；第三，推进农业科技创新，强化建设现代农业的科技支撑；第四，开发农业多种功能，健全发展现代农业的产业体系；第五，健全农村市场体系，发展适应现代要求的物流产业；第六，培养新型农民，造就建设现代农业的人才队伍；第七，深化农村综合改革，创新推动现代农业发展的体制机制；第八，加强党对农村工作的领导，确保现代农业取得实效。

② 一，加快构建强化农业基础的长效机制；二，切实保障主要农产品的供给；三，突出抓好农业基础设施建设；四，着力强化农业科技和服务体系基本支撑；五，逐步提高农村基本公共服务水平；六，稳定完善农村基本经营制度和深化农村改革；七，扎实推进农村基层组织建设；八，加强和改善党的“三农”工作的领导。

③ 一，加大对农业的支持保护力度；二，稳定发展农业生产；三，强化现代农业物质支撑和服务体系；四，稳定完善农村基本经营制度；五，推进城乡经济社会发展一体化。

进一步夯实农业农村发展基础，为农村农业进一步发展提出了建议，并从5个角度展开。① 2011年“中央一号文件”则是在我国近年来发生比较严重的自然灾害并在一定程度上阻碍农业发展的基础上制定的，针对的是长期以来我国水利基础设施建设比较落后的现实。2011年“中央一号文件”从7个角度全面系统地为我国农业水利基础设施建设作出了指导。② 之后2012年“中央一号文件”为农业发展的具体项目作出了规定，其主旨是推动农业科技创新，从6个角度进行规划，成效明显，促进了农业科学技术的长远进步。③

随着我国社会经济的不断发展，农业农村目前已经进入新的发展阶段。目前农村发展面临着一些问题，例如，生产综合成本上升、产品供给需求的结构性问题比较突出，另外，我国人口多土地少水资源缺乏，农产品需求总量呈现刚性增长趋势，人口消费结构不断升级，并且农业对外依存程度提高等问题逐步显现。基于以上原因，国家出台了2013年“中央一号文件”。该文件的主题是加快发展现代农业，进一步增强农村发展的活力，从7个角度为农村农业发展出谋划策。④ 2014年“中央一号文件”同

① 第一，文件在健全强农惠农政策体系，推动资源要素向农村配置；第二，提高现代农业装备水平，促进农业发展方式转变；第三，加快改善农村民生，缩小城乡公共事业发展差距；第四，协调推进城乡改革，增强农业农村发展活力；第五，加强农村基层组织建设，巩固党在农村的执政基础。

② 第一，分析了新形势下水利的战略地位；第二，规定了水利发展的指导思想、目标任务和基本原则；第三，突出加强农田水利等薄弱环节建设；第四，全面加快水利基础设施建设；第五，建立水利投入稳定增长机制；第六，实行最严格的水资源管理制度；第七，不断创新水利发展体制机制；第八，加强对水利工作的领导。

③ 一，加大投入强度和工作力度，持续推动农业稳定发展；二，依靠科技创新驱动，引领支撑现代农业建设；三，提升农业技术推广能力，大力发展农业社会化服务；四，加强教育科技培训，全面造就新型农业农村人才队伍；五，改善设施装备条件，不断夯实农业发展物质基础；六，提高市场流通效率，切实保障农产品稳定均衡供给。

④ 一，建立重要农产品供给保障机制，努力夯实现代农业物质基础；二，健全农业支持保护制度，不断加大强农惠农富农政策力度；三，创新农业生产经营体制，稳步提高农民组织化程度；四，构建农业社会化服务新机制，大力培育发展多元服务主体；五，改革农村集体产权制度，有效保障农民财产权利；六，改进农村公共服务机制，积极推进城乡公共资源均衡配置；七，完善乡村治理机制，切实加强以党组织为核心的农村基层组织建设。

样是关于加快推进农业现代化建设的。从 8 个角度展开，对 2014 年农村农业工作作出指导意见。①

2014 年，我国的经济发展进入了新的时期，已经从高速增长渐渐过渡到了中高速增长，在国家经济发展速度放缓的情形下，继续保证与强化农业在国民经济发展中的基础性地位并且使农民持续稳定增收，是党和国家面临的一个重要问题。面对这一问题，中共中央以及国务院从加大改革创新力度入手来继续推进农业现代化建设，分为 5 个方面推进“三农”工作的持续进行。②

2015 年 9 月，党的十八届五中全会通过了“第十三个五年规划”并对新时期农业农村工作的开展作出了重大规划。“各地区各部门要牢固树立和深入落实创新、协调、绿色、开放、共享的发展理念，大力推进农业现代化，确保亿万农民与全国人民一道迈入全面小康社会。”③ 基于此，2016 年以落实发展新理念，加快农业现代化，实现小康目标的“中央一号文件”顺势而出。④ 2017 年是推动供给侧结构性改革之年，其“中央一号文件”的主题亦是如此。“经过多年的不懈努力，我国农业农村发展已经迈上新台阶，已经进入新阶段，农业主要矛盾由总量不足转变为结构性矛盾，突出表现为阶段性供过于求和供给不足并存，矛盾的主要方面在供给侧”。⑤ 基于这个背景，2017 年“中央一号文件”从 6 个方面做指导

---

① 一，完善国家粮食安全保障体系；二，强化农业支持保护制度；三，建立农业可持续发展长效机制；四，深化农村土地制度改革；五，构建新型农业经营体系；六，加快农村金融制度创新；七，健全城乡发展一体化体制机制；八，改善农村的治理机制。

② 第一、围绕建设现代农业，加快转变农业发展方式；第二、围绕促进农民增收，加大惠农政策力度；第三、围绕城乡发展一体化，深入推进新农村建设；第四、围绕增添农村发展活力，全面深化农村改革；第五、围绕做好“三农”工作，加强农村法治建设。

③ 《中共中央 国务院关于落实发展新理念加快农业现代化实现全面小康目标的若干意见》，《人民日报》2016 年 1 月 28 日。

④ 2016 年“中央一号文件”主要内容有六个方面：第一，应持续夯实现代农业基础，提高农业质量效益和竞争力；第二，应加强资源保护和生态修复，推动农业绿色发展；第三，推动农村产业融合，促进农民收入持续较快增长；第四，推动横向协调发展，提高新农村建设水平；第五，深入推进农村改革，增强农村发展内生动力；第六，加强和改善党对“三农”工作的领导。

⑤ 韩俊：《展望中国农业供给侧结构性改革》，《农业网络信息》2017 年第 5 期。

来推进2017年农业农村工作开展。①

乡村振兴战略，是党的十九大做出的重大决策部署。2018年“中央一号文件”以乡村振兴战略为主题，从其重大意义及总的要求出发，规划了目标、指明了方向，并从10个角度进行具体阐明。② 2018年“中央一号文件”中关于推进乡村振兴战略的顶层设计对于国家战略重心向农村的转移以及推动农业农村二次振兴目标的实现提供了政策支持，对农业农村的发展是非常有利的。2019年“中央一号文件”从8个方面作出坚持农业农村优先发展，做好“三农”工作的重大部署，全面推进乡村振兴，确保顺利完成到2020年承诺的农村改革发展目标任务。③

二 惠农政策的顶层设计

“顶层设计”一词最早来源于系统工程学，英文原文是Top－level design，或top－down design，本义是“自高端开始的总体构想”，即统筹考虑项目各个层次以及各个要素，追根溯源，统揽全局，又在最高层次上寻求解决问题的道路。“从系统全局和高端出发，综合考虑项目的各个层次和参与要素，以追求最高层次上解决问题之道。”④

顶层设计的起初含义只是涉及工程学的，而近些年顶层设计愈来愈多的被用到国家政治层面。如顶层设计自身含义，是作为一种提纲挈领，高屋建瓴的方式存在的。根据马克思主义哲学观中整体与部分相联系的观

① 第一，优化产品产业结构，着力推进农业提质增效；第二，推行绿色生产方式，增强农业可持续发展能力；第三，壮大新产业新业态，拓展农业产业链价值链；第四，强化科技创新驱动，引领现代农业加快发展；第五，补齐农业农村短板，夯实农村共享发展基础；第六，加大农村改革力度，激活农业农村内生发展动力。

② 第一，提升农业发函质量，培育乡村发展新动能；第二，推进乡村绿色发展，打造人与自然和谐共生发展新格局；第三，繁荣兴盛农村文化，焕发乡风文明新气象；第四，加强农村基层基础工作，构建乡村治理新体系；第五，提高农村民生保障水平，塑造美丽乡村新风貌；第六，打好精准脱贫攻坚战，增强贫困群众获得感；第七，推进体制机制创新，强化乡村振兴制度性供给；第八，汇聚全社会力量，强化乡村振兴人才支撑；第九，开拓投融资渠道，强化乡村振兴投入保障；第十，坚持和完善党对“三农”工作的领导。

③ 《中共中央 国务院关于坚持农业农村优先发展做好“三农”工作的若干意见》，《人民日报》2019年2月20日。

④ 聂高民：《中国经济体制改革顶层设计研究》，人民出版社2012年版，第2页。

点，顶层设计是在整体层面上起作用的宏观设计。十二五规划纲要曾提出：要有比之前更大的勇气以及更大的决心去推动社会方方面面的改革，要注意改革的顶层设计对社会发展的宏观整体性的指导作用。由此可知，顶层设计已经被国家主要运用到了推动改革发展这一板块。而顶层设计在政治中的含义可以概括为在中国迈向社会主义现代化强国的过程中所需要的整体性全局性的指导方针。

其实，每个发展领域都有顶层设计作为指导。由于每个发展领域自身特征不同，所以顶层设计的目标性和导向性也不尽相同。本书研究的是惠农政策的顶层设计，主要通过“中央一号文件”来分析。具体而言，每个“中央一号文件”的目标性和导向性都有所差异。例如，2011 年是以发展农田水利建设作为目标；2012 年是以加快农业现代化发展作为目标；2017 年的目标为推动农业供给侧结构性改革；2018 年的目标则是推进乡村振兴战略实施。虽然每个“中央一号文件”的目标和导向有所不同，是根据当年农村农业发展特征以及国家对农村农业发展政策决定的，但是通过分析 21 世纪的 16 个“中央一号文件”，我们不难发现几乎每个“文件”的共有主题均关注以下四个方面：首先是促进农民增产增收。农民增收一直是国家高度重视的问题，也是 16 个“中央一号文件”贯穿的主线。国家发展农业农村首先就是要解决农民收入的问题，农民的收入增长了，才会有积极性去投入农业建设，搞好乡村发展，而农业农村的发展又可以为农民收入提高做出贡献，此为良性循环，不得不被国家所重视。其次是重视农业科技的发展。“科学技术是第一生产力”。我国自古以来是粗放式的农业发展模式，极易造成资源的浪费。农业科学技术的提升可以提升农业生产效率，提高粮食产量，提升质量，减少资源浪费与环境污染，解放劳动力，提高农民的收入。基于以上种种原因，农业科学技术的提高是顶层设计一直重视的问题。再次就是农村农业的基础设施建设问题。城市乡村资源要素经常分配不均，资源过度集中于城市。农村的教育、医疗、住房、公共服务水平都滞后于城市，所以国家将重心向农村倾斜，将更多的资源投入农业农村。农业基础设施搞好了，农业生产率提升，农民能获得更多收入。农村基础设施搞好了，农民休闲娱乐有场所可去，丰富其生活，愉悦其身心。基础设施搞上去了，同样能促进农民收入，并且也能体现国家“以人为本”的发展理念。最后是扶贫和脱贫政策的实行。扶贫和脱贫战略一直是国家的重要政策，目前国家发展不平衡不充分的矛盾于乡村体现最明显，农村居民收入过低，涨幅下降已经成了摆在国家发展道路上的一个难题，搞好扶贫脱贫不仅仅是我国“以人为本”发展理念的体现，更是实现2020年全面建成小康社会目标的必然要求。

分析“中央一号文件”的内容可见，惠农政策的顶层设计主要包含四个方面，即基础设施保障、科学技术保障、法治保障和政策保障。

其一，基础设施保障。近年来城镇化进程加快，更多的社会资源以及更多的资本投入集中到城市，城市的医疗、教育、住房、公共基础设施都得到了长远的发展，与此形成反差的是目前农村的基础设施建设落后。农村农业基础设施落后是目前农村农业面临具体问题的原因所在。农民孩子上学难，农民看病难，农民住房条件艰苦，闲暇时间娱乐休闲场所匮乏，也没有能让其学习交流、提升自我的阅览室之类的场所，致使农村生活的许多方面得不到保障并且农村的青壮年劳动力大量流入城市。农业基础设施落后致使农业生产率提不上去，并过度地牵制了农业劳动力，一定程度上阻碍了农业经济发展。所以国家的政策投入应该更多倾向于农村的基础设施方面，使其能得到良好的发展并保障农村农业的发展。

其二，科学技术保障。历任领导人都重视科学技术的引领作用。“科学技术是第一生产力”，“创新是引领发展的第一动力”，科学技术的影响可见一斑。推动发展农业科学技术的成果是显而易见的。第一，能够为农业的发展提供先进的设备以促进农业生产率的提升。第二，可以逐步解决目前我国农业生产大量施用化肥农药破坏土地生产环境的现状，可以使我国农业实现绿色、循环、健康发展。第三，农业科学技术的进步可以提升农业的生产效率，提升农产品质量和提高农业资源的利用率，减轻环境污染，避免资源浪费。第四，科学技术的进步可以使农民渐渐不再被土地所束缚，可以使其劳动条件逐渐改善，劳动强度逐渐降低，使农民得到解放。

其三，法治保障。“法令行则国治，法令弛则国乱”，习近平总书记的这句话点明了法律对于社会发展的重大影响。依法治国是党的最新的方针政策，要求我们依照“善”法来治理国家。“法治是以民主为前提和基础，以严格依法办事为核心，以制约权力为关键的社会管理机制、社会活动方式和社会秩序状态。”① 从法治的含义中我们便可把握法治对农村发展的重要影响。首先，法治可以从立法层面上保障农村的发展，可以健全农村法律体系，为农村发展增添动力。其次，法治可以从执法层面来促进农村的发展，严格执法可以对那些破坏农村生产发展的人起震慑作用。再次，法治建设能够推进落实惠农政策并能形成与完善农村法律体系，最终促进农村各项事业的改革发展。最后，加快农村法治建设进程，可以妥善解决农村的各种纠纷，保护农民合法权益，提高农民积极性，从而有利于“三农”问题的解决。

其四，政策保障。农村的发展离不开政策的保障，政策的好坏对农村发展影响甚大，符合实际的良好政策可以加快农村发展进程。顶层设计中涉及的各项惠农政策对于我国农村事业的长远发展具有重要意义。有利于推进国家的农业供给侧结构性改革，有利于为农村发展指出方向、点明道路，有利于农民形成良好的心理预期，对于维护社会稳定具有帮助作用，有利于提高与丰富农民物质文化生活。

具体而言，从农民、农村、农业来看，顶层设计的内容主要也包括三个方面。

一是，顶层设计中关于农民增收的内容。

1982—1986 年的 5 个“中央一号文件”是在国家开始对农村进行家庭联产承包责任制改革的背景下制定的，主要目的也是为了确立和巩固这项制度。但是随着改革开放不断深入发展，国家认识到工业以及城市的发展是可以极速带动国家经济发展的，所以党和国家的发展重心逐步向工业化以及城镇化倾斜。固然“中央一号文件”的政策设计引领并推动了农业的发展，但是到了 20 世纪 90 年代后半期，城市化、工业化对农业农村的影响明显。工业化、城市化需要资金，而这些资金有一部分来自农民的税费，导致农民税负加剧；另外，工业化还导致农产品的价格下降，致使农民的种粮积极性降低，农民的收入增长幅度变缓，城乡收入差距被拉大。1997—2003 年 6 年时间，城乡居民收入比由 2.5 扩大到 3.2，粮食产量由 1998 年的 10246 亿斤，锐减到 2003 年的 8614 亿斤，粮食安全形势

① 安群：《中国特色刑事法治发展进程及其完善》，《理论建设》2010 年第 6 期。

日益严峻，城乡矛盾，工农矛盾，干群矛盾明显。[①] 种种矛盾促使中央把发展的重心重新回归到农村农业方面，以促进乡村的二次发展。基于国家经济发展现状，2004 年“中央一号文件”再次将关注的重点转向“三农”领域，以增加农民收入为主题并伴随一系列政策的出台，以缓解农村矛盾，促进农业农村的再次发展。

之所以“中央一号文件”重新回归“三农”问题的首个主题是增加农民收入，笔者认为可以从以下几个角度来考虑：首先，人类的生存发展离不开农业，农业为人类生存发展提供最基本的条件，第一产业是第二产业与第三产业的基础。农民作为生产农产品的主体又成为了农业发展的基础和前提，所以提高农民的收入有助于提升农民的生产积极性，从而巩固农业的基础性地位，也可以保障其他产业的发展。其次，工业化和城市化吸引了国家的大部分精力，对于农业农村的关注逐年下降，从而导致了一系列问题，例如粮食产量下降、农村基础设施落后、农民收入不高。农村上学难、住房难、看病难现象比较普遍，提升农民收入是解决以上问题的重要措施之一。再次，第一产业滞后于第二、第三产业的发展，致使农业工业差距加大，乡村城镇差距拉大，农民工人差距拉大，农民收入增幅远远低于社会其他人群收入增幅，导致农民积压怨气，不利于社会的安稳，所以增加农民收入同样是增强社会稳定和谐的一剂良药。最后，农民收入的增加可以促进乡镇企业的兴起，发展乡村经济，推动农村农业发展。

促进农民增收，可以说 2004 年“中央 号文件”的规定是最全面的。文件提纲挈领式地指出各个级别的组织应贯彻党的会议精神，以科学发展观为指导，统筹城乡经济社会的发展，坚持“多予、少取、放活”的方针，指导农村农业工作的开展。首先我们来了解一下“多予、少取、放活”三者的内涵与关系。“多予”就是要加大对农业的投入；“少取”就是减轻农民负担，保护农民合法权益；“放活”就是搞活农村经营机制，消除体制束缚和政策障碍。其中“多予”是重点，“少取”是前提，“放活”是根本。

首先从“多予”角度来谈，2004 年“中央一号文件”首先从提高粮食总体产量，发展粮食主产区的粮食产业入手，具体指出政府将推动优质

① 王文强：《对历来“中央一号文件”的回顾与展望》，《吉林农业》2018 年第 3 期。

的粮食产业工程的实施，建设一批国家级优质专用粮食基地，保证供应粮食的品质，并大力支持中部粮食主产区建立旱涝保收、稳产高产的基本农田来保障粮食主要产区的粮食生产并促进农民增收。另外，支持鼓励粮食主产区进行粮食转化与加工，发展主要产区畜牧业，发展农产品加工行业以及农业科技型企业。其次，从全方位提升农产品的质量安全水平、加快农业产业化经营进程、推进农业的科研水平和农业的生产技术方面入手来推进农业结构的调整，这些决策都带有国家的支持和补贴。最后，加强农村基础设施建设，为农民增收创造有利的条件。以上几点可以说是中央的“多予”政策。“少取”政策表现在继续深入推进农村税费改革，降低农业税税率，不征收除烟叶税以外的农业特产税，进一步规范涉及农村的行政事业性收费从而落实“少取”方针，切实为农民减轻负担。另外，“中央一号文件”通过规定发展农村第二、第三产业以及改善农民进城就业环境来增加农民收入，例如，发展农村个体经营等非公有制经济，繁荣小城镇经济，保障农民就业合法权益，以及加强农民职业技能培训，为农村农业发展另辟蹊径。“中央一号文件”通过规定发挥市场机制作用来搞活农村经济，来促进农民发展，是其“放活”方针的体现。

增加农民收入是每个“中央一号文件”都会涉及的话题，毕竟农民收入的增加对于其他问题的解决具有极大的促进作用。除了 2004 年的“中央一号文件”，以促进农民增收为文件中重点议题的还有三个。2006 年的“中央一号文件”第三个板块“促进农民持续增收，夯实社会主义新农村建设的经济基础”，同样是促进农民持续增收。该主题提纲挈领地指出首先应该拓宽农民增加收入的渠道，挖掘农业的内部增收潜力，大力开发与推广高附加值的优质农产品。提高农民的外出务工收入，并加快推进乡镇企业的壮大。其次，保障外出务工农民的合法权利与利益，消除对外出务工农民的不公平规定以及不合理限制。再次，加强对农业的补贴力度以及对农民的补助力度，这是从“多予”角度来规定的政策。最后是加强扶贫开发工作。

2015 年“中央一号文件”同样规定了促进以及保障农民增加收入的政策，在第二板块出现，标题是“围绕促进农民增收，加大惠农政策力度”。从标题可知该年推动农民增收是以政策的落实为前提条件。大致内容如下：第一，保证国家对农业以及农村发展资源投入的优先性；第二，提高关于农业补贴方面政策的力度与执行力；第三，完善农产品价格的形成机制；第四，拓展农村的外部增收渠道；第五，推进农村中的第一产业、第二产业、第三产业的融合发展；第六，扶贫政策的继续实施与推行；第七，搞好农业的社会化服务职能。接下来就是2016年“中央一号文件”，“推进农村产业融合，促进农民收入持续较快增长”的第三板块，是从推动农产品加工业转型升级，加强农产品流通设施和市场建设，大力发展休闲农业和乡村旅游，完善农业的产业链与农民的利益相互联结机制几个角度规定提高农民收入的。

促进农民增收是解决“三农”问题之关键，农民的收入增加了，其生产积极性便得以提升，对于增加粮食产量，搞活农村经济，发展乡镇企业以及农村第二、第三产业，解决农民问题，维持社会稳定都具有重大的作用。而乡镇企业的发展，农村第二、第三产业的发展，社会的稳定又对农民增收有着巨大的促进作用，可谓良性循环，相互促进。

国家对农民增收的政策收效明显，2003年农村居民家庭人均收入为2622.2元，而在2013年则增长到了9429.6元，之后逐年上涨到了2017年的13432.4元。贫困人口也从28662万人（2005年）减少到3046万人（2017年）。[①] 可以说在中央的顶层设计下，“中央一号文件”及其政策实施的效果非常明显，农民的生活发生了巨大的变化。

二是，顶层设计中关于农村建设的内容。

农村基础设施指的是为发展农村生产和保障农民生活而提供的公共服务设施总称，作为与农村经济发展相应的配套设施应该与其相互协调。另外，农业的基础设施是作为农业发展的先行条件以及物质保障而存在的。由于种种原因，我国对农业的基础设施的投入一直处于较低水平，而我国农业基础设施的现状无论是从数量、质量、结构、效益方面都无法满足我国发展现代农业的要求，所以农业的基础设施的建设发展是党和国家需要解决的一个重大问题。

21世纪之后，关于农村工作的首个“中央一号文件”首先指出，要提升农村基础设施建设的水平，而且从2004年一直到2011年农业农村基

---

① 中华人民共和国国家统计局：《2017年全国农村贫困人口明显减少 贫困地区农村居民收入加快增长》，2018年2月1日。

础设施建设一直是被中央重视的议题之一。2004年“中央一号文件”指出要进一步投资“六小工程”，包括节水灌溉、人畜饮水、乡村道路、农村沼气、农村水电、草场围栏。根据各地情况开展小型基础设施如雨水集蓄工程、河渠整治工程、改水改厕工程的建设。宏观方面上要在保证基础设施建设的体制机制方面入手规划农村的建设。2005年“中央一号文件”以一个专题来对如何改善农村基础设施建设作出指导说明。文件指出要继续增加对“六小工程”的投入，高度重视农村饮水安全，发展乡村公路，合理确定乡村公路投资补助标准，加快农村的清洁能源和可再生能源建设，搞好农村电网改造工程。除此之外，该年的“中央一号文件”还规定了加快农产品流通和检验检测设施建设并加强农业发展的综合配套体系建设。2006年的“中央一号文件”主要是从加强农田水利的基础设施建设、提高耕地质量和改善生态环境建设、推进搞好乡村基础设施建设、提高村庄规划程度与改善人居环境治理三个角度来规定的。具体表现为水利方面，搞好大型水利工程建设，推广节水技术，大力发展节水灌溉，增加中央和省级关于农田水利补助的专项资金的规模。农田方面开展沃土工程，引导农民科学使用化肥，支持引导有机肥的使用，继续推行保护性的耕作示范工程和土壤有机质的提升补贴试点。乡村基础设施建设方面，首先饮用水安全工程被一直延续下来，解决饮水安全问题，发展风电水电太阳能等清洁能源技术，普及沼气的使用。乡村公路建设的战略目标为到“十一五”规划期末基本上能够实现全国所有乡镇通油（水泥）路，东、中部地区所有具备条件的建制村通油（水泥）路，西部地区基本实现具备条件的建制村通公路。[①] 另外就是提升村庄规划水平以及对农村居民居住环境进行治理。2007年“中央一号文件”延续了以往几个“中央一号文件”关于基础设施建设的主题，从农田水利建设、耕地质量建设、农村清洁能源建设以及农村基础设施建设等角度展开规定和指导。2008年的“中央一号文件”主要侧重点是农业基础设施的建设，农田水利方面规定加快推进小型农田水利建设，发展节水灌溉，对病险水库进行加固。其他方面从加大耕地生态保护以及改良土壤，推进农业机械化，加强乡村

① 《中共中央 国务院关于推进社会主义新农村建设的若干意见》，《人民日报》2006年1月1日。

生态文明建设来具体展开。2009 年，由于农业农村基础设施建设取得了一定进展，所以其“中央一号文件”对于基础设施建设规定较少，主要从饮水安全、农村电网建设、乡村公路铺设等方面对农村基础设施建设作出具体规划。而 2010 年与 2011 年的文件主要在水利基础设施上下功夫，2010 年的“中央一号文件”强调加大对于大江大河治理，并且推进重点中小河流治理，加大水利枢纽工程建设。2011 年“中央一号文件”更是以全文形式规定农田水利建设，全面具体地规定了农业及农村农田水利工程的开展，为各级政府引领群众搞好农田基础设施建设与水利基础设施建设起到了巨大的促进作用。

在国家的支持以及不断推动之下，我国农村基础设施建设水平有了极大的提升。截至 2010 年年底全国共建成大中型灌溉区、泵站、机井、坝塘等各类水利工程 2000 多万处，农田有效灌溉面积达 9.1 亿亩。节水灌溉工程面积达到 4.1 亿亩。[①]“十一五”规划期间，全国总共改造中产田、低产田共 1.3 亿亩，新增耕地 3100 万亩，在提升了粮食的总体产量的同时有效地保障了国家的粮食安全。国家关于农村饮水工程基础设施兴修为解决农村饮水安全问题起到了巨大的帮助作用。农村公路的兴修使得农民受益匪浅。“要想富，先修路”，道路是打开农村与外界交流的重要通道，伴随农村道路的兴修而来的是农副产品便捷的销售，从而为农民收入增加提供了重要保障。另外，农村公共事业方面的基础设施改造，为丰富农民闲暇生活提供了活动场所，促进了农民精神文化的提升。乡村医疗机构、教育机构的建立改善了农民生活，农村危房改造工程更是获得了广大农民的一致好评。

三是，顶层设计中关于农业发展的内容。

农业现代化在我国主要是指利用现代的科学技术以及现代的管理方式进行农业发展。中国自古以来就是传统型农业大国，虽然有着几千年的农业发展经验，但是随着我国工业化、信息化、科技化的发展，传统农业已经与时代脱节。另外，我国的基本国情为人口多、耕地少，人均耕地面积不足世界各国平均水平的 40%，而且大都为中低产田，粮食不仅仅是关系到老百姓吃饱肚子的问题，更是我国其他生产部门生产原料的来源。当

① 通过对 2010 年全国水利发展统计公报分析得出。

今世界发达国家农业发展水平已经相当先进，结合各种因素考虑，现代农业发展是必然趋势。

2013年“中央一号文件”以推进农业现代化发展为主要内容，其标题为“关于加快发展现代农业，进一步增强农村发展活力的若干意见”。但是，国家很早之前就已经意识到推动发展农业现代化的必要性，2006年，便已经指出为加强新型农村的产业支撑，必须大力推进农业现代化建设。我们可以从以下几个角度概括农业现代化发展：首先，是农业科学技术的创新。如前文所述，农业现代化本身就包含现代化的农业生产技术，而现代农业生产技术的表现便是农业生产技术的发展创新，包括机械技术，良种技术，种田技术等。其次，农业结构的调整理应归纳到现代农业发展中来，即应发展现代农业结构。农业结构也就是农业生产结构，即农林牧副渔各个农业生产部门占农业生产的比重。我国自古以来就“以粮为纲”，“以农为本”，但是近年来随着我国经济发展突飞猛进，人们对于农业的需求已经逐步多元化，现代农业的发展需要传统型农业生产结构向现代型的农业生产结构转变，农业生产结构理应符合现代农业发展需求。最后，现代农业发展应该发展循环农业，目前世界经济发展的主流已经不再是以牺牲环境为代价了，党的十八届五中全会提出了“创新、协调、绿色、开放、共享”的发展理念，其中循环经济、低碳经济正是“绿色”之应有含义。循环农业的发展可谓势在必得。

2006年“中央一号文件”用一个章节的规定对现代农业的发展进行指导，从农业科技创新能力、农村现代流通体系建设、稳定粮食生产、推进农业生产结构调整、发展农业产业经营等角度为2006年农村发展做出规划，从中我们可以看出国家已经将农业现代化的发展作为一项任务提上了日程。2007年的“中央一号文件”明确指出：“发展现代农业是社会主义新农村建设的首要任务，是以科学发展观统领农村工作的必然要求”。[①] 文件指出国家应加大对“三农”的资本投入力度，因为国家对农业的投入能够促进农业基础强化以及现代化农业建设。这一板块主要是从加大对

① 《中共中央 国务院关于积极发展现代农业扎实推进社会主义新农村建设的若干意见》，《人民日报》2007年1月1日。

“三农”的资金投入力度，完善补贴制度，建立农业风险防范机制以及鼓励社会群体、农民对现代化农业进行投资等方面规定的，主要是为国家现代化农业的发展打好基础。然后是加强农业的基础设施建设，它可以为农业现代化进程的推进打下坚实基础。加强农田水利建设，提高耕地质量，搞好清洁能源的建设，推进新型农业工业的发展是加强农业基础设施建设的具体措施，并且它们都是为现代农业的发展打好基础的重要举措。科学技术是发展的第一动力，2007 年“中央一号文件”紧接着从增强农业科学技术创新能力的角度来阐释，旨在推动农业现代化进程。接下来，“中央一号文件”从健全农村市场体系，加强农村人员素质培训，培养新型农民以及推动农村发展体制机制深层次改革来规定农业现代化发展。可以说 2007 年“中央一号文件”为现代农业发展所做的规定颇为详尽，人、财、物、科技、体制机制等，涵盖了农业现代化发展的方方面面，影响相当明显。

2008 年的“中央一号文件”虽然没有正面强调要加强农业现代化建设，但强调推进科学技术进步是加强农业现代化进程的一个必要方式。2008 年“中央一号文件”从农业科技研发创新、农村市场体系建设、农村信息化的推进、农村新型实用人才的培养、发展农民合作社和农村服务组织等几个方面为农村现代化做出规划。

2009 年与 2008 年“中央一号文件”关于推进农业现代化发展政策规定大致类似，是从农业基础设施、农业科技创新、农业机械化、基层农业公共服务机构等方面规定的。

科学技术可以算作是农业现代化的一个重要组成部分，为了更详尽地阐述科学技术对农业发展以及对“中央一号文件”贯彻落实的影响，笔者将在下文提及。

2015 年“中央一号文件”是以发展创新为依据来促进农业现代化发展的。文件首先指出加快转变农业发展方式。我国过去的农业发展方式是依赖资源消耗的粗放经济，注重的是粮食产量，此种农业发展方式长此以往对我国农业发展产生了消极的影响，粮食阶段性供给不足，耕地环境质量下降，资源消耗比较严重。基于以上种种现象，文件指出：“应从主要追求产量和依赖资源消耗的粗放经济转到数量质量效益并重、注重提高竞争力、注重农业科技创新、注重可持续发展的集约发展上来，走产出高效、产品安全、资源节约、环境友好的现代化农业发展道路”①。接着文件从促进农民增收角度展开：农业现代化的发展离不开农民支持，农民生活条件的改善对于现代化农业的发展有很大的帮助作用，国家加大对农民的支持补贴力度，支持其创新创收机制，推动农村产业的发展，使得其生活宽裕、闲暇时间增多，继而为现代农业的发展奠定人力的支持和财力的保障。农村改革的深入进行也是农业现代化建设的动力，只有推动农村农业发展的有关政策制度符合中国现实国情，符合其发展规律才可以起到作为上层建筑的积极的推动作用。文件指出从推进新型农业经营体系建成，推动农业产权制度改革，推进农村土地改革，推动农村金融体制改革，深化水利林地改革等方面促进改革，其目的是为了使农业经营体系、产权制度、土地制度、金融制度等适应目前农村发展形势，促进农业现代化建设。

2016年，我国农村农业的现代化之路已前进不少，取得了一系列成就，2016年的“中央一号文件”指出应持续夯实现代农业基础，提升农业质量效益和竞争力，推进农田水利的基础设施建设，完善农业科技创新推广体系，促进现代种植业的发展，培养新型农民，发展农业机械化，这些既是现代农业发展的基础，又可以加快现代农业发展。

下面，笔者将重点分析农业现代化进程中的科技因素和科技贡献。

1988年9月邓小平同志在全国科学大会上提出了“科学技术是第一生产力”的论断，把科学技术对国家发展的重要影响提升到了新高度。抛开科学技术进步对于我国工业化、城镇化、信息化的影响不谈，我们来浅析一下其对于现代农业发展的重要意义。首先，科技进步可以使农业获得大量先进的生产工具，提升农业的机械化水平，改善农地环境，提高单位时间内的生产效率，促进生产规模的扩大，同时也会降低运输成本，为农业的发展奠定扎实基础。其次，通过对化肥、农药、农作物的改进，可以提高农产品质量，改善土地生产环境，为农业的可持续发展增添动力。另外科技的提升可以培育农业新物种，使农作物呈现多样性，从而丰富农产品资源，提高社会民众生活质量。再次，科学技术的进步可以提升国家

① 《中共中央 国务院关于加大改革创新力度加快农业现代化建设的若干意见》，《人民日报》2015年2月1日。

对农业农村发展的宏观调控水平，国家利用正确有效的调控措施可以让农业的生产变得更有规划，从而减免农业生产的盲目性，避免资源浪费。最后，农业科学技术的发展能够改善农民的生产生活方式。农业技术进步可以不断改善农民的劳动条件，减轻生产负担，又能使劳动强度下降，从而调动农民的积极性以促进农业科学技术的进步。并且农民掌握了先进的理念与思想，对于广大农民形成现代化的价值理念、符合时代特色的生活理念与生活习惯具有重要的影响，进而反过来推进农业科技的发展和农业生产率的提高。

农业科学技术历来被国家所重视，“中央一号文件”即能体现重视的程度、力度和角度。2004 年“中央一号文件”针对农业技术研发进行阐释和规划，强调要加强农业科研和技术推广。加大对农业科技研发的投入，引入国外先进的农业科技成果是该文件关于提升农业科学技术水平的主题，并且引导高校作为农业技术研发主体进行研发。2005 年“中央一号文件”指出应加大对农业科研的投入，建立政府主导、社会多种力量广泛参与的多元研发机制，加大优良种子及优良种植方法的推广力度，实施“种子工程”“畜禽水产良种工程”，并加快改革农业技术推广体系，以便良种良法能够更好地运用到农业生产中。2007 年的“中央一号文件”同样用一章来对农业技术创新进行指导，该文件表明应建立农业科技体系创新机制，增加对农业科学技术创新的投入，重视高校对农业科技创新的推动作用，引导涉农企业开展技术革新活动，引进国外先进农业科学技术与成果以推动国家农业进步。另外，文件指出还应引导农业科技入户，推广资源节约型技术，发展农业机械化，加快农业信息化的建设。

2008 年与 2007 年关于推进农业科技创新的主要任务大致相同，同样是加大对农业科技研发的投入，重视农业科技研究机构和高等院校的科研成果，继续实施“种子工程”，“畜禽水产良种工程”，加快“科技入户”。除此之外，对农业实用人才的培育以及农业信息化的重视也是其主题之一。2012 年“中央一号文件”对推动农业科技的发展作出了详尽的指导，其主题是推动农业进行科技创新，不断加强农产品的供给保障能力。文件指出，科学技术是实现农业稳定以及保障农产品有效供给的重要条件，并且能推动农业现代化建设的迅速实现。农业科技对于农业发展的重大影响需要党和国家高度重视。2012 年“中央一号文件”首先从国家支持保障角度入手，指出抓好粮食生产。抓好蔬菜生产也即“米袋子，菜篮子”，只有基本的粮食生产搞好才可以更进一步推动农业发展，另外，国家加大农业投入和补贴的力度，着眼于金融服务水平的提高以及农村土地政策的完善。文件接着指出，应依靠科学技术的推动来支撑现代农业建设，明确农业的创新方向，突出创新重点，完善创新的体制机制，改善农业创新条件。此外，国家还应注重种植业的科技创新。最后，文件从推广农业生产技术、加强教育科技培训、改善农业设施设备条件、提高农业流通效率四个方面对现代农业科学技术进步作出规划。而后 2014 年、2015 年、2016 年都对农业科技有所涉及。2014 年“中央一号文件”指出继续实施科技体制改革并提出了“农业物联网”概念并加以推广。2015 年“中央一号文件”重在鼓励农业科技创新，健全农业技术革新鼓励机制，充分发挥农业科研人员、农业研究机构和高等院校在农业科技创新中的重要作用。加强农业在生物育种、智能农业、农机装备、生态环保领域的质的突破，并搞好农业转基因技术的开发。2016 年，农业科技创新已经达到一定水平，但还是需要进行深层次发展，该年的特色主要体现在利用“互联网 +”“云计算”“大数据”等当前流行并且能够推动科技进步的技术推动农业的发展，从而实现对农业各个产业的改造与革新。

伴随农业科技的深入发展，我国农业主要矛盾由总量不足转变为结构性矛盾，突出表现为阶段性供过于求和供给不足的矛盾，矛盾主要方面在供给侧。2005 年 12 月 24 日召开的中央农村工作会议指出，要大力加强与改善农业的供给侧结构性改革，提升农业供给体系的质量与效率，让农产品的供应量充足，并使其品质符合消费者需求，形成结构合理、保障有力的农产品的有效供给。至此，“农业供给侧结构性改革”这一概念首次进入人们视野。

过去很长时间，我国以追求农产品产量的增长为主要发展任务，主要矛盾是农业生产总量不足。随着城镇化不断深入推进，中等收入阶层规模变大，脱贫攻坚战深入开展，我国民众的消费结构逐渐升级，消费需求逐渐上升，人们目前不仅要求吃饱还要吃好，所以农产品的质量与效益需要提高，矛盾主要落在供给这一方面，所以“农业供给侧结构性改革”被国家重视。“农业供给侧结构性改革”是解决农产品供需结构性矛盾的迫切需要，是提升农业质量效益和竞争力的迫切需要，是缓解农业资源环境压力的迫切需要，是破解当前农业发展困境的关键之举。为此，国家确立2017年关于农村发展的顶层设计的主题是深入推进农业供给侧结构性改革，并要寻找农业农村发展的新兴动力，促进农业生产结构转变。2017年“中央一号文件”首先分析了“农业供给侧结构性改革”的原因，即我国农业发展不断迈上新台阶，进入新的历史阶段，农业的主要矛盾由总量不足转变为结构性矛盾，突出表现为阶段性供过于求和供给不足的矛盾。另外，文件还强调，国家应首先确保国内的粮食生产安全，围绕着市场上消费群体需求的变化，以提高农民的收入、保障农产品的有效供给为主要目标。提升主要农产品品质是主攻方向，推进农业农村体制机制改革是保证供给侧结构性改革的根本途径。该文件指出，应优化农业产业结构，调整供给结构，着力推进农业提质增效，毕竟供给侧改革需要将农业的产业结构进行调整以符合现代消费需求。另外，提高农产品质量与效益是农产品良好供应的前提之一。具体来讲，按照“稳粮、优经、扩饲”的要求，建立以及优化粮食、经济作物和饲料作物的种植结构。发展高效养殖业，做大做强做好特色产业，为农业的有效供给提供原材料。优化农业区域布局，并积极发展适度规模经营，避免粮食生产过度追求产量的增长，避免浪费。建设农业现代化产业园，利用新的科学技术为农业发展添加动力。利用国外市场来为我国农产品供应调整结构。农业供给侧改革离不开绿色发展理念，农业的可持续性发展是农业发展的长久之道。文件紧接着从推动农业清洁技术发展，引入节水工程，整治农业环境突出问题，加大重点生态工程建设等角度为农业发展铺路。而后，文件指出应加大对新兴产业扶持投入力度，拓展农业生产的产业链与价值链。农业新行业新业态的壮大，例如乡村的旅游产业发展，农村电商产业发展，现代农产品的发展不仅仅是提升农民收入的重要路径，同样也是农业供给结构调整的重要方式，毕竟新业态的壮大可以使资源要素流向其该流向的地方，进而改善资源配置。文件还指出应创新农业发展方式，注重对科学技术的投入使用，改善农业发展的体制机制，以此来推动农业的发展。

从上述国家对农业科学技术推动政策的梳理来看，国家对于农业技术的重视程度非常高，而且各个年份有关农业科学技术进步的规划是一脉相承的。正是由于国家对农业科学技术的重视，我国农业发展速度才得以突飞猛进，并且为农业现代化打下了牢固的地基。

纵向来看，上述顶层设计在特征和内容上经历了三个阶段的变迁。

一是，以“多予、少取、放活”为特征和主旨的第一阶段。

要想了解2004—2012年“中央一号文件”的特征，首先需要把握2004年之前农村农业的发展趋势。改革开放后，随着安徽省凤阳县小岗村“家庭联产承包”经营模式的成功实践，1982—1986年五年的“中央一号文件”把发展的重心转到解决“三农”问题上来，主题是确立、保障和完善“家庭联产承包责任制”。旧有的农业生产经营体制已不再符合国家经济发展的需要。农民生产热情不能被旧生产经营体制所调动，农产品的产量以及质量不高，并且构成单一，所以“家庭联产承包责任制”的确立和完善是符合国家发展实际需要的。但是，随着改革开放逐步深入进行，国家将经济发展重心慢慢转移到工业化以及城镇化上来，农业固然重要，但是其对经济发展的带动效果远不如工业大。20世纪末一度出现农业支持工业，乡村支持城镇的发展局面，国家的资金投入流向城镇，资源流向城镇，人才流向城镇，基础设施建设主要指向城镇，第二产业第三产业迅猛发展并且将第一产业远远甩在身后。虽然国际上发达国家经济结构占比模式是第二、第三产业占国民经济比重比第一产业高很多，但是，经济结构背后往往蕴藏着几十年甚至上百年国家经济发展的底蕴，与其国家历史发展进程相符，其潜藏的社会问题也不明显。

与发达国家相比，短期内我国城镇化、工业化的发展效果确实明显。1978年我国GDP在世界各经济体中排名第15位，到了2000年排名上升到第7位，工业总产值在1978年是4237亿元，到1999年则上升为126111亿元，国内生产总值以1978年为基准，按照100计算，1999年第二产业国内生产总值指数达到了988.1，接近于1978年的十倍水平，第三产业国内生产总值指数是799.9，接近是1978年8倍。[①] 从以上数据可以看出，我国第二产业的发展速度相当快，并取得了非常巨大的成就。相比较之下，第一产业国内生产总值指数是270.5，[②] 与其他两个产业相比可谓相形见绌。国家重视第二、第三产业发展、轻视第一产业发展所产生

---

① 中国统计年鉴2000，http://www.stats.gov.cn/tjsj/ndsj/zgnj/2000/C04c.htm. 最后访问日期2019年3月2日。

② 同上。

的问题不仅仅是上述数字所能显现的。20 世纪末所产生的一系列“三农”问题与国家将发展重心放在第二、第三产业以及加速发展城镇化和工业化有联系。另外，农业本身抵御自然灾害的能力是不足的，恶劣的自然条件更使农业发展困难重重。期间，粮食总产量从 1998 年的 51229.5 万吨锐减到 2002 年的 45705.8 万吨。① “农业农村发展中存在着许多矛盾和问题，突出表现为农民增收困难。全国农民人均纯收入连续多年放缓，粮食主产区农民收入增长幅度低于全国平均水平，许多纯农户的收入持续徘徊甚至下降，城乡居民收入差距仍在不断拉大。”② 此时，农民“看病难、上学难、住房难”的问题逐步显现，“三农”问题成为党和国家必须重视的重大问题。尤其是进入 20 世纪 90 年代之后，农业税费、提留统筹、集资摊派等负担不断加重，使得县乡基层政府与农民的矛盾不断加深，这些问题导致农民种粮积极性下降，粮食产量降低。任由这些问题继续发展，将对国家的稳定安宁造成极为不利的影响，所以，21 世纪之后，党和国家发展的重心又回到了农业农村上来。

2004—2012 年这一时期关于农业农村发展顶层设计的主题还可以具体分为两个阶段，第一阶段即 2004—2007 年，主要内容是增加农民收入。2004 年“中央一号文件”以“多予、少取、放活”为方针，加大对“三农”工作的投入，发展乡村第二、第三产业，加强与改善农村基础设施建设，深化农村体制改革，为农民增收减负提供保障，为农民工出外打工提供良好的就业环境。该文件提出的最主要的内容还有“两免、三补贴”政策：逐步降低农业税税率，同时取消除烟叶外的农业特产税；给予农民粮食直接补贴、良种推广补贴和农机具购置补贴。该政策明确了国家对农民支持的力度，为“三农”工作的良好开展奠定了基础。2005 年“中央一号文件”提出要进一步扩大农业税的减免力度，进一步扩大农业税免征范围，加大农业税减征力度。其他几项政策，譬如提升耕地质量，加强水利与生态建设，加大科学技术的创新力度，加强农村基础设施建设还有推进农业和农村经济结构的改革与调整，这些政策都是旨在减轻农民负

① 中国统计年鉴 2000，http：//www.stats.gov.cn/tjsj/ndsj/yb2004－c/indexch.htm. 最后访问日期 2019 年 3 月 2 日。

② 《中共中央 国务院关于促进农民增加收入若干政策的意见》，《人民日报》2004 年 1 月 1 日。

担，增加农民收入，与2004年的相关政策一脉相承。2006年“中央一号文件”首次提出在全国范围内取消农业税，可谓是中国农村发展史上的伟大壮举，是国家对农民作出的一件大实事，深得民心。除此之外该年“中央一号文件”还指出应着力构建以工业促进农业、以城市带动乡村的长效发展机制，实行工业反哺农业、城市支持乡村的发展方针，表明国家发展重点再次回归到“三农”工作中。2007年“中央一号文件”的重心聚焦到现代农业上，主要也是强调国家应加大对“三农”工作投入，改善农业基础设施建设，推动农业科学技术的创新等方面，与前三个文件的主题相类似。以上略述可见，2004—2007年的“中央一号文件”主要通过减轻农民负担，实行工业反哺农业和城市支持乡村政策来实现农民收入增长。这一政策思路相较于20世纪80年代已有不同，从这一阶段开始，公共服务、基本公共服务、公共财政、农村公共文化等成为“中央一号文件”的关键词汇，表明实现城乡公共利益成为中央农村工作的重心所在。

第二个阶段是2008—2012年。如果上一阶段可以概括为国家开始为农民增收作出规划并进行指导，这一阶段则可以概括为国家为农民的持续增收做顶层设计。2008年“中央一号文件”的标题是《国务院关于切实加强农业基础建设　进一步促进农业发展农民增收的若干意见》。文件分析指出：“农业比较效益下降，保持粮食稳定生产、农民持续增收难度加大，要求健全农业支持保护体系。农村生产要素外流加剧，缩小城乡差距难度加大，要求加大统筹城乡发展力度。农村社会结构深刻转型，兼顾各方利益和搞好社会管理难度加大，要求进一步完善乡村治理机制。”[①] 面临诸多困难与挑战，文件指出，要形成城乡经济社会发展一体化的新格局，以提高农民收入为目标，实现农业增效农民增收的良好局面。要继续对“三农”进行补贴，加强强农惠农政策实施，推进农村基础设施建设，推动农业科学技术发展，确保农产品供给，改善农村经营制度。2009年“中央一号文件”直截了当的表明了国家的“态度”：其主题是“促进农业稳定发展与农民持续增收”。2008年世界性金融危机的爆发对我国造成

① 《中共中央 国务院关于切实加强农业基础建设进一步促进农业发展农民增收的若干意见》，《人民日报》2008年1月30日。

了巨大影响，表现在经济方面，尤其是对我国农业造成了巨大的冲击，如何保证在当前背景下稳住农业发展局面是国家需要考虑的重大问题，2009年“中央一号文件”应运而生。文件从多个角度为农民持续增收作出规划：首先是加大财政补贴力度，加大对农业的财政投入，并且保持农产品合理的价格水平；其次是稳定农业生产，强化“米袋子”省长负责制，支持优势产区集中种植经济作物，并保障畜牧产业的发展。同时，国家促进《食品安全法》的及时出台，切实保障民众的食品安全。最后是加强基础设施建设，完善农村经营体制，推进城乡社会一体化发展。同时，为了安稳民心，文件指出现有的土地承包关系将保持稳定并长久不变。

经过两年的规划和投入，农业农村的发展已经相对稳定并取得了一系列成果，所以，2010年“中央一号文件”指出应进一步夯实农业农村发展的基础，稳固农业农村发展成果。要健全强农惠农政策体系，提升现代农业装备水平，加快民生的改善，推进城乡社会一体化发展。把扩大农村内需作为拉动国家内需的重要举措，把发展现代农业作为转变经济方式的重大任务。可以说，这三年的“中央一号文件”都是为促进农业持续增长、农民持续增收而服务的，各种惠民政策的执行也稳定了农业增长，促进了农民增收。2011年和2012年“中央一号文件”则从另一个角度来保障农村农业发展。2011年文件主题是改善农村水利设施，2012年文件主题是推动农业科学技术创新。2008—2010年的“中央一号文件”虽然旨在促进农民持续增收、农业持续发展，但是其文件规定的内容比较全面，覆盖的范围比较宽泛。而2011年以整个“中央一号文件”确立水利的重要地位以及2012年以整个“中央一号文件”推动农业科技创新，则表明其指向性更为明晰和专一。因为对于农业而言，水利是农业发展的命脉，科技是农业进步的根本，两个文件分别从两个至关重要的角度进行规划，收效相当明显。

总结这一时段“中央一号文件”发展的规律可以发现，其主题都是围绕农业增效和农民增收。文件首先规划对农民和农业的补贴政策和减税免税政策，以减轻其负担。然后规划加强基础设施建设，加大科技投入，保障农民权益，支持城乡一体发展，完善乡村经营体系，扩大农民增收渠道，发展乡村第二、三产业，支持兴办乡镇企业，切实保护外出务工人员权益。这些具体的政策都是在“多予、少取、放活”方针的指导下进行的。相关政策促进了乡村发展，增加了农民收入，保证了国家粮食安全，维护了社会稳定，为下一步“三农”工作开展打下了良好基础并提供了坚实保障。

二是，确保农业农村现代化建设的第二阶段。

伴随着2004—2012年9个“中央一号文件”不断加大对“三农”工作的重视，我国农村农业的发展已经进入了一个新的阶段。我国粮食生产量自2002年的45705.8万吨逐渐上涨到2012年的58958.0万吨。[①] 人均主要农产品产量自2003年的362公斤增长到2012年的437公斤。[②] 农民人均年纯收入2000年为3146.2元，2012年则逐渐增长到10990.7元。[③] 上述数据表明我国农业的发展，农民收入的提高确实上了一个新台阶，进入到了一个新水平。粮食产量九年连续增长，农业综合生产能力得以提高；农民收入同样连续九年增长，农村中贫困人口温饱问题基本解决；农村民生问题得以改善，许多涉及“三农”的政策深得民心。虽然农业发展已经迈上了一个新台阶，但深层次中还有一些不容小觑的问题存在。随着我国社会经济的不断发展，我国农村与农业的发展正面临着新的局面。人口多、耕地少、水资源缺乏问题严重，人们对农产品的需求呈现刚性增长趋势，农业对外依存程度较高，农村劳动力外流造成农村青壮年人口较少，留守儿童留守老人问题比较严重，等等。基于上述形势以及面临的一些难题，发展现代农业被提上日程。

我们可以通过现代农业的几个特征来认识它：首先，现代农业应有较高的综合生产率；其次，现代农业应该是可持续发展的农业；再次，现代农业应该是高度商业化的；第四，现代农业发展的物质条件、科技条件应该是现代化的；最后，现代农业应该实现农业管理的现代化和农业生产的规模化。基于当时国家农业的发展状况，2013年“中央一号文件”提出了加快现代农业发展的政策设计。包括强化农业物质技术装备，完善农产品市场调控，提升农业支持保护力度以建立农产品供给保障机制。加大对农村的补贴力度，改善农村金融服务，引导资本流入农村，为现代农业的

① 中国统计年鉴2013，http：//www. stats. gov. cn/tjsj/ndsj/2013/indexch. htm. 最后访问日期2019年3月2日。

② 同上。

③ 同上。

发展奠定资金基础。创新农业生产经营体制，创新农业社会化服务机制。还提出应完善乡村治理机制。2014 年与 2015 年“中央一号文件”同样是关于加快推进农业现代化建设的顶层设计。2014 年“中央一号文件”提出改善乡村治理机制，深化农村改革，加快推进农业现代化建设。2015 年“中央一号文件”同样提到要创新和完善乡村治理机制。2016 年“中央一号文件”也是关于加快农业现代化发展的主题。2014—2016 这三年的“中央一号文件”规定的内容大概相似，主要围绕提高农民收入，促进农业的基础设施建设，完善农村经营体制，搞好农田水利等设施建设，推动农业科技发展，利用现代农业科技创新推广体系建设等一系列旨在加快农业现代化的措施，逐年推进，实现农业现代化。这三年还有一个相同的主题是创新和完善乡村治理机制。2017 年“中央一号文件”站在新的高度对“三农”工作提出指导意见，把农业供给侧结构性改革作为重点对农业问题做出规划。强调通过体制改革和机制创新激发农业农村发展新动能，实现农业供给侧改革的目标。

结合 2013—2017 年 5 年的“中央一号文件”可以看出，该阶段的顶层设计是站在农业农村取得了巨大发展成效、中央推动农业农村进一步发展的基础上推进的，主题是推动现代农业的发展，即利用现代化的生产管理方式、现代科学技术、现代农业经营体制和现代乡村治理机制合力推动农业发展，最终促进农业增效和农民增收。

二是，实施乡村振兴战略的第三阶段。

党的十八大以来，以习近平同志为核心的党中央继续把解决“三农”问题作为工作重点，持续加大支农强农惠农力度，扎实推进农业现代化和社会主义新农村建设，我国的农业农村发展取得了历史性成就。但是在现阶段，我国发展不平衡不充分问题在农村尤为突出，表现为农产品阶段性供过于求与阶段性供给不足并存；农民适应生产力发展和市场竞争的能力不足，新型职业农民队伍建设需要加强；农村基础设施建设和民生领域欠账较多，农村环境和生态问题比较突出；国家支农体系较弱，农村基层党建存在薄弱环节，乡村治理体系和治理能力亟待强化。解决人民日益增长的美好生活需要和不平衡不充分发展之间的矛盾，实现“两个一百年”奋斗目标，实现全体人民共同富裕，乡村振兴战略必不可少。2018 年和 2019 年的“中央一号文件”开启了新时代乡村全面振兴的新篇章，乡村振兴战略成为新时代“三农”工作的总抓手。2018 年“中央一号文件”不仅明确了乡村振兴战略的指导思想和到 2020 年、2035 年以及 2050 年的目标任务，而且提出要把维护农民群众根本利益、促进农民富裕作为出发点和落脚点，促进农民持续增收，不断提升农民的获得感、幸福感、安全感。文件对培育乡村发展新动能、推进乡村绿色发展、繁荣兴盛农村文化、构建乡村治理新体系等方面作出了具体部署。① 2019“中央一号文件”指出 2019 年和 2020 年是全面建成小康社会的决胜期，“三农”领域有不少必须完成的硬任务。中央认为，在经济下行压力加大、外部环境发生深刻变化的复杂形势下，做好“三农”工作具有特殊重要性。必须坚持把解决好“三农”问题作为全党工作重中之重不动摇，进一步统一思想、坚定信心、落实工作，巩固发展农业农村好形势，发挥“三农”压舱石作用，为有效应对各种风险挑战赢得主动，为确保经济持续健康发展和社会大局稳定、如期实现第一个百年奋斗目标奠定基础。②

在乡村振兴阶段，顶层设计的突出特征表现为规划先行、协调推进和“全面振兴”。③

---

① 曲延春、王成利：《政策演进与乡村治理 40 年：1978—2018 以“中央一号文件”为基础的考察》，《学习与探索》2018 年第 11 期。

② 《中共中央 国务院关于坚持农业农村优先发展做好“三农”工作的若干意见》，《人民日报》2019 年 2 月 20 日。

③ 慕良泽、王晓琨：《乡村发展：从“政策惠农”到“战略布署”》，《中国行政管理》，2019 年第 2 期。

第二章　惠农政策过程

纵向来分析，每一项公共政策，其实都是一个动态的展开过程。如果说政治是社会价值的权威性分配的话，那权威性分配的主要工具就是公共政策。所以，政策过程就是政治过程的另一种呈现。为此，政策过程与政治过程具有同构性。[①] 从这一点出发，我们就可以从民生政治的起点开始理解惠农政策的制定过程。

一　政策起点

农业、农村和农民是农业社会的既有特质，将“三农”作为“问题”来看待和研究则是工业文明以后的事情。因此，在现代社会科学的视域里，“三农”具有传统和现代的两极化属性：既是传统社会的主要领地和象征，也是任何传统社会进入现代国家必须面对的社会“问题”。[②] 所以，近现代中国的问题实质是农民问题，革命时期如此，建设时期如此，未来的发展依然如此。抓住了农民问题，就抓住了中国发展的根本；解决好“三农”问题，就找到了中国发展的钥匙。毛泽东同志曾经说过：“谁赢得农民，谁赢得中国”；[③] 邓小平同志也深刻认识到：“中国经济能不能发展，首先要看农村能不能发展，农民生活是不是好起来。”[④] 在党的十六大召开几个月后的2003年年初，胡锦涛同志提出要把解决好“三农”问

---

① 宁骚：《公共政策学》，高等教育出版社2003年版，第276页。

② 徐勇：《农民改变中国：基层社会与创造性政治——对农民政治行为经典模式的超越》，《学术月刊》2009年第5期。

③ 埃德加·斯诺：《斯诺眼中的中国》，中国学术出版社1982年版，第47页。

④ 《邓小平文选》（第3卷），人民出版社1993年版，第77页。

题作为全党工作的“重中之重”，温家宝同志在同年提出要把解决好“三农”问题作为政府全部工作的“重中之重”。“重中之重”战略思想不仅是我们党“三农”理论的重大突破，而且还标志着我们党治国理念和执政战略的重大创新。顺着“重中之重”的思维逻辑，面对农业弱质、农村落后和农民弱势的现实，中央顺理成章地提出了“两个趋势”的重大战略论断，[①] 确定了“工业反哺农业、城市支持农村”和“多予、少取、放活”的方针，提出了让广大农民平等参与现代化进程、共同分享现代化成果，走中国特色农业现代化道路的基本方向。部署了加快发展现代农业、建设社会主义新农村的战略任务。明确了在工业化城镇化深入发展中同步推进农业现代化、加快形成城乡经济社会发展一体化新格局的根本要求。积极调整了国民收入分配格局和城乡利益关系，促进了公共资源在城乡之间合理配置和城乡基本公共服务均等化。不断加大强农惠农富农政策力度，坚持不懈地推进农村改革创新，在脱贫攻坚、农民增收、农村产权改革等关键领域和重点环节取得了重大突破。[②] 以惠农政策的前期成效为基础，十九大提出建立健全城乡融合发展体制机制和政策体系、推进乡村振兴的战略部署，新时代的中国乡村将迎来历史性的变化。随着上述顶层设计的步步落地，“三农”理论、体制机制创新、政策实施等方面结出了丰硕的成果。

在这里，笔者以“农村最低生活保障制度”为例来分析惠农政策的缘起。

新中国成立以后，中国政府为解决农村贫困问题，先后出台了一系列政策措施。在20世纪80年代以前，除农村五保供养制度以外，各地普遍采取临时救济措施，对缺衣少吃的穷苦农民给予临时性救济。80年代后，一些省市开始探索将临时性救济和定期定量供给相结合，对持续贫困的农村家庭进行物资救助。在此基础上，90年代后，一些地方，特别是东部

---

① 胡锦涛同志在党的十六届四中全会上明确指出：“农业是安天下、稳民心的战略产业，必须始终抓紧抓好。纵观一些工业化国家发展的历程，在工业化初始阶段，农业支持工业、为工业提供积累是带有普遍性的趋向；但在工业化达到相当程度以后，工业反哺农业、城市支持农村，实现工业与农业、城市与农村协调发展，也是带有普遍性的趋向。”

② 唐园结、孙林：《黄金十年：党的十六大以来强农惠农富农政策轨迹》，中国农业出版社2012年版，第3—4页。

发达地区，开始探索建立农村最低生活保障制度（以下简称“低保制度”）。另外，农村低保制度也可以看成是城市低保制度的扩展。进入21世纪以来，党中央和国务院更加关心和重视城乡贫困家庭的生产和生活。十六大报告提出：有条件的地方，探索建立农村最低生活保障制度。2004年“中央一号文件”也提出：有条件的地方要探索建立农民最低生活保障制度。十六届六中全会做出要“逐步建立农村最低生活保障制度”的决定。从不断强化、不断肯定的提法轨迹可以看出，作为解决农村特殊群体和家庭贫困问题的制度安排，农村低保制度越来越得到党和政府的认可和重视。2007年“中央一号文件”则明确提出：“在全国范围建立农村最低生活保障制度，各地应根据当地经济发展水平和财力状况，确定低保对象范围、标准，鼓励已建立制度的地区完善制度，支持未建立制度的地区建立制度，中央财政对财政困难地区给予适当补助。”党中央、国务院对农村低保制度的这一规定，标志着农村低保制度已经完成试点探索期，进入了全面推进的新阶段。为尽快建立农村低保制度，民政部于2007年1月在福建召开了“全国农村最低生活保障工作会议”。会议学习了中共中央关于在全国范围建立农村低保制度的重大决策精神，总结交流了农村低保工作经验，研究了进一步推进农村低保制度的措施和办法。国务院于2007年6月，在北京召开了农村低保工作会议，对农村低保制度建设进行了全面部署和安排。紧接着7月下发了《国务院关于在全国建立农村最低生活保障制度的通知》。国务院关于农村低保会议的召开和文件的出台，标志着农村低保制度作为一项惠农政策在我国正式确立。[①] 2012年9月，国务院下发了《国务院关于进一步加强和改进最低生活保障工作的意见》，文件指出：“最低生活保障事关困难群众衣食冷暖，事关社会和谐稳定和公平正义，是贯彻落实科学发展观的重要举措，是维护困难群众基本生活权益的基础性制度安排。近年来，随着各项相关配套政策的陆续出台，最低生活保障制度在惠民生、解民忧、保稳定、促和谐等方面作出了突出贡献，有效保障了困难群众的基本生活。但一些地区还不同程度存在着对最低生活保障工作重视不够、责任不落实、管理不规范、监管不到

---

① 柳拯：《中国农村低保制度政策过程与实施效果研究》，中国社会出版社2009年版，第1—2页。

位、工作保障不力、工作机制不健全等问题。为切实加强和改进最低生活保障工作，现提出如下意见。”该文件从“完善最低生活保障对象认定条件”“规范最低生活保障审核审批程序”“建立救助申请家庭经济状况核对机制”等七个方面，严格规范了最低生活保障的政策措施。此后，全国各地最低生活保障工作逐步走向正轨。

二　政策环节

上述党中央和国务院的一系列政治动员和一系列文件，可以看成政策的起点和原点。国务院职能部门和省级政府可以看成政策下行的第一个环节，也可以说是具体操办政策的第一个环节。

以河北省为例，根据2004年“中央一号文件”精神，河北省出台了《河北省人民政府关于建立和完善农村居民最低生活保障制度的通知》（冀政〔2005〕40号，以下简称《通知》）这一文件，通知从“指导思想”“保障原则”“保障范围”“保障标准”“保障方式”“收入计算”“申请审批程序”“资金的筹集管理发放”和“管理和监督”9个方面就全省建立农村低保制度做了一系列规定。通知明确：农村低保所需资金主要由市、县（市、区）财政承担，省级对困难地区给予适当补助。资金管理低保资金以县（市、区）为单位统一核算和管理。市、县（市、区）财政每年将农村低保资金列入财政预算，具体数目由民政部门会同财政部门确定，报同级政府和人民代表大会批准后执行；省、市、县（市、区）财政预算资金要定期拨付；市、县（市、区）民政部门要定期向同级财政部门和上级民政部门报送预算执行情况。通知要求：各地各有关部门要高度重视农村低保工作，切实加强领导，采取有效措施，确保2005年年底前各市、县（市、区）基本建立农村居民最低生活保障制度。在农村低保涉及的工作部门方面，通知指出，各县（市、区）政府要成立由民政、财政、农业、物价、统计、审计等部门组成的农村居民最低生活保障管理和监督委员会，负责有关组织、协调、管理和指导工作，民政部门负责具体业务工作；乡（镇）政府成立由政府主管负责同志及民政、财政等部门和群众代表组成的农村低保评审小组，负责农村居民最低生活保障的审核和相关管理工作；村民委员会受县（市、区）、乡（镇）政府委托，承担本村低保对象的申请和初审、日常管理等工作。

贯彻上述通知精神，河北省各县市普遍建立了农村低保制度。经过3年左右的运行，2009年，河北省民政厅下发了《河北省民政厅关于进一步加强城乡低保基层规范化管理的紧急通知》（冀民〔2009〕52号，以下简称《通知》）。通知认为：自城乡低保制度运行以来，省级政府不断加大财政投入，参保人数、保障水平迅速提高。城乡低保工作呈现出覆盖范围逐年扩大、保障水平不断提升、服务管理日益规范的良好局面，为保障城乡困难群众的基本生活权益、维护社会稳定、促进社会公平正义、构建和谐河北发挥了积极作用。但是，在个别基层也存在一些不规范问题。根据媒体报道和群众举报，查实了个别村干部在农村低保对象确定工作中，不履行法定程序，以权谋私，暗箱操作，优亲厚友的违纪问题。为进一步规范城乡低保工作，杜绝违纪违规现象的发生，特发此通知文件。这一文件中涉及的一大亮点是建立基层干部辖区亲属备案制度。

《河北省民政厅关于进一步加强城乡低保基层规范化管理的紧急通知》（节选）

县、乡两级要对村两委班子（居委会干部）所属辖区的亲属进行登记备案。这里的亲属主要指：直系亲属，包括父母（公婆、岳父母）、子女及其配偶、祖父母、外祖父母、孙子女（外孙子女）及其配偶、曾祖父母、曾外祖父母；三代内的旁系血亲，包括同源于祖父母、外祖父母辈分相同的兄弟姐妹、堂兄弟姐妹、表兄弟姐，辈分不同的伯、叔、姑与侄子，舅、姨与外甥子女；嫡系亲属，包括配偶的兄弟姐妹、叔、姑等。备案记录由县级民政部门和乡级主管低保工作部门存档备查。

2011年，在全国低保制度运行和发展的基础上，民政部对各省、自治区、直辖市民政厅（局）、发展改革委（物价局）、财政厅（局）、统计局，新疆生产建设兵团民政局、发展改革委、财务局、统计局，国家统计局各调查总队下发了《关于进一步规范城乡居民最低生活保障标准制定和调整工作的指导意见》（民发〔2011〕80号）。为规范各地制定和调整低保标准，文件特别详细列出了“基本生活费用支出法”“恩格尔系数法”和“消费支出比例法”供各地参考。

《关于进一步规范城乡居民最低生活保障标准
制定和调整工作的指导意见》(节选)

(一) 基本生活费用支出法。

城乡低保标准根据当地居民基本生活费用支出确定，包括必需食品消费支出和非食品类生活必需品支出两部分。用公式表示为：

城乡低保标准 = 必需食品消费支出 + 非食品类生活必需品支出

其中，必需食品消费支出通过市场调查确定当地食品必需品消费清单（即标准食物清单）、根据中国营养学会推荐的能量摄入量、相应食物摄入量以及食物的市场价格计算得出；非食品类生活必需品支出根据调查数据确定维持基本生活所必需的衣物、水电、燃煤（燃气）、公共交通、日用品等消费清单测算支出数额。

为确保城乡低保标准的制定和调整符合当地实际，各地可以参考当地上年度城乡居民人均消费支出、城镇居民人均可支配收入、农民人均纯收入、城乡低收入居民基本生活费用，以及经济发展水平、财政状况等因素对测算得出的低保标准予以适当调整。

(二) 恩格尔系数法。

城乡低保标准根据当地居民必需食品消费支出和上年度最低收入家庭恩格尔系数确定。用公式表示为：

城乡低保标准 = 必需食品消费支出/上年度最低收入家庭恩格尔系数

其中，必需食品消费支出的确定方法同基本生活费用支出法，即通过市场调查确定当地食品必需品消费清单（即标准食物清单）、根据中国营养学会推荐的能量摄入量、相应食物摄入量以及食物的市场价格计算得出。

为确保城乡低保标准的制定和调整符合当地实际，各地可以参考当地上年度城乡居民人均消费支出、城镇居民人均可支配收入、农民人均纯收入、城乡低收入居民基本生活费用，以及经济发展水平、财政状况等因素对测算得出的低保标准予以适当调整。

（三）消费支出比例法。

已按基本生活费用支出法或恩格尔系数法测算出城乡低保标准的地区，可将此数据与当地上年度城乡居民人均消费支出进行比较，得出低保标准占上年度城乡居民人均消费支出的比例。在今后一定时期内再次计算城乡低保标准时，可直接用当地上年度城乡居民人均消费支出乘以此比例。用公式表示为：

城乡低保标准＝当地上年度城乡居民人均消费支出×低保标准占上年度城乡居民人均消费支出的比例

2012年《国务院关于进一步加强和改进最低生活保障工作的意见》（国发〔2012〕45号，以下简称《意见》）进一步重申“综合运用基本生活费用支出法、恩格尔系数法、消费支出比例法等测算方法，动态、适时调整最低生活保障标准，最低生活保障标准应低于最低工资标准；省级人民政府可根据区域经济社会发展情况，研究制定本行政区域内相对统一的区域标准，逐步缩小城乡差距、区域差距”，就低保管理和信息核对，提出建立多部门协调和参与机制。意见指出：“在强化入户调查、邻里访问、信函索证等调查手段基础上，加快建立跨部门、多层次、信息共享的救助申请家庭经济状况核对机制，健全完善工作机构和信息核对平台，确保最低生活保障等社会救助对象准确、高效、公正认定。经救助申请人及其家庭成员授权，公安、人力资源社会保障、住房城乡建设、金融、保险、工商、税务、住房公积金等部门和机构应当根据有关规定和最低生活保障等社会救助对象认定工作需要，及时向民政部门提供户籍、机动车、就业、保险、住房、存款、证券、个体工商户、纳税、公积金等方面的信息。民政部要会同有关部门研究制定具体的信息查询办法，并负责跨省（区、市）的信息查询工作。”同时，就建立健全投诉举报核查制度，做了详细的规定。意见指出：“各级人民政府、县级以上人民政府民政部门应当自受理最低生活保障信访事项之日起60日内办结；信访人对信访事项处理意见不服的，可以自收到书面答复之日起30日内请求原办理行政机关的上一级行政机关复查，收到复查请求的行政机关应当自收到复查请求之日起30日内提出复查意见，并予以书面答复；信访人对复查意见不服的，可以自收到书面答复之日起30日内向复查机关的上一级行政机关请求复核，收到复核请求的行政机关应当自收到复核请求之日起30日内提出复核意见；信访人对复核意见不服，仍以同一事实和理由提出信访请求的，不再受理，民政等部门要积极向信访人做好政策解释工作。”

通过对上述一系列文件为主的政策环节的简述我们可以看到，我国惠农政策的政策环节，有这样几个特征，值得探讨思考。

第一，在惠农政策的相关文件和相关规定中，“事”的运作规定较为细致，较为统一。比如，低保标准的核算办法在相关文件中也做了细致的规定和说明。省级政府及其职能部门以下（不包括省级政府），几乎没有“政策空间”。不同的是，“财”的相关规定相对模糊，“省级对困难地区给予适当补助”这样的规定，流露出财权的模糊性。并且，相对于“事权”规定的“高层性”，“财权”的执行则体现了“基层性”。所以，相关研究中指出的在中国行政体制中存在的“事权上收，财权下沉”、财权和事权不对等的特征在惠农政策过程中也有所体现。

第二，基层干部经常讲，“有政策，就有钱”；“给政策，也会给钱”；“给政策，就是给钱”。所以，很多情况下，政策和财政是紧密相关的。对于全国密集启动的农村低保政策，财政是否可持续，风险是否出现以及如何抗风险，均没有“时间”来检验。另外，基于基层政府要办的事很多，但财力有限的现实，面对中央出台的政策，基层政府在变通政策的过程中，以套取上级政府的配套财政或者补助补贴，就变成了基层工作中政策过程的重要一环。

案例一：A村为了获得更多的种粮补贴和农资综合补贴，借口平山造地和农田改造，上浮村庄耕地面积和良田面积。

案例二：B村要改造村内饮水管道，通过“一事一议”筹资筹劳。谎称村内筹资30万。有了村内筹资30万，县水务局配套补贴30万。其实，最后的事实是，用了村庄原有积累的13万，加上县水务局配套的30万元，43万元解决了水管到户的问题。庭院内部布局和设施，农户默认自费解决。

第三，从上述文件中发文所针对的部门和农村低保工作的开展所涉及的部门可以看出，事关惠农政策，往往是多部门联合发文，惠农事务也涉及多个部门。在基层的实际工作中，涉及个别惠农政策，虽然也有机构与人员的重组，① 但是绝大多数惠农政策落地，都是在原有部门和机构中附加新的工作。所以，每一项惠农政策，对农民来说，都是农民得实惠的事宜，但是，对于基层行政和政治来说，无疑加重了其工作负担。进入21世纪以来，密集出台的一系列惠农政策之线，都往基层行政这一个针孔里穿，在无尽的压力和疲惫的应付之余，变通政策、过滤政策、选择性执行政策等方式，在某些领域和某些部门，则变成了经常出现或发生的事。另外，由于部门交叉和部门利益所在，贯彻惠农政策，部门协调性工作较多，机构之间的交易成本较高，甚至出现“以政策落实政策，政策套政策；以会议贯彻政策，会议接会议；以文件评估政策，文件里找文件；以材料评估政策，材料里找材料”这样的行政现象。② 在这种情况下，基层行政体制改革和创新就成为惠农政策贯彻执行中的一项非常重要的配套工作。以G县为例，县委农村工作委员会主要负责涉农工作的牵头和协调，农工委书记由县委常委、县委办公室主任兼任。每年年初，县委和县政府会召开县级各部门和机构惠农政策与涉农项目宣讲和对接大会，并将各部门和机构的惠农政策与涉农项目相关事宜编印成册，分发到乡镇干部和村干部手里，并让乡镇干部帮助村干部申请项目，参与惠农政策的实施。

三　政策终点

自上而下的视角来看，惠农政策经过谋划、制定，经过一系列中间环节之后，到达农村和农民这里。农民眼中的惠农政策，可以看成惠农政策的终点。因农民群体不同，农民眼中的惠农政策，有不同的理解和解释，可以区别为不同的版本。

相对于历史上长期实行的自给自足型的乡村治理资源配置，和新中国成立后以资源汲取为主的乡村治理资源配置，21世纪以来资源赋予型的

① 慕良泽、任路：《惠农政策的嵌入与乡村治理资源重组——基于对新型农村养老保险政策的调查分析》，《理论与改革》2010年第6期。

② 访谈记录G县2013050401。

乡村治理资源配置实行的时间还很短，[①] 作为惠农政策终端的农村和农民，政治心理和社会心理的调适还没赶上政治社会现实的变化，滞后于现实的变化。这一时间滞后的情境，一方面，带来的是合法性资源的暴增；另一方面，农民还没有完全实现由资源汲取型中的抗争者、“弱者”等角色向“惠农时代”的参与者、“共享者”的角色转变。对于绝大多数农民来说，作为惠农政策过程的终端，主动性不足，被动性较大。所以，惠农政策惠农的“度”，主要还是掌握在政策制定者的手中，农民参与政策的主动性和积极性还没有确立起来。因此，对于上述政策环节，普通老百姓并不知情。[②] 由于村民享受惠农政策待遇或参与惠农政策的时间还不长，有些惠农政策在村庄才开展不久，所以，目前农民对于惠农政策，处于“只知其然”，还没问及“所以然”的阶段。在农民普遍对惠农政策发表赞誉之后，当问及农民的政策期待时，农民才表达出“再多发点钱”“能再多点（钱）就更好了……”等政策改善意见。

在农民眼里，自己感受到的惠农政策，有多种版本。一种版本即将自己感受到的惠农政策等同于中央出台的惠农政策，即原版的惠农政策。这一政策感受，即将惠农政策作为一个固化的整体来看待，对惠农政策的中间环节做一致性的判断。也有一部分农民群体，确立了自己与中央政府的直接关系，而没有看到地方政府诸多中间环节。在笔者调查过程中，将惠农政策的相关信息经常与“国家如何如何……”“中央如何如何”等话语体系相连的群体，即对惠农政策是这种感受和认知。这一群体，主要的信息源自于电视，从电视节目中直接接收了“中央话语”。

另一种版本即将自己感受到的惠农政策等同于“执行到此”的政策。对于自己感受到的惠农政策是否等同于中央出台的惠农政策，有些群体心存怀疑；有些群体则没有想过。为了消除这些群体的疑虑，尽可能获得政策支持和合法性资源，上述民政部门在相关文件中翔实、具体的规定，是试图缩减地方政府“政策空间”的一种表现。另外，密集安排和不断压缩的政策环节，以及从政策动意、政策出台、政策下行到政策受众如此短

① 慕良泽、任路：《惠农政策的嵌入与乡村治理资源重组——基于对新型农村养老保险政策的调查分析》，《理论与改革》2010 年第 6 期。

② 谢来位：《惠农政策“自上而下”执行的问题及对策研究》，《经济体制改革》2010 年第 2 期。

的时间，也是尽量做到政策“保鲜”“不变质”和“不走样”。用基层干部的话说：“照搬照抄都来不及，根本没时间动歪脑子！”① 保持这种感受的群体，主要掌握的是地方话语，把政策信息也经常共享和交流于坊间，以此评判惠农政策的地方实践，包括省里的惠农政策、县里的惠农政策，甚至村里的惠农政策。

还有一种版本的惠农政策，即是作为平衡工具的惠农政策。进入21世纪以来，一方面，国家推出一系列惠农政策，旨在维护农民权益；另一方面，农资价格节节攀升，物价水平总体高涨。农村社会化程度和农业生产的社会化程度均大幅提升，带来了农民生活和生产的成本也大幅增加。在调研中，经常听到农民群体的抱怨：“国家给了钱，换个法子又拿走了……甚至拿的更多”，② 在这种情形中，农民甚至对国家出台惠农政策的初衷产生疑问。有此判断的农民由此认定：“现在农村的局面，也是换汤不换药，不要盲目乐观”。③ 这一群体是将惠农政策放到农村发展的大环境中来考察，农村发展大环境的不利方面，冲淡甚至影响了农民对惠农政策的正面评价。如图2－3－1和图2－3－2所示，在对“种粮农民直接补贴”和“农资综合补贴”政策的评价中，分别有四分之一和三分之一左右的农民的评价为“一般”，这一数据说明，基于激励农民种粮和务农的惠农政策，在农民那里，并没有达到期望的效果。

上述农民感受到的几种惠农政策，或者说惠农政策的几个类型，是政策的末端操控者——基层政府与政策的作用对象——农民（农村）之间发生作用后呈现出的效应。如果说从中央到基层，行走于政府序列的惠农政策，坚持的是科层制的行政原则的话，政策从基层政府走到农民之中，则坚持的是治理的原则。在惠农政策运用于治理的过程中，基层的政治行政生态、农民的价值观念、农村的实际问题等纷繁复杂的诸多因素都会掺和到具体问题的摆平理顺中来。所以，与惠农政策在行政体制中下行相对

① 访谈记录A乡2013070401。

② 访谈记录A村2013070401。

③ 访谈记录A村2013070402。

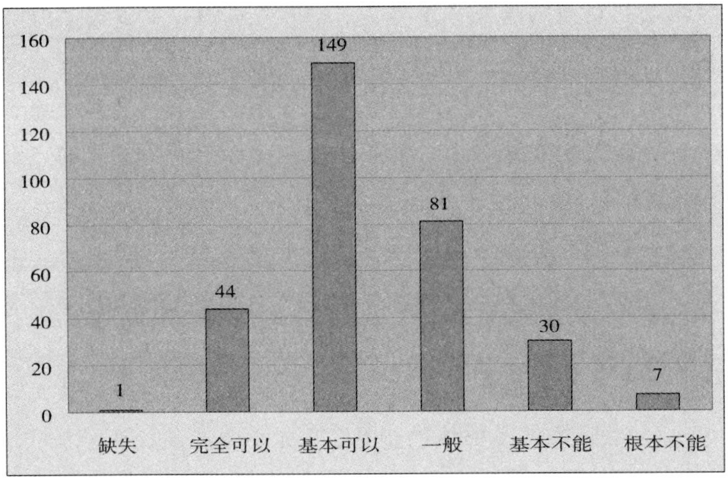

图 2－3－1 “种粮农民直接补贴能提高种粮积极性吗?”数据分布

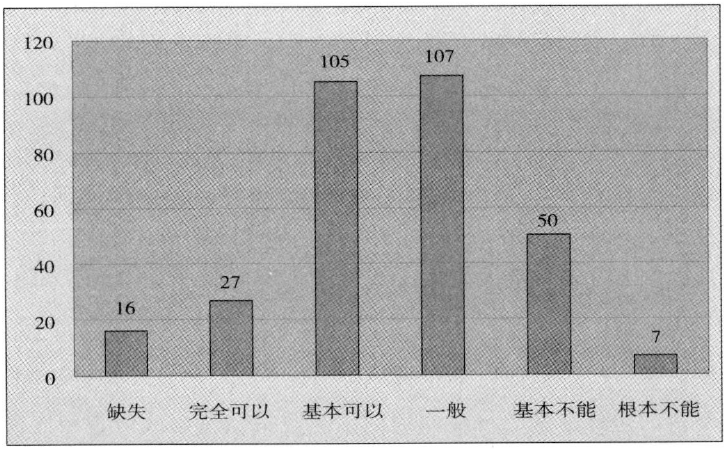

图 2－3－2 “农资综合补贴能提高务农积极性吗?”数据分布

简单相比，政策的具体执行和落实要复杂得多。[①] 为此，就出现了农村中多样化的政策版本和多样化的政策评价。在此意义上，与黄宗智提出的

① 用基层干部的话说：政策的下行在行政体系中往往表现为以会议落实政策、以文件落实政策等形式。在这些形式中，政策标准往往比较稳定，政策目标也相对固定，不会有较大出入。真正有出入的地方表现在政策的具体落实中。访谈记录 A 乡 2013070401。

“简约治理”相比，[①] 乡村治理中的惠农政策，可概括为“复杂治理”。

上述农民对惠农政策的感受和评价，可以看作惠农政策的终点，这是本章内容所涉及的惠农政策自上而下的政策过程。当然，农民的政策评价和感受也是惠农政策的起点，农民以对惠农政策的评价和感受，构成惠农政策的反馈，参与惠农政策的建构，这一自下而上的政策过程是后续章节的主要内容。

综合本章的三节内容我们可以看出，“政策起点”和“政策环节”基本在行政体系内部运行，从中央政府到地方政府，表现出的是科层制的简约治理的原则，基本方式是以文件落实文件、以会议落实会议，层层下移。绝大多数惠农政策到了基层这一级，其运行的性质则发生了变化，进入了实质性的落实环节，所以，惠农政策在农民这里出现了多个版本和多种感受。从这个层面来讲，可以将惠农政策过程分为两个不同的环节。第一个环节，惠农政策处于行政科层体系中，在理想型目标沿着规范化文件传递的过程中，政策消耗较小。第二个环节，惠农政策处于要落地生根、发挥作用的界面，受众对象不同，政策实效也会有较大差异，同时，政策消耗也大。如果说第一个环节，可以概括为政策的规范、简约路径的话，那么第二个环节，则可以概括为政策的实证、复杂路径。

政策进村入户，获得了政治合法性资源，这只是政策的一个暂时性的终点，也可以看成起点，也是本研究重点关注的起点，即以农民的政策反馈参与政策完善和政策建设。

① 黄宗智：《集权的简约治理——中国以准官员和纠纷解决为主的半正式基层行政》，《开放时代》2008 年第 2 期。

第三章　惠农政策的属性与特征

从农民对惠农政策的认定和评价来看，惠农政策可以分为四种主要类型，即福利型惠农政策、公益型惠农政策、保障型惠农政策和保险型惠农政策。这四种类型也可以看成是对惠农政策的属性的划分，农民根据对“福利”“公益”“保障”“保险”的理解，对不同属性的惠农政策有不同的参与方式和参与特征。

一　福利型惠农政策

在本研究中，“种粮农民直接补贴”“农资综合补贴”“家电下乡补贴”“购买农机补贴”这几项惠农政策被选作福利型惠农政策的代表。

种粮农民直接补贴，是为进一步保护粮食综合生产能力、调动农民种粮积极性，按粮食实际种植面积和粮食产量，对种粮农民直接给予的政策性补贴。从2004年开始，中国开始从过去主要用于流通环节的补贴中拿出一部分补贴给种粮农民。直补资金来源于粮食风险基金，是原来在粮食风险基金中安排的补给粮食流通环节的钱，国家通过改革把它直接补到农民手里，也就是把原来的暗补直接变成明补。粮食风险基金由中央和地方财政共同负担，中央负担多数。2004年全年，全国共有29个省实施了粮食直补，安排直补资金达到116亿元，有6亿多农民得到了实惠。[①]

2006年，农资综合补贴政策开始实施。2004年以来，煤电、化肥、农药等农资价格上涨幅度较大，增加了农民的种粮成本。针对这种情况，国家抓住燃油价格调整的契机，开始在全国建立农资涨价综合直接补贴制

① 拜发奎：《如何认识我国的粮食直补政策》，《农业经济》2005年第3期。

度，对种粮农民因农药、农用柴油等农资价格上涨造成的损失进行补偿。对于涨价引起的种植成本上升，中央为了减少这一成本上升于2006年出台实施了农资综合补贴政策。农资综合直补，主要是依农资价格的相对变化而定，其目的在于补偿因农资涨价增加的粮食成本。[①] 这项补贴资金全部由中央财政安排。种粮农民直接补贴和农资综合补贴这两项政策性补贴的补给对象都是种粮农民，都增加了农民的收入，是一种收入性的补贴。

家电下乡政策是积极扩大内需的重要举措，是财政和贸易政策的创新突破。主要内容是，顺应农民消费升级的新趋势，运用财政、贸易政策，引导和组织工商联手，开发、生产适合农村消费特点、性能可靠、质量有保证、物美价廉的家电产品，并提供满足农民需求的流通和售后服务。对农民购买纳入补贴范围的家电产品给予一定比例（13%）的财政补贴，以激活农民购买能力，扩大农村消费，促进内需和外需协调发展。2007年12月起，在山东、河南、四川、青岛三省一市进行了家电下乡试点，试点的三省一市计划执行到2011年11月底。从2008年12月1日，山东、青岛、河南、四川、内蒙古、辽宁、大连、黑龙江、安徽、湖北、湖南、广西、重庆、陕西14个省、自治区、直辖市及计划单列市开始推广家电下乡。这些省、自治区、直辖市、计划单列市的家电下乡政策执行到2012年11月底。2009年2月，家电下乡政策面向全国展开。2011年11月30日，财政部、商务部、工信部联合下发通知：山东、四川、河南、青岛三省一市家电下乡政策如期结束，另外14个省市区的家电下乡于2012年11月底到期，其他地区于2013年1月底到期完成。家电下乡政策成为本研究中唯一一个有始有终的惠农政策。

购买农机补贴是指中央财政和地方财政为农民和农业生产经营组织购买国家支持推广的先进适用的农业机械给予的补贴。财政部、农业部于2004年共同启动实施了农机购置补贴政策，当年安排了补贴资金0.7亿元在66个县实施。此后，中央财政不断加大投入力度，补贴资金规模连

① 谭智心、周振：《农业补贴制度的历史轨迹与农民种粮积极性的关联度》，《改革》2014年第1期。

年大幅度增长，实施范围扩大到全国所有农牧县和农场。2004—2009年，中央财政累计安排农机购置补贴资金199.7亿元，2010年中央财政安排农机购置补贴资金155亿元。农机购置补贴实施范围已覆盖全国所有农牧业县（场）。自2012年开始，农业部在全国17个省市开展补贴资金结算级次下放、农民全价购机、选择部分机具普惠等完善农机购置补贴操作方式试点。2013年农业部、财政部进一步加大试点工作力度，倡导各地试行“全价购机、县级结算、直补到卡”的兑付方式。尚未开展该试点的省、自治区、直辖市，2013年要选择部分市县开展试点；条件成熟的，可在全省范围内试行。

2016年，国家全面推开农业“三项补贴”改革，将种粮农民直接补贴、农资综合补贴和农作物良种补贴合并为农业支持保护补贴，从政策整合和资金整合的角度，合力推动农村发展。

通过上述对种粮农民直接补贴、农资综合补贴、家电下乡补贴、购买农机补贴四种惠农政策的简介介绍我们可以看出，种粮农民直接补贴和农资综合补贴是对种粮农民的直接补贴，在现实的具体操作中，是否“种粮”以及能否“种粮”不便于操作，所以，在具体的工作中，以户口本上的农业户口人数和实际耕地面积来核算。在笔者调查的16个村庄中，土地流转中的流出户均直接享有种粮农民直接补贴和农资综合补贴。所以，在村庄场域，种粮农民直接补贴和农资综合补贴被看成是国家对农民发放的“福利”。结合图2-3-1和图2-3-2也可以看出，种粮农民直接补贴和农资综合补贴也没有完全、直接提高农民种粮和务农的积极性，农民将其看成是一种生活的接济和补贴。另外，从图3-1-1可以看出，在312名调查对象中，有300名农民享受了种粮农民直接补贴政策，充分说明了这一福利的普遍性。农资综合补贴之所以有较大一部分群体没有享用过，或者“不知道”，是因为，在本研究涉及的16个村庄，种粮农民直接补贴和农资综合补贴是一起核算，一起打到农民的“一卡通”上，种粮农民直接补贴政策的出台先于农资综合补贴政策，农民较早熟知种粮农民直接补贴，导致了数据上的“偏差”。综合图3-1-1显示的信息可以看出，相比较而言，对于需要“消费在先，补贴在后”或者需要以一定消费为条件的家电下乡补贴政策和购买农机补贴政策，农民参与的程度则要低一些，两种类型的补贴政策的对比凸显了福利型惠农政策具有一定弹性的特征。但是，在农民心中，福利具有刚性：纵向来看，种粮农民直接补贴、农资综合补贴、购买农机补贴三种惠农政策，补贴的金额越来越大，补贴的比例越来越高。如果要减少补贴金额，则会带来政策支持资源的流失。

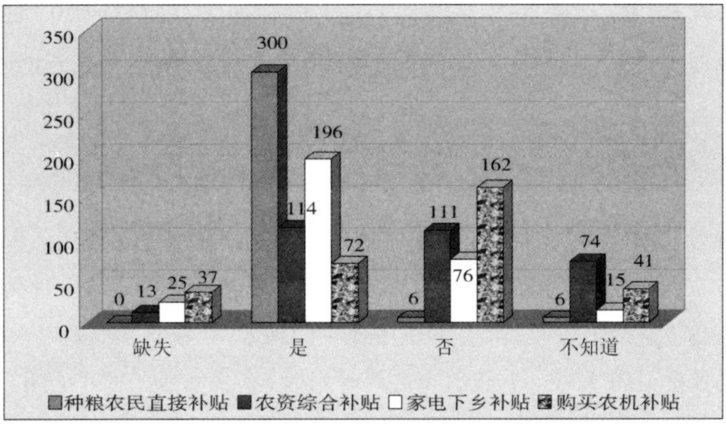

图 3-1-1　“您或者您的家庭成员是否享受（参与）过以下惠农政策?”数据分布图

二　公益型惠农政策

在本研究中，义务教育“两免一补”政策被选作福利型惠农政策的代表。义务教育“两免一补”政策是中国政府对农村义务教育阶段贫困家庭学生就学实施的一项资助政策。主要内容是对农村义务教育阶段贫困家庭学生“免杂费、免书本费、逐步补助寄宿生生活费。这项政策从2001年开始实施，其中中央财政负责提供免费教科书，地方财政负责免杂费和补助寄宿生生活费。2005年，中央和地方财政安排“两免一补”资金70多亿元，共资助中西部贫困家庭学生3400万人。2006年又从西部地区开始全部免除农村义务教育阶段学生的学杂费，享受免学杂费政策的学生达到4880万人。这项政策从2001年开始实施，由中央财政和地方财政共同负担。义务教育“两免一补”政策的受众对象从刚开始的西部贫困家庭义务教育阶段的学生，扩大到整个西部地区义务教育阶段的学生。到2007年，全国义务教育阶段家庭贫困学生均得以享受该项政策，极大地缓解了贫困家庭的生活负担。[①] 同时，义务教育“两免一补”政策不仅是对受教育学生及其家庭的福利和补贴，而且对推动整个社会尽到相应的责任和义务，实现教育发展的公益性和基础性目标，起到了很好的支撑和保障作用。数据显示，2016 年，农业生产经营人员中初中文化程度的占比为 48.4%，比 2006 年提高了 3.3 个百分点；“高中或中专文化程度”占比为 7.1%，提高了 3.0 个百分点；“大专及以上”占比为 1.2%，提高了 1.0 个百分点。[②] 农业从业人员受教育年限的提高和文化程度的提升，为乡村发展注入了智力资源，提供了内源性发展的动力。

从义务教育“两免一补”政策发展的过程来看，其惠农的力度是在逐渐加大，惠农的范围也是在逐渐扩展。所以，由当初的照顾“家庭经济困难”的特殊取向的惠农政策，逐渐转变为面向广大学生的普遍性、基础性的公益型惠农政策。这一趋势在图 3－2－1 中也有所显现。根据调查数据分析，图 3－2－1 显示，在调查当时，“家里没有中小学生”的受访者，明确回答“没有享受过”该政策者，多于“享受过”该政策者；而在“家里有 1 名中小学生”的受访者中，享受过该政策者明显多于没有享受者，这两点的对比可以说明该政策有向普遍性、公益型惠农政策发展的趋势。

根据调查和访谈信息，还需要讨论的是，初生的、针对贫困家庭的、特殊主义取向的义务教育“两免一补”政策在实际操作中的问题。一方面，由于家庭困难和贫困包含一部分家庭和个人隐私，再加上当初的政策制定部门要求将评定结果进行公示，所以，作为学生、家长和教师，在具体的操作过程中，都有“享受”还是“不享受”方面的徘徊、思考与顾虑，尤其是作为个别和特殊而存在的中小学生，会有一些心理上的压力；另一方面，个别学校、个别老师在确定人选的过程中，也存在许多变通政策的“创新”，比如，将“两免一补”与学生奖惩机制挂钩；与学生学习成绩或日常表现挂钩；与学校和老师的社会关系网相关联，等等。“本身就穷，还不好好念书”，诸如此类的表述也是个别老师教育和激励学生的

① 李清青：《基于“利益”视角下的“两免一补”政策分析》，《内蒙古农业大学学报》（社会科学版）2010 年第 5 期。

② 宁吉喆：《“三农”发展举世瞩目 乡村振兴任重道远》，《人民日报》2017 年 12 月 15 日。

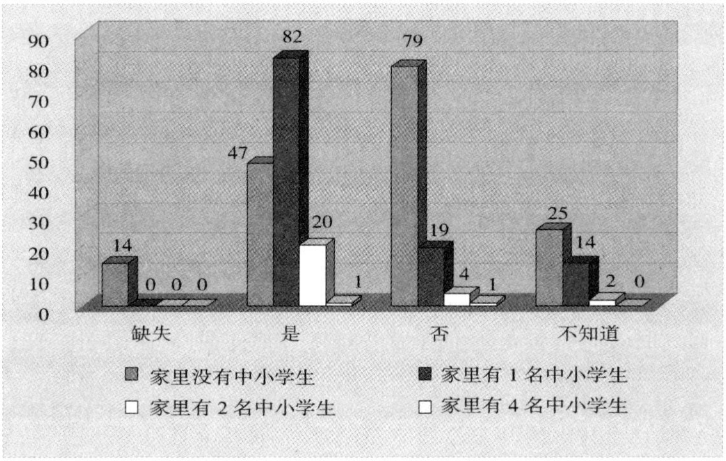

图 3－2－1“家里在读的中小学生（不包括高中生）数量”与“您家是否享受过义务教育‘两免一补’政策”交叉数据分布

一种观念。

当然，当“两免一补”逐渐变为一种具有普遍性和基础性的公益型惠农政策时，上述“问题”也可能有所缓解或得以解决。同时，公益型惠农政策也会面临新的问题，那就是公益的“泛滥”、扭曲和低效益的问题。笔者在张家口 8 所初级中学调研时发现，学生对免费获得的教材不珍惜甚至废弃现象，经常发生。免费发放给寄宿生的营养早餐（熟鸡蛋加牛奶），每个班级的垃圾桶里和校园的垃圾桶里，都可以看到有学生丢弃的现象。有些寄宿生用牛奶换取小卖铺的低端酸奶；有些学生相互赠送，等等。长期食用鸡蛋和牛奶，产生厌食和反感的同学，也会产生一些不珍惜的表现。请假的同学，尤其是毕业班长期请假的同学的早餐，则可能留在班主任老师那里，由班主任老师处理。上述对公益的不当行为，需要我们深思，需要培养对公益的责任感，也需要建立维护公益的激励机制。

三 保障型惠农政策

在本研究中，农村最低生活保障政策、新型农村合作医疗制度被选作保障型惠农政策的代表。

农村最低生活保障指由地方政府为家庭人均纯收入低于当地最低生活

保障标准的农村贫困群众，按最低生活保障标准，提供维持其基本生活的物质帮助。该制度是在农村特困群众定期定量生活救济制度的基础上逐步发展和完善的一项规范化的社会救助制度。2007 年，由国务院发布的《关于在全国建立农村最低生活保障制度的通知》（国发〔2007〕19 号）指出：农村最低生活保障标准由县级以上地方人民政府按照能够维持当地农村居民全年基本生活所必需的吃饭、穿衣、用水、用电等费用确定，并报上一级地方人民政府备案后公布执行。农村最低生活保障标准随着当地生活必需品价格变化和人民生活水平提高适时进行调整。农村最低生活保障对象是家庭年人均纯收入低于当地最低生活保障标准的农村居民，主要是因病残、年老体弱、丧失劳动能力以及生存条件恶劣等原因造成生活常年困难的农村居民。

2014 年 1 月 21 日，民政部社会救助司副司长徐华接受中国政府网专访时谈到：目前全国纳入低保的群众有 7400 多万人，占全国总人口的比例是 5.6%。2013 年中央财政安排城市低保补助资金 481.4 亿元，农村低保补助资金 506.3 亿元，分别较上年增长 8.5% 和 17.4%。截至 2013 年 11 月底，全国平均城市低保标准为每人每月 362 元，月人均补助 243 元，平均农村低保标准为每人每年 2347 元，月人均补助 107 元，城乡低保标准分别比上年同期增长 13.8% 和 18.7%，与 2008 年同期相比较，涨幅则分别达到 153.1% 和 137.6%。[①] 另据中国西藏新闻网提供的数据：2013 年西藏农村低保人数 32.9 万，占总人口十分之一。[②] 目前，全国所有省市都建立了农村低保制度，实现了“有进有出，应保尽保”。截至 2018 年 6 月底，全国纳入低保的群众有 4833.9 万人，城市低保平均标准达到每人每月 563 元，农村低保平均标准达到每人每年 4583 元，分别较上年同期增长 7.5% 和 13.3%。[③] 结合项目调查数据，图 3－3－1 和图 3－3－2显示，有 10.6% 的受访者或受访者的家庭成员享受了农村最低生活

① 民政部社会救助司副司长徐华谈“改革创新低保工作 筑牢民生保障安全网”，http：//www.gov.cn/zxft/ft241/. 最后访问日期 2019 年 10 月 1 日。

② 西藏农村低保人数 32.9 万 占总人口十分之一，http：//www.chinatibetnews.com/news/2013/1105/1308260.shtml. 最后访问日期 2019 年 10 月 1 日。

③ 民政部新闻发布会，http：//lyzx.mca.gov.cn：8280/asop/templates/n12/interviewlog.html. 最后访问日期 2019 年 10 月 1 日。

保障，这一数据远远高于全国平均水平，接近西藏农村的水平。根据访谈资料，产生这一数据差异的原因主要有：其一，个别村庄按照“人头”而不是“户头”享受低保。按照国家的政策规定，低保是以户为单位，按照农户的家庭经济状况来确定全家人是否享受低保。但是，在具体的操作中，为了扩大低保的覆盖面，把个别农户的个别成员（不是所有家庭成员）编成一“户”，登记在低保的账户中。领钱的时候，由这一“制造”出来的“低保户”的户主去领，回到村里，再分给其他成员。这是导致数据变异的主要原因，也在一定程度上销蚀了农村低保的保障功能。其二，个别老人，将低保与养老金混合，认为领到的钱，不是低保，就是养老金。许多农村，低保金额与养老金的金额差不多，也容易混同。

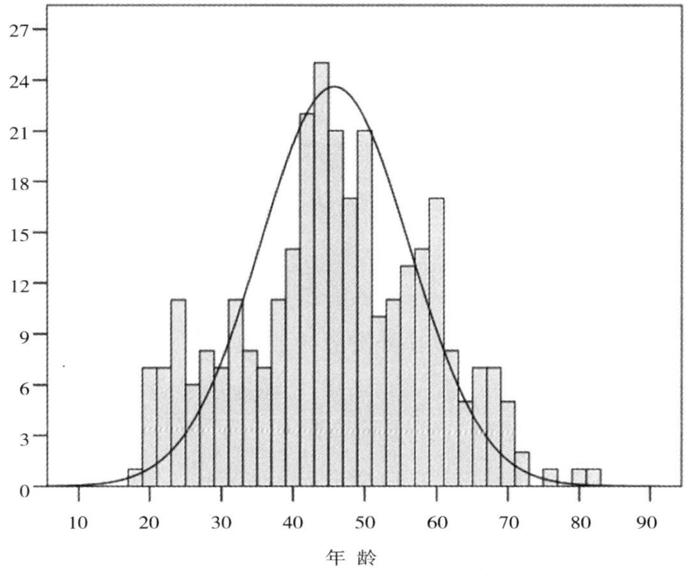

图 3－3－1　受访者年龄分布曲线图

本研究中的新型农村合作医疗，简称“新农合”，是指由政府组织、引导、支持，农民自愿参加，个人、集体和政府多方筹资，以大病统筹为主的农民医疗互助共济制度。采取个人缴费、集体扶持和政府资助的方式筹集资金。新型农村合作医疗制度的实施，是党和政府解决农民健康问题的重大举措，可以保障农民群众的基本医疗，能够避免农民“小病不治，大病硬拖”的现象，改善农民的健康状况。加入新型农村合作医疗政策

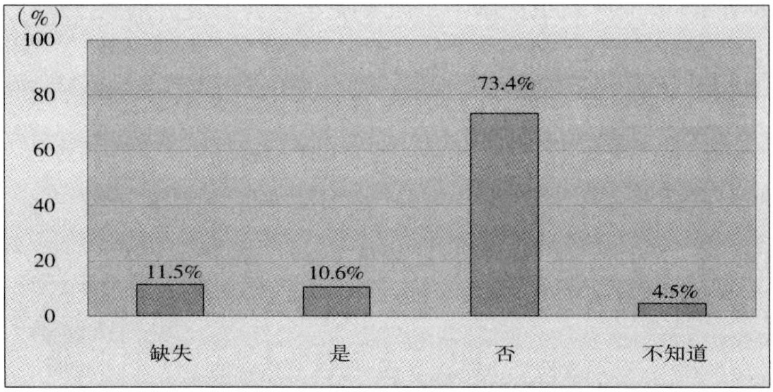

图 3-3-2 “您或者您的家庭成员是否享受过农村最低生活保障政策?”数据分布

的人员一旦因病住院便可从合作医疗基金中按比例补偿，减轻医疗负担。若因其大病、重病的，可在一定程度上防止因病致贫、因病返贫。

2002 年 10 月，《中共中央国务院关于进一步加强农村卫生工作的决定》明确指出：要“逐步建立以大病统筹为主的新型农村合作医疗制度”，“到 2010 年，新型农村合作医疗制度要基本覆盖农村居民”，“从 2003 年起，中央财政对中西部地区除市区以外参加新型合作医疗的农民每年按人均 10 元安排合作医疗补助资金，地方财政对参加新型合作医疗的农民补助每年不低于人均 10 元”，“农民为参加合作医疗、抵御疾病风险而履行缴费义务不能视为增加农民负担”。这是我国政府历史上第一次为解决农民的基本医疗卫生问题进行大规模的投入。从 2003 年开始，本着多方筹资，农民自愿参加的原则，新型农村合作医疗的试点地区正在不断增加，通过试点地区的经验总结，为新型农村合作医疗在全国的全面开展创造了坚实的理论与实践基础。截至 2004 年 12 月，全国共有 310 个县参加了新型农村合作医疗，有 1945 万户、6899 万农民参合，参合率达到了 72.6%。[①]按照“十一五”规划的要求，新型农村合作医疗到 2010 年的覆盖面达到农村的 80% 以上。2011 年 2 月 17 日中国政府网发布了《医药卫生体制五项重点改革 2011 年度主要工作安排》。这份文件明

① 郝继明：《进一步完善新型农村合作医疗制度的着力点——兼及三种模式的分析》，《宏观经济研究》2005 年第 9 期。

确，2011年政府对新农合和城镇居民医保补助标准均由上一年每人每年120元提高至200元；城镇居民医保、新农合政策范围内住院费用支付比例力争达到70%左右。2012年起，各级财政对新农合的补助标准从每人每年200元提高到每人每年240元。其中，原有200元部分，中央财政继续按照原有补助标准给予补助，新增40元部分，中央财政对西部地区补助80%，对中部地区补助60%，对东部地区按一定比例补助。农民个人缴费原则上提高到每人每年60元，有困难的地区，个人缴费部分可分两年到位。个人筹资水平提高后，各地要加大医疗救助工作力度，资助符合条件的困难群众参合。2013年9月11日，国家卫生和计划生育委员会下发《关于做好2013年新型农村合作医疗工作的通知》：自2013年起，各级财政对新农合的补助标准从每人每年240元提高至每人每年280元。政策范围内住院费用报销比例提高至75%左右，并全面推开儿童白血病、先天性心脏病、结肠癌、直肠癌等20个病种的重大疾病保障试点工作。

在笔者的实地调查中（见图3-3-3和图3-3-4），有93.6%的受访者参与了农村合作医疗，并且有59.6%的受访者表示参与的态度“非常积极”。这两个数据充分说明：农村医疗制度获得了农民广泛的参与；另外也说明，就医看病在农村社会也造成了深远的影响。可以说，在农村合作医疗开展之前，农民饱受病痛和就医不便的折磨。有了农村合作医疗制度之后，农民的看病就医问题有了重大的缓解。

在面上数据显示合作医疗获得广泛支持的背后，在访谈的过程中，我们也发现农村合作医疗存在的问题。其一，农村中的年轻群体，经常外出打工，基本医疗服务这一块，没法享受，小病医疗、门诊就医目前还不能异地结算。其二，长期在村里居住的老人，反映村里医疗定点太少，药物品种太少，合作医疗药物基本治不了小病。只有在大病面前，无论是年轻人还是老年人，均反映合作医疗可以缓解家庭住院看病的压力：“只要一住院，至少也要花个万儿八千……有了合作医疗，基本能解决一半。”[①] 在继续追问的情况下，农民普遍反映看病就医价格涨得

① 访谈记录C村2013080501。

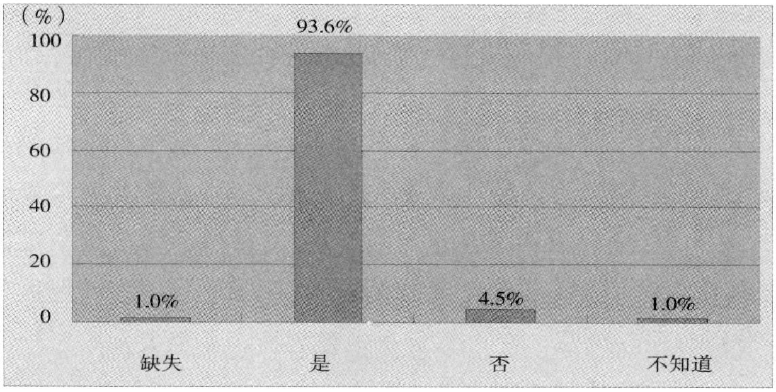

图 3－3－3 “您或者您的家庭成员是否参与了农村合作医疗?”数据分布

太快，即使报销一部分，“剩下的也是一个大头”。[1] 其三，农民普遍反映，合作医疗由农民缴纳的金额上涨太快，基本一两年就要翻一倍。综合上述主要存在的问题，笔者在此还要强调的是，农民的参合率和参合的态度仍然很高，这就需要分析农民眼中合作医疗的要义，那就是农民最关心的是大病和住院总可以报销一部分，在目前的医疗价格中，报销的部分是一笔很大的金额。所以，就农民关注的焦点来看，本研究中，将合作医疗作为保障型惠农政策来研究，“大病有保障”是农民参与合作医疗的最大动力。为此，如前所述，2013 年合作医疗工作的一项任务，就是全面推开儿童白血病、先天性心脏病、结肠癌、直肠癌等 20 个病种的重大疾病保障试点工作。

从对农村合作医疗这一公共政策内容的简要分析就可以看出，某些公共政策，其面上数据和表面呈现与其内在的机理不一致。并且，有些时候，公共政策所包含的多项内容可能遮盖了其核心内容。所以，多主体看待公共政策，多层面分析公共政策，才能全面掌握其内容和属性。

① 访谈记录 C 村 2013080502。

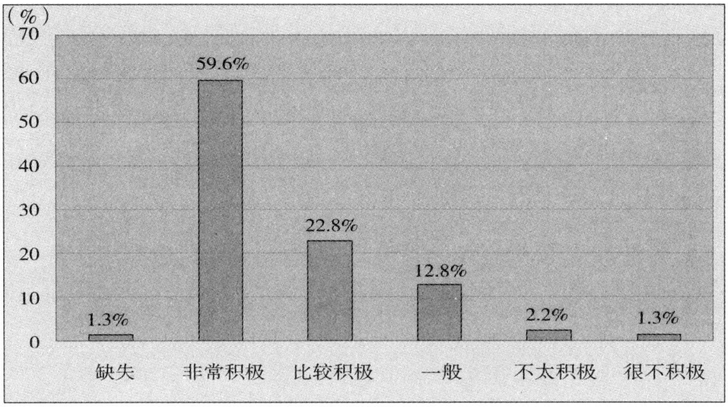

图 3-3-4　“对于您或者您的家庭成员参与合作医疗，您的态度是怎样的?”数据分布

四　保险型惠农政策

在本研究中，新型农村社会养老保险、农业保险被选作福利型惠农政策的代表。

新型农村社会养老保险，简称“新农保”，是以保障农村居民年老时的基本生活为目的，建立个人缴费、集体补助、政府补贴相结合的筹资模式，养老待遇由社会统筹与个人账户相结合，与家庭养老、土地保障、社会救助等其他社会保障政策措施相配套，由政府组织实施的一项社会养老保险制度，是国家社会保险体系的重要组成部分。2009 年下半年在全国部分县市启动新农保试点，2010 年扩大试点面，2011 年开展第 3 批试点，并部署了城镇居民社会养老保险试点。通过积极稳妥的试点，发现问题，解决问题，积累经验。2009 年 7 月份开始在全国全面推开新农保和城镇居民社会养老保险制度。按照人力资源社会保障部要求，截至 2013 年，全国约半数省份将新农保与城镇居民社会养老保险合并，称为城乡居民社会养老保险，即不再区分城市户籍和农村户籍，只要没有参加城镇职工养老保险，符合参保条件就可以参加城乡居民养老保险，符合领取待遇条件就可以领取城乡居民养老保险待遇，而且两种户籍缴费、领取待遇的条件和规则相同。各省也同时规定了两种制度的衔接问题。可以预见，不久以后在全国范围内，新农保将与城镇居民社会保险合并，从而成为历史名词。

结合在河北的调研，图 3－4－1 显示，有 65.7% 的受访者参与了新农保，接近三分之二。在调研过程中，笔者也发现了这一数据背后的机理。总体而言，是否购买养老保险，与家庭结构相关。与老人分家而居的年轻家庭，还没有考虑养老的问题，所以，对新农保较冷漠。在政府的宣传和教育中，即使参与了新农保，选择最低的缴费档次的人居多。户主年龄在 50 岁左右的家庭，会较多考虑养老问题。但是，对于养老保险到底能起多大作用，心存疑虑。因此，大多数的家庭都选择最低档次的缴费，不会真正选择高档的缴费，过多投资于养老保险。另外，在新农保的推行过程中，各地普遍存在"捆绑制"，即 60 岁以上的老人要领取并享受基础养老金，必须以成家儿子的主要家庭成员（至少要求儿子夫妻双方）参加养老保险为条件。这一"捆绑制"在传统伦理较为厚实的农村地区，效果比较明显。原因在于："晚辈不可能因为自己不参加养老保险而不让自己的老人领钱"。[①] 据 G 村的一名退休教师介绍："捆绑制"失效有两种情况，其一是，家庭富裕，代际关系也很好，确实不需要参与新农保。其二是，连村干部都知晓的代际关系不融洽的家庭，也就不用"捆绑制"。[②]

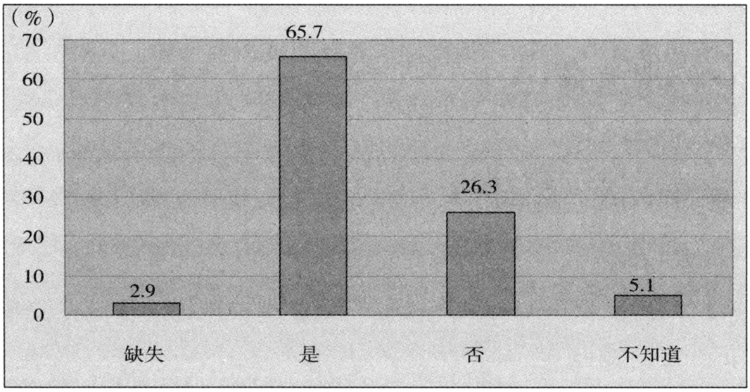

图 3－4－1　"您或者您的家庭成员是否参与了新农保？"数据分布

① 访谈记录 G 村 2013071501。

② 访谈记录 G 村 2013071507。

在调研中，笔者还发现，与农村低保普遍存在的“重组家庭”的现象不同，新农保往往由“户主”来决定家庭成员是否参与新农保，要不全家符合条件的成员均参与，要不全家均不参与，单个家庭成员参与新农保者甚少。这一现象说明，惠农政策有自身赋予的内容，也有家庭、家庭成员身份和代际关系所赋予的内容。①

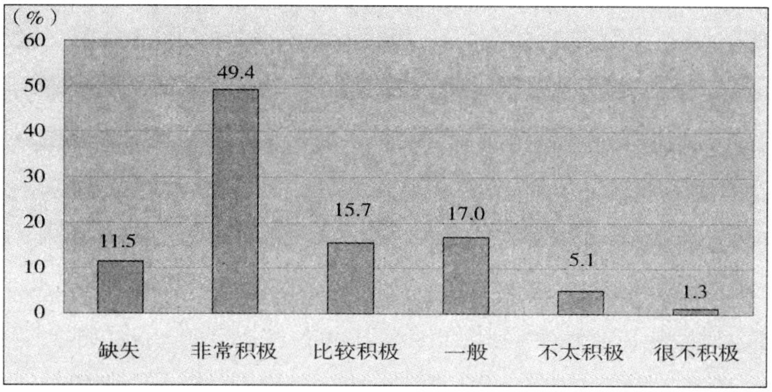

图 3-4-2　“对于您或者您的家庭成员参与新农保，您的态度是怎样的?”数据分布

还有一项在农村普遍实行的保险型惠农政策是农业保险。农业保险是专为农业生产者在从事种植业、林业、畜牧业和渔业生产过程中，对遭受自然灾害、意外事故、疫病、疾病等保险事故所造成的经济损失提供保障的一种保险。农业保险是市场经济国家扶持农业发展的通行做法。通过政策性农业保险，可以在世贸组织规则允许的范围内，代替直接补贴对我国农业实施合理有效的保护，减轻加入世贸组织带来的冲击，减少自然灾害对农业生产的影响，稳定农民收入，促进农业和农村经济的发展。在中国，农业保险又是解决“三农”问题的重要组成部分。2007 年国家财政拨出 10 亿元专项补贴资金，通过地方财政资金的配套，对六省区五大类粮食作物保险予以补贴，积极为农业安全生产提供保障。这项措施有力地改变了农险经营的外部环境，农业保险由此出现了快速发展的良好势头，全国农业保险当年实现保费收入 51.8 亿。2008 年，国家稳步扩大政策性

① 陈浩天：《农户个体差异与国家惠农政策嵌入的相关性研究——以 20 省“新农保“政策的执行效果为表达对象》，《农村经济》2014 年第 3 期。

农业保险试点范围，加大了对粮食、油料、生猪、奶牛生产的各项政策扶持，支持发展主要粮食作物政策性保险。分析农业政策情况，可以发现，加强农业的基础地位，持续加大支农惠农力度，将是今后一个时期的长期国策，而农业保险作为其中的组成部分，正迎来了发展的大好时机。

在我国，农业存在明显的老人农业的特性。老人在家务农，年轻人在外务工，工农结合，工农互补的农村经济方式，决定了农业的地位。① 在农村，农业一方面变成了老人手头的活计，让老人不闲着即可；另一方面，种地证明着农地的存在，象征意义和延续的意义也同样重要。所以，务农能增加家庭的稳定性和收入，但并不是主要的收入来源。所以，有自然灾害影响了收成，也不是什么大问题，风调雨顺了当然最好。所以，农业的这种地位和意义决定了农民对农业保险的态度，即参保的积极性不高（见图 3－4－3 和图 3－4－4）。还有就是，从大的环境来看，我国保险行业还不健全，农村保险业务基本上是政府部门在推开和操作，政府人手紧缺，导致了在农民看来，农业保险的险情认定不及时，兑付较麻烦，“入多了没价值，入少了没意思，干脆不入了”也代表了多数农民的心态。② 种植蔬菜等经济作物的农户或家庭农场，有意向参与农业保险，但是，在大多数调研点，蔬菜等经济作物还没有纳入农业保险的范围。有意种植苗木的大户反映，苗木也不能入农业保险。③

如果说社会保障是社会尊严的象征，社会保险则是社会风险的伴生物。外在而言，随着农民工的流动，我国家庭的稳定性和功能受到一定挑战，传统的家庭养老和养儿防老等养老方式，也面临许多问题。近几年，自然灾害频发，气候有向灾难化方向发展的趋势，农业生产同样面临许多风险。但是，与前面论述的其他惠农政策相比，参加新农保和农业保险所占比例与积极性都比较低。这一方面可能在于农民还没有确立起来预防风险的意识；另一方面也是由保险的本质属性决定的。相对于“保障”而言，“保险”属于社会生活中更高一个层次的事宜；相对于直接的社会保障，保险具有间接性，而且保险需要一定的投入，前期的投入和成本是后

① 杨华：《论中国特色社会主义小农经济》，《农业经济问题》2016 年第 7 期。

② 访谈记录 G 村 2013071504。

③ 访谈记录 G 村 2013071509。

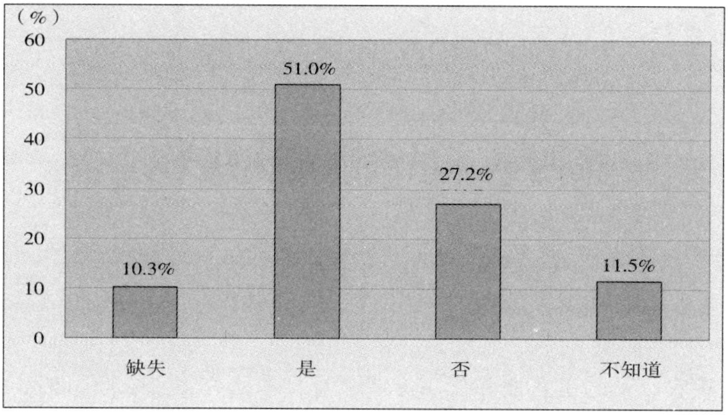

图 3－4－3　“您家是否参与了农业保险?”数据分布图

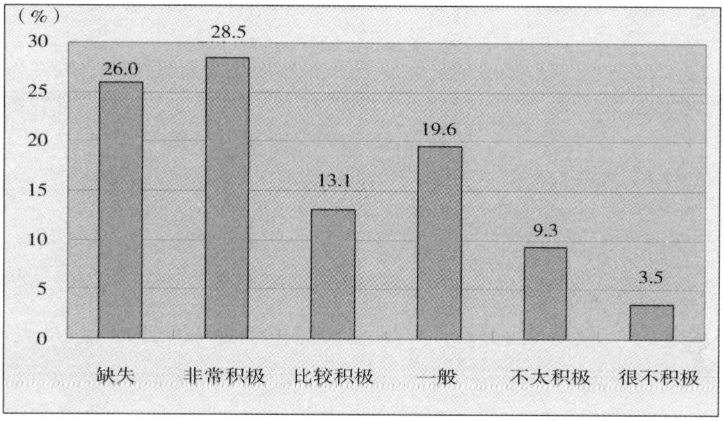

图 3－4－4　“对于您或者您的家庭成员参与农业保险，您的态度是怎样的?”数据分布图

期抵御风险的条件。个别农民还认为：“我操心现在都来不及呢，还管以后的事!”① 所以，对于有些农民家庭来说，极力争取“低保”，相当于挣钱，购买保险，还要花钱，这就是某些农民的逻辑。②

① 访谈记录 G 村 2013071507。
② 访谈记录 G 村 2013071508。

第四章　惠农政策实践形式

从惠农政策的覆盖面和作用方式来看，本研究将惠农政策的实践形式分为两种，即普惠式惠农政策和典型推进式惠农政策。普惠式惠农政策主要以普通农户及其家庭成员为核算单位，覆盖面较广。典型推进式惠农政策以村庄或农户集体作为核算单位，覆盖面较窄，带有试验、示范和试点特征。

一　“撒胡椒面”与普惠式

本研究中要探讨的惠农政策的普惠性，来源于两个方面。其一，正如“导论”中所言，本研究中的惠农政策包括两大类，即“优惠”类的惠农政策和“惠及”类的惠农政策。相比较优惠类惠农政策，惠及类的惠农政策更注重普惠性，追求更多的人分享改革开放和社会发展的成果，特别是市民待遇和城市待遇惠及农民群体和农村区域。在这种情形下，惠农政策越具有普惠性，越能凸显其价值。其二，从惠农政策的政策过程来看，在“三农”作为“问题”并且形势非常严峻的情形中，中央密集出台一系列的惠农政策，并且以普惠式为主，希望有更多的农民群体和农村区域能感受到“三农”被重视，并且“三农”形势会很快发生逆转。这是各级政府部门希望看到的政治效果。如图 4 - 1 - 1 所示，绝大多数农民也现实参与或者享受了大多数惠农政策。

但是，从财政可持续、惠农力度增长可持续的角度来看，结合中国广袤的农村区域、多样化的农业生产和庞大的农民群体这一“三农”现实，处于初期的惠农政策实效，就会呈现“撒胡椒面”般的效果。即便如此，惠农政策从无到有，即使惠农力度不足够大，也收获了广泛的合法性资源。

在本研究中，种粮农民直接补贴、农资综合补贴、家电下乡补贴、购买农机补贴、义务教育“两免一补”政策、农村最低生活保障政策、新型农村合作医疗制度、新型农村社会养老保险和农业保险政策这 9 项惠农政策，在主要属性上，虽然有福利型、公益型、保障型、保险型的划分，但是总体来看，上述惠农政策均具有普惠式的特征。主要是因为上述政策的受众面比较宽广，在政策出台的时段，均是各级政府部门大力宣传和广而告之的惠农政策，也是村庄工作中的主要构成部分。在调查的 16 个村庄中，种粮农民直接补贴、农资综合补贴、家电下乡补贴、购买农机补贴、义务教育“两免一补”政策、农村最低生活保障政策这 6 项政策，均有明确的核算标准，并且，家电下乡补贴、购买农机补贴这 2 项政策，有潜在的拉动内需、刺激消费的原动力。在调研过程中我们发现，新型农村合作医疗制度、新型农村社会养老保险和农业保险政策，相关文件中虽然没有明确的指标或名额要求，但是，在实际工作中，基层政府往往将较高的参与率作为衡量工作业绩的指标之一，而且有完成数量上的指标和要求。所以，总体来看，广泛的宣传和传播，符合上述 9 项惠农政策的政策目标和政府的工作要求，也一定程度上带来了较高的参与率，提升了惠农政策的普惠性（参见图 4－1－1）。

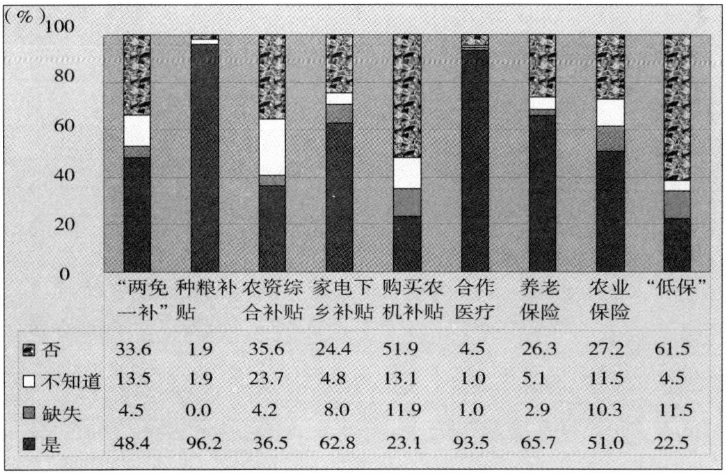

	“两免一补”	种粮补贴	农资综合补贴	家电下乡补贴	购买农机补贴	合作医疗	养老保险	农业保险	“低保”
否	33.6	1.9	35.6	24.4	51.9	4.5	26.3	27.2	61.5
不知道	13.5	1.9	23.7	4.8	13.1	1.0	5.1	11.5	4.5
缺失	4.5	0.0	4.2	8.0	11.9	1.0	2.9	10.3	11.5
是	48.4	96.2	36.5	62.8	23.1	93.5	65.7	51.0	22.5

图 4－1－1　“您或者您的家庭成员是否享受（参与）惠农政策？”数据占比

从图4－1－2可以看出，惠农政策主要通过“广播”“电视”和“村务公开栏”进入普通农户的视野。普惠式惠农政策所要达到的效果与广播、电视等媒体的普及性、广泛性相契合，营造了一个良好的支农惠农强农的氛围，也放大了惠农政策成效。

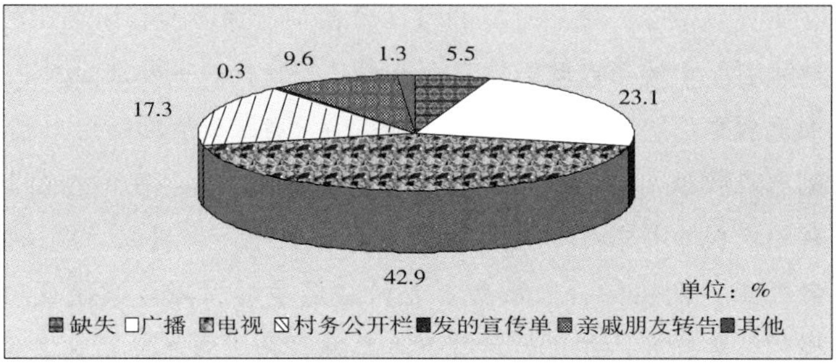

图4－1－2 “您了解惠农政策，主要通过哪些途径?”数据分布

另外，在本研究主要探讨的9项惠农政策中，义务教育“两免一补”政策是以在校就读学生为基本核算单位，其余8项惠农政策，主要以农户家庭为核算单位。在我国，长期以来，农村生产和生活的基本单位是家户，[①] 家户的广泛性和历史性，带来了惠农政策传播的广泛性。

同时我们也要看到，虽然农户家庭广泛并将长期存在，但是，改革开放以来，农户家庭也产生了较大的分化，普惠式的惠农政策如何面对农户家庭的分化和差异，值得进一步探讨。所以，有研究指出，由于长期以来我国农村政策都针对笼统的“农民”，政府出台的大多数惠农政策没有充分考虑农民分化的现实，更没能有意识地保护农业劳动者的利益，精心的制度设计在现实中有时会发生错位，以至出现“播下龙种，收获跳蚤”的尴尬。据陈锡文的调查，自20世纪90年代中期开始的农村税费改革，在减轻非农户和兼业农户负担的同时，实际上大大加重了纯农户的负担。种粮农民直接补贴政策目的是鼓励扶持农业劳动者，鼓励粮食生产，但不种粮却有种粮补贴，这一“大锅饭”现象一定程度上也挫伤了种粮农民

① 徐勇：《中国家户制传统与农村发展道路——以俄国、印度的村社传统为参照》，《中国社会科学》2013年第8期。

的积极性。袁隆平也曾陈述：现行粮食直补政策没补到点子上。[①]

为此，2014 年“中央一号文件”提出要完善农业补贴政策，弥补普惠性惠农政策的“撒胡椒面”效应，增强政策的针对性。文件提出，按照稳定存量、增加总量、完善方法、逐步调整的要求，积极开展改进农业补贴办法的试点试验。继续实行种粮农民直接补贴、良种补贴、农资综合补贴等政策，新增补贴向粮食等重要农产品、新型农业经营主体、主产区倾斜。在有条件的地方开展按实际粮食播种面积或产量对生产者补贴试点，提高补贴精准性、指向性。加大农机购置补贴力度，完善补贴办法，继续推进农机报废更新补贴试点，强化农业防灾减灾稳产增产关键技术补助，继续实施畜牧良种补贴政策。

还需讨论的是，普惠式的惠农政策，大部分以“补贴”的形式出现。表 4-1-1 所列 2004—2019 年“中央一号文件”中所出现的“补贴”一词的频率，一定程度上说明，“补贴”及其相关说明成为“中央一号文件”的重要内容，“补贴”也成为惠农政策的主要方式。“补贴”属于政府的财政行为，是政府对市场或者社会中所发生的不利行为的一种救济或者补偿。从“补贴”的产生过程来看，具有较大的临时性和机动性。[②] 所以，农民对补贴缺乏长远的和稳定的预期，以补贴为主的惠农政策体系，也难以取得稳定和长远的成效。这也是普惠式惠农政策的“撒胡椒面”效应的第二种表现。以种粮补贴和农资综合补贴这两大补贴性政策为例，每年的金额均有较大变化，因其本身的金额较小，加之属于“补贴”而已，所以，农民对补贴没有多大兴趣：“给（一）点算（一）点，多少关系不大……”[③] 从实施补贴的政府体系来看，补贴依附于原有的行政体系，对于政府行政和基层治理体系，也没有引发很大变化和转变，基本是在原有农村治理体制和农业经营体制的基础上的一种福利性的、临时性的举措。所以，对于政府体系而言，补贴性的惠农政策操作起来也相对简便。

---

① 转引自周批改、何柳《农业劳动者利益保护与惠农政策完善研究》，《社会主义研究》2012 年第 5 期。

② 范宝学：《财政惠农补贴政策效应评价及改进对策》，《财政研究》2011 年第 4 期。

③ 访谈记录 C 村 2013080801。

表4－1－1　“中央一号文件”“补贴”词频列表

年份	文件主题	文件字数	“补贴”词频
2004	关于促进农民增加收入若干政策的意见	8221	9
2005	关于进一步加强农村工作提高农业综合生产能力若干政策的意见	9819	12
2006	关于推进社会主义新农村建设的若干意见	11210	11
2007	关于积极发展现代农业扎实推进社会主义新农村建设的若干意见	11222	16
2008	关于切实加强农业基础建设进一步促进农业发展农民增收的若干意见	12532	11
2009	关于2009年促进农业稳定发展农民持续增收的若干意见	9992	29
2010	关于加大统筹城乡发展力度进一步夯实农业农村发展基础的若干意见	11438	30
2011	关于加快水利改革发展的决定	7874	1
2012	关于加快推进农业科技创新持续增强农产品供给保障能力的若干意见	9920	18
2013	关于加快发展现代农业，进一步增强农村发展活力的若干意见	10459	13
2014	关于全面深化农村改革加快推进农业现代化的若干意见	9688	22
2015	关于加大改革创新力度加快农业现代化建设的若干意见	11835	16
2016	关于落实发展新理念加快农业现代化实现全面小康目标的若干意见	14728	8
2017	关于深入推进农业供给侧结构性改革 加快培育农业农村发展新动能的若干意见	11806	11
2018	关于实施乡村振兴战略的意见	16428	3
2019	关于坚持农业农村优先发展做好“三农”工作的若干意见	11029	2

二　“项目进村”与典型推进

在调研中，一位基层干部告诉笔者：目前基层财源主要来自于两个方面；一是要项目，二是卖土地。[1] 可见，作为财源的项目，自然而然成为基层工作的主要层面。与普惠式的惠农政策相比，项目具有整体性，项目资金较多，并且可以打包使用；项目同时具有稀缺性，不是同级别所有的区域都能拿到项目。并且，有项目，就有政策，也就有了资金，所以，就有了“跑项目”“争项目”“要项目”之说。

根据调查所掌握的资料，作为农村工作的一个单元，能拿到项目的村子，一般分这样几种类型，这几种类型同时也是选择项目点的依据。

其一，各级各类领导的“家乡”。作为项目的实施者和落实单位，选取领导人的家乡作为项目点，可以打通村庄与“领导人”的关系。一方面，把领导人的家乡的建设作为一种回馈领导人的方式；另一方面，也可以吸引领导人所在部门和单位的项目再投资于家乡。其二，基层领导干部的“第二故乡”，即曾经工作过的地方。对于曾经在此担任过乡镇领导的人来讲，也还有一些村里的老干部、老朋友、老下属。对于这些“老联系人”来讲，跑项目，要项目，也有熟人。这种类型的村庄往往也会是县级某个涉农单位的联系点或者建设点。其三，会选择“班子好的，能干活的，会干活的”村子作为项目点。项目在这样的村子落定，也能及时看到项目效应。其四，就是各级各类的“明星村”。项目进入明星村，主要是实现锦上添花，使明星村更加明星化。其五，就是普通类的村庄。在项目众多的情况下，才有可能惠及普通类的村庄。

很多情况下，前四类的村子有很多项目，而绝大多数的普通村庄则没有项目，形成了鲜明的对比和差异。在笔者调查的16个村庄中，在2009—2013年间，有3个村庄拿到了不止1个项目，其他村庄则没有项目（参见表4－2－1）。在一个村子能拿到多个项目的情况下，项目也会产生累积效应和聚合效应。众多项目的累积效应和聚合效应使得某一

---

① 访谈记录C乡2013080508。

项普通项目的试点、实验或示范效应难以剥离和充分呈现。所以，在项目众多的村庄进行试点、实验或示范的效果就会大打折扣。

表 4-2-1　　村庄项目统计

村庄	年份	项目名称	政府下拨项目经费（元）	村中自筹经费（元）
N 村	2011—2012	街道硬化	21600	10800
	2012	饮水工程	150000	210000
	2013	电网改造	230000	117000
G 村	2009	道路建设	340000	8000
	2012	旧村改造	80000	0
	2013	饮水工程	88000	0
B 村	2012	环境整治	150000	300000
	2012	饮水工程	100000	250000

结合 G 村的“穿衣戴帽”项目我们可以看出，选点时赋予 G 村的特殊性，即“2—3 个月的时间”“村子尽量小”“班子要好”等一系列条件，限制了该村作为试点村庄的普遍性价值。2—3 个月建成的 G 村，在开完现场会后，如何推广和示范，更缺少充分的时空条件。如此一来，速成的 G 村就不具有示范的时空条件，而只是个别推进、不能全覆盖的代名词。

高铁沿线 G 村的“穿衣戴帽”项目①

一天下午，某地级市委农村工作委员会一副书记带着二位处长到 G 村安排部署工作。G 县县委农村工作委员会副书记带着一位科长到高速路口迎接，带领到 G 村现场考察。G 镇的副书记在半路汇合，一行 3 辆车的人马进入 G 村，实地查看了高铁高架桥通过 G 村的状况。市委农村工作委员会此行的主要目的是选定高铁沿线村庄改造提升工程试点村庄，并能在 2—3 个月之内见到成效，并要在此举办现场会。主要的目标可概括为“穿衣戴帽”，即高铁沿线 200—300 米

① “穿衣戴帽”是 G 县一位基层干部的经典概括。

内的房屋屋顶要实施改造，建成红色的三角屋顶，房子外墙要统一粉刷，清理道路两侧垃圾，并植树（笔者注：如此的效果是为了给高铁上的乘客以“河北农村印象”）。也要为现场会准备好“现场”和“样板”。二位处长临走时，叮嘱县里干部和村干部一起报个预算，初步商定选点的标准：其一，村子尽可能小一点，好出成效，并且省钱，虽然省市领导的意思是“省市不差钱”。其二，村里班子一定要好，马上能干事，并且马上能见成效。村干部的安排是：由村里来做预算，县农村工作委员会要打探一下省市拨款的口径。

市农村工作委员会的车马离开之后，县农村工作委员会干部也要离开，但被村支书留下在村里吃饭。饭桌上，村支书说：“我把他们管不住，还管不住你们！”①

G村村支书说的“我把他们管不住，还管不住你们！”这句话，充分反映了项目制中的基层行政生态。项目和资金通过中央到村落，层层设置项目，层层发包项目，最后在村落或者社区得以具体落实。在G村的“穿衣戴帽”项目这一案例中，县农村工作委员会作为一极，与镇和村捆绑作为一极是相对应的，在村干部看来，市农村工作委员会则处于村庄直接利益群体之外，所以，在G村这一案例中，村干部认为与县农村工作委员会是直接紧密的利益关系，也是“能管住”和“管得到”的关系，可以组成利益群体。并且这一场饭局也是因此项目的沟通而设，同时也增强了拿到项目的可能性。理论上来讲，政府部门和村组之间，在惠农政策的执行中，是监督和被监督的关系，但是，在G村的案例中，县农村工作委员会与乡镇和村组干部结为共同体，消解了惠农政策执行中的监督关系。正如李允杰、丘昌泰在著述中所言：“有效的政策执行必然涉及妥协、交易或联盟的活动，故互惠性远比监督性功能更为重要。”②

还需指出的是，在支农惠农的大背景中，在资源赋予型的乡村治理阶段，由于项目较多，在项目制的运行体制中，普遍存在重项目申报，轻项

① 笔者注：“我把他们管不住，还管不住你们！”这句话中的“他们”指市农村工作委员会的干部；“你们”指县农村工作委员会的干部。在这场饭局中，乡镇干部是与村干部一起，以东道主的身份参加。

② 李允杰、丘昌泰：《政策执行与评估》，北京大学出版社2008年版，第54页。

目评估；重项目结果，轻项目过程的现象。也许一个项目还没来得及评估，就被另一个项目所覆盖或者附加。例如，新民居项目、城镇化项目和改造提升项目就存在重合的可能性，项目的急忙叠加，使得单个项目失去独立性，评估比较困难。再加上农村发展任务很紧、很重，所以，尽量压缩项目的时间，就使得项目的运行和发展变成了一项政治动员和政治运动的任务。[①] 从河北省基层建设年的任务安排我们可以看出，“培育壮大特色产业”和“推进幸福乡村建设”的任务，主要时间集中在2月中旬到10月底，时间相对紧张，项目成效难以呈现，就难以全面评估项目。所以，2012年后，又推出了“深化加强基层建设年活动”，旨在巩固建设成果，完善项目运行。

基层建设年的部分任务和活动安排（节选）[②]

部分任务

培育壮大特色产业。全面推进“一产抓特色、二产抓提升、三产抓拓展”的经济发展战略，最充分地发挥农村、社区、企业等基层单位在培育特色产业发展中的基础作用。在农村，要因地制宜调整产业结构，在品种、质量、品牌上出特色，大力推进“一村一品”建设；整合村集体资产、资金、资源，利用国家惠农政策，努力实现金融信贷、公司法人、市场对接等方面的制度化，增加村级集体财富积累。在企业，要着力引进新品种、推广新技术、实践新模式，扶持有发展潜力、有市场竞争力的特色产业。积极推进农民专业合作社建设，扩大在农村合作组织、专业协会建立党组织的覆盖面。

推进幸福乡村建设。紧紧围绕建设社会主义新农村实施幸福乡村计划，以增加农民收入为核心，以改善农民生产生活条件为首要任务，打造一批布局合理、设施完善、环境优美、安居乐业、文明和谐的幸福乡村。按照山、水、林、田、村综合整治的要求，以

① 渠敬东：《项目制：一种新的国家治理体制》，《中国社会科学》2012年第5期。

② 基层建设年，http：//baike. baidu. com/view/7946132. htm？ fr = Aladdin. 最后访问日期2019年10月2日。

房、水、路、电、讯、文、教、医、保、服为重点，加快农村基础设施和公共设施建设，大力推进农村新民居建设，深入推进农村饮水安全、公路联网互通、电网改造升级、环境综合整治等工程，加强农村基层公共文化体育体系建设和义务教育、医疗卫生保障工作，加快建设农民幸福生活的美好家园。

活动安排

全省开展加强基层建设年活动，自2012年2月开始，到12月底结束，共分为三个阶段。（一）广泛发动，安排部署（2012年2月上旬）。（二）集中驻村，扎实推进（2012年2月中旬至10月底）。（三）检查验收，总结表彰（2012年11月初至12月底）。

上述简要分析了可能得到项目的村庄的特性。能否拿到项目，还与跑项目、要项目的方式及其力度有关。分析调查资料，要项目的方式主要有这样几种。

其一，通过多请示、多汇报要项目。在基层，绝大多数项目都掌握在县级政府各部门手里。由于村干部文化程度普遍较低，所以，乡镇干部经常帮助村干部写材料、完善材料，给县里各个部门请示和汇报，以此来要项目。[①] 经常给县里各个部门请示和汇报，也增加了面熟的机会，也就增加了“被领导惦记”的机会。其二，村干部直接经营或者管理与某些项目相关的事宜。比如，村干部本身在村里带头成立合作社、开厂子、搞种植养殖等，凭借自己对某些行业和业务的熟悉，给村里或者自己要项目。这一点也可被看成是许多村庄精英争取村干部职位的主要因素。[②] 其三，共建和帮扶单位帮助村庄争取项目。河北省自从开展“基层建设年”以来，每个省直机关、市直机关和县里各单位均要对口帮扶一个村庄，派干部驻村帮助其发展。驻村单位和驻村干部都会带去本单位的财物和项目，并帮助村庄协调与本单位有业务关系的其他单位的项目。这样一来，驻村单位的好赖以及关系能量的大小，决定了村庄能争取到项目的大小和多

① 访谈记录G县2013040502。

② 访谈记录G县2013030101。

少，也就决定了村庄发展的程度。甚至，帮扶村庄就成为展示驻村单位工作能力和关系能量的一个窗口。G县共有239个行政村，在2012年的“基层建设年”中，各级各类单位对口帮扶的有25个行政村，2013年则只有20个行政村。

综合上述拿到项目的村庄的特征和拿项目的方式方法可以看出，计划具有试验、试点或示范目的的项目，在实际实施过程中，其当初的政策目标就会有所偏移，甚至失去了试验、试点或示范的价值。所以，在某一区域的农村调查，我们发现，城乡差距较大，农村内部的差异更大。甚至相邻相近的村庄，自然禀赋完全相同，但是发展成效大不一样。这其中，与村庄所得外界待遇有较大关联。同时也说明，项目的示范和带动效应较差。如何化解项目进村所带来的这些弊病，实现项目价值最大化，值得研究和深思。一位乡镇干部认为：实现示范项目事项、专门项目事项与日常例行工作之间的合理划分和有效转化是一种破解思路。比如像村庄环境整治、垃圾清运等事宜，每个村庄都存在，不宜设立项目制，应直接纳入日常经费来保障运行。①

通过上述对“项目制”实践路径的分析可以看出，项目制的惠农政策具有这样几个特点。其一，参与群体有差异。在项目的申报和审批这两个非常重要的环节中，普通村民基本没有参与。这主要是因为，在惠农政策的相关宣传中，项目式的惠农政策所占内容较少，普通村民几乎不了解涉农项目。并且，对普通村民来说，最关心的是与自己有直接关联的惠农政策，对于有技术含量的、很难看懂的涉农项目，并不关心。参与到项目中的，主要是村干部、村庄能人和基层干部。其二，参与方式有差异。相对于普惠式惠农政策的开放性和广泛性而言，项目制的惠农政策，无论是信息传播还是项目落实，都具有较强的选择性和可控性。项目点的选择有标准，项目的相关信息要控制性传播，以保证对于项目的竞争也具有可控性。一位村干部介绍：有些项目在得知消息之后再申报，答复说已经晚了；给村里的项目，基本都是乡镇干部打电话通知申报的。② 还有一位干部也深有体会：

① 访谈记录G县2013030101。

② 访谈记录G村2013041501。

"知道有政策的人，哪都可以享受；不知道政策的人，哪也摸不着风。"[①] 从这个意义上来讲，项目制的惠农政策已经演变成调控乡村发展和乡村关系的一项重要工具。

① 访谈记录 G 村 2013041502。

第五章　惠农政策偏差执行的典型类型

由于大多数惠农政策具有“多属性”，又在多层级的政府体系中执行和落实，所以，实践中，惠农政策偏差执行或者执行有偏差是常态，无偏差执行或者执行无偏差是个案。[①] 在实地调研中，群众反映强烈的、感受深刻的，也是偏差执行的惠农政策。为此，本章选取机械执行、象征性执行和架空执行来呈现和分析惠农政策执行的多类型。

一　机械执行

如前文所述，“农村低保”是我国政府针对家庭人均年收入低于当地最低生活标准的农村困难人口提出来的、旨在通过差额经济救助的途径保障其最低生活水平，进而有效改善农村贫困状况的“兜底”社会救助制度。新中国成立以后，党和国家高度关注农村贫困家庭的生产和生活，先后出台了一系列保障农村贫困人口基本生活水平的政策措施。国务院于2007年印发了《关于在全国建立农村最低生活保障制度的通知》，标志着农村低保制度作为一项惠农政策正式在我国确立。[②] 晋南S村也随之开始建立农村低保制度。近年来，《国务院关于进一步加强和改进最低生活保障工作的意见》《S县人民政府关于进一步加强和改进最低生活保障工作的意见》及《S乡人民政府关于做好农村低保2016年申报及2015年度复核工作的通知》等政府文件中对农村低保的对象范围、审批程序及动态

---

① 贺东航、孔繁斌：《公共政策执行的中国经验》，《中国社会科学》2011年第5期。

② 柳拯：《中国农村低保制度政策过程与实施效果研究》，中国社会出版社2009年版，第1—2页。

审核机制做了详细规定，为S村低保政策的贯彻执行指明了方向。

政府出台的一系列政策意在保障农村低收入群体的利益诉求，但是正如美国行动学派大师查尔斯·奥·琼斯认为的那样，将政府出台的政策付诸于各项活动之中即为政策执行，这其中最为重要的是解释、组织和实施。[①] 艾利斯也强调，在实现政策目标的过程中方案的作用只占10%而其余的90%取决于有效的执行。[②] 从两位学者对政策过程的认识中可见政策执行在实现政策目标过程中发挥的重要作用。

本节以S村的“农村低保”政策执行为例，系统梳理该村低保政策执行状况的发展演变，把政策执行者的村干部和村民作为研究主体，考察村干部是如何输入低保政策，政策受众——村民对低保的执行情况作何评价，在此基础上深入挖掘影响低保政策执行的内在逻辑。

低保在S村执行的第一个环节是低保的评选。

以党的十八大的召开为分界点，S村低保对象的产生可以分为两个发展阶段。十八大之前，乡里以《国务院关于在全国建立农村最低生活保障制度的通知》《S县农村居民最低生活保障实施办法》及其他一系列文件为基本准则，以召开会议的方式告知村干部上报低保户，并没有给村里下发具体操作文件。低保户的产生很大程度上取决于村干部的主观判断，由村干部自主权衡，随意性比较大。S村的低保户分为两种类型，一是村干部根据村民的家庭情况和生活状况，选择上报的贫困户；二是通过民政局的熟人关系可以获得低保户指标的非贫困户。家庭生活水平达到农村最低生活保障标准线以上，但是亲戚在县城里各单位就职，可以在民政局“申请”到指标，村干部“迫于无奈”也只能给这类申请人盖章，因此存在“关系保”和“人情保”。[③]

十八大之后，反腐力度加大，加上近年来科技进步日新月异，不仅推动着社会生产力的蓬勃发展，同时也深刻影响着村民的生活方式。报刊、广播、电视、网络等大众传播方式的普及，为村民打开了一扇扇“开眼看世界”的亮窗，使得村民获取政策信息的渠道日渐多样化。过去，S村

---

① Charles O. Jones. *An Introduction to The Study of Public Policy*. Monterey, California: Brooks/Coles Publishing Company, 1984. p. 166.

② 孙光：《政策科学》，浙江教育出版社1988年版，第10页。

③ 访谈记录S村2016072001。

的村民获取信息较为滞后，现在村民们足不出户就可以在电视、网络上了解与自己息息相关的政策信息，社交平台拓宽了农民的知情权和话语权，村民可以进行广泛的政策扩散和充分的政策交流。村民反映“现在低保户选出来会公示几天，以前有瞎搞的，现在不敢了，低保户都是实在困难的”①。现在低保对象的申请、审核、评议、审批、公示等一系列环节都受到普通村民的监督。村民通过公共舆论参与村庄公共事务，监督政策执行过程，村干部的决策执行也受制于舆论压力而不得不原原本本按照政策要求执行，由此也扼杀了在民政局“要指标”的不正之风。但是，在评选制度设计和实际保障层面，依然存在很大偏差。主要表现在：

一是，制度设计上要求“应保尽保”。《S县人民政府关于进一步加强和改进最低生活保障工作的意见》的总体要求是以保障和改善民生为主题，坚持应保尽保的基本原则。政策规定农村低保对象包括低保家庭和低保个人。持有S县常住户口且家庭收入和财产满足文件要求的村民即可申请农村低保。② 另外，低保家庭的认定需要符合以下几个标准：家庭收入明显低于最低生活保障标准的家庭；主要劳力因病或因残全部（或部分）丧失劳动能力，导致无法保证基本生活来源的家庭；无劳动能力且家庭无固定收入和生活来源，导致严重弱化赡养或抚养能力的家庭；因灾、病、残等因素造成收入明显小于支出的“支出型”家庭；县民政部门明确的其他可以纳入家庭低保的贫困家庭。③

低保个人的申请与家庭收入不挂钩，申请对象只要满足生活困难且本人工资性收入及离退休金、遗属补助金、赔偿收入、接受遗产收入等低于S县农村低保标准的，可以单独提出申请个人低保：丧失劳动能力的成年重度残疾人；常年卧床不起的病人；近两年来，患有儿童白血病、儿童先天性心脏病、重性精神病、乳腺癌、宫颈癌、终末期肾病、结肠癌、直肠癌、食道癌、胃癌、肺癌、急性心肌梗塞、Ⅰ型糖尿病、甲亢、脑梗死、唇腭裂、血友病、慢性粒细胞白血病、艾滋病机会性感染、耐多药肺结核、儿童苯丙酮尿症、儿童尿道下裂、儿童先天性巨结肠、儿童先天性肥

① 访谈记录S村2016090401。

② 《中共中央 国务院关于进一步加强和改进最低生活保障工作的意见》，《人民日报》2012年9月26日。

③ S县人民政府：《关于进一步加强和改进最低生活保障工作的意见》，2014年。

厚性幽门狭窄24类重大疾病的患者；脱离家庭、在宗教场所独立生活三年以上（含三年）的宗教教职人员。[①]

二是，实践形态上是“应保未保”。调查过程中，有这样几个案例：

> 案例一：S村一个耄耋老人，仍然靠自己放羊、种地维持生计。老人儿女双全，且均在县城企事业单位工作，但是都不肯主动承担赡养老人的责任，民主评议时村干部及村民代表都很清楚老人生活的艰辛，但是由于老人和子女在一个户头下，根据“同一户口的家庭成员，按同一家庭进行计算”的政策要求，核算家庭收入后会高于S县最低生活标准，所以老人无法被纳入低保的保障范围。[②]
>
> 案例二：在S村患有其他重大疾病，但是不在这24类重大疾病之中的不能享受低保。村里一个妇女近年来患有阴道癌，整个家庭因病致贫，由于阴道癌不在规定的24类大病保障的范围之内，所以不能享受个人低保。[③]

笔者在S村调研的过程中发现，村里类似这两种情况的共有12例，对于那些困难老人因不符合要求而不能享受低保的情况，村干部既同情又表示无奈，“我们不能突破政策的限制，也不能把儿女应该担负的责任推给社会”。[④] 对于身患顽疾但不在24类重大疾病之列的农民，村干部认为不能享受低保的理由是：“现在只能按照上面的条条框框执行，村干部都怕出问题，教条也没办法，非得教条，否则老百姓就要比较，不管什么病都会申请个人低保，到时候场面不好控制。”[⑤]

这种“不出事”的行政逻辑导致村干部固守政策标准，而不知灵活变通。贺雪峰认为，“当前乡、村干部行政消极和不作为的内在机理在于

---

① S县S乡人民政府：《关于做好农村低保2016年申报及2015年度复核工作的通知》，2015年。

② 访谈记录S村2016080605。

③ 访谈记录S村2016080606。

④ 访谈记录S村2016080601。

⑤ 同上。

基层政权始终遵循着‘不出事逻辑’在运转”。[①] 这一现象在S村农村低保对象认定过程中的表现尤为明显。面对当前巨大的维稳压力，村干部“不敢为”，只有机械地遵从政策文本，在实际工作中疲于应付，缺乏创新精神，不敢突破政策规定的限制，不想承担后果，认为“多一事不如少一事，只要不出乱子就好，能把上级要求完成好就可以了”[②]。村干部在政策执行中只是机械地遵循政策中的条条框框，按照要求办事而没有完全领会文件精神，没有根据农户实际在遵从政策总体目标的基础上做出灵活的、积极的政策变通，最终使本该享受低保的家庭和个人因村干部固守政策标准而被排除在外，没有实现应保尽保的政策目标。

低保在S村执行的第二个环节是低保的审核，也存在制度设计和实践形态之间的偏差。

制度设计要求“公平公正”。制度规定：低保户的产生主要经过申请、调查、评议、公示、上报几个阶段。在调查阶段，村干部成立审核小组与乡镇干部通力合作，逐一入户察看并审核所有低保申请对象所递交的申请和各项声明材料与实际情况是否吻合。包括申请人的户籍状况、居住环境、家庭成员收入状况、生活消费水平、转移性收入等，登记整理后按其申请前12个月内的家庭收入总和计算家庭人均年收入，审查其全部可支配收入和家庭财产核算结果是否符合家庭人均年收入低于S县最低生活保障标准——2680元的标准。入户调查结束后，乡镇人民政府组织村两委成员和至少占评议总人数三分之二的村民召开评议大会，根据入户调查结果讨论评议申请人声明的家庭收入和财产状况是否客观、真实。采取民主评议人员人人发言讲明同意或不同意某申请人（户）享受低保待遇理由的方式进行，本着客观、公正的原则，由会议记录人员记录在案。评议结束后，组织会议的乡镇干部和所有评议人员，都要签字确认。对民主评议争议较大的低保申请，乡镇人民政府要重新组织家庭经济状况调查核实，并提出审核意见。乡镇人民政府评审小组根据家庭经济状况、入户调查、民主评议等情况，对被调查家庭是否享受低保及其享受低保待遇的类别提出评审意见，并及时在村民委员会设置的公开栏公示入户调查、群众

① 贺雪峰、刘岳：《基层治理中的“不出事逻辑”》，《学术研究》2010年第6期。.

② 访谈记录S村2016080601。

评议和审核结果。公示期为7天。公示无异议的，乡镇人民政府将申请材料、家庭经济状况调查结果、民主评议情况等相关材料报送县民政部门。低保金实行按月发放，具体由县民政部门、县财政部门与代发金融机构共同组织实施。[①]

但是，在实践中，审核做到的是“形式公平”。在调查中，笔者发现，每年S村都存在低保申请户家中包含有外出打工人员的情况，因其都是临时工，无法做收入证明，村干部入户调查时也只是以申请人自己上报的收入为准，使得一些原本没有达到低保申请标准的边缘家庭可以乘虚而入，故意低报粮食产量，隐瞒个人收入，这样核算下来家庭人均年收入低于S县最低生活标准的2680元，从而可以享受低保。调研也发现，村干部“认认真真走形式”的工作态度滋生了通过隐瞒、欺骗的方式套取国家低保的不良之风。村干部表示：“其实村里谁家是什么情况大家都很清楚，不用入户也了解。”[②] 但是由于农村贫困问题的相对性，除了无固定收入的病残家庭，其他农户家庭状况都相差无几，“所以每年一到选低保户的时候，大家都瞪大了眼睛看着，只要有比自己强的人评上低保，就会上门来讨个说法”。[③] 因此为了减少村民与村干部之间以及村民之间的矛盾冲突，避免农民上访，村干部认为“形式还是要走的”，[④] 坚持按照政策规定的硬性审核程序执行，至于政策所预见的实践中会受复杂多样的家庭结构和剧烈的人口流动因素的影响等，在审核中需要灵活处理的部分，村干部则只求原原本本按照应有的程序执行，形式公平即可。庄垂生认为，“政策执行者关于政策的成本收益计算是影响政策变通行为的决定性因素”[⑤]。所以，尽管《S乡农村低保家庭收入核定计算方法》中规定：“给企业、单位、个体户或他人打工的，按实际收入计算；一时难以查实，本人又不如实申报的，其本人收入按不低于S县当年最低工资标准计算。”但是出于流动打工人口收入核算行政成本高的考虑，村干部统一默认为其申报收入即为实际收入，因此会出现“胆子大”的农户因虚报家

① S县人民政府：《关于进一步加强和改进最低生活保障工作的意见》，2014年。

② 访谈记录S村2016080601。

③ 同上。

④ 同上。

⑤ 庄垂生：《政策变通的理论：概念、问题与分析框架》，《理论探索》2000年第6期。

庭收入而享受低保的情况。[①]

低保在S村执行的第三个环节是低保的退出。

在退出环节，制度设计规定要做到“有序退出”。中央低保文件规定，要定期跟踪已纳入低保救助范围的对象其家庭经济变化情况，以多元化的方式加强管理服务，对低保家庭人口及经济状况变化情况定期进行分类复核，依复核情况及时报请县民政部门停发、减发或增发补助金，将经济状况有所好转、不符合条件的及时退出低保救助范围。根据被保障对象实际情况的不同，审核频率也不同：家庭经济收入短期内变化较小的，每半年进行一次核查；对于家庭成员有劳动条件和劳动能力，但是收入来源不固定的低保家庭，每季度核查一次；无生活来源、无劳动能力又无法定赡养、抚养、扶养义务人的“三无人员”，原则上实行按年核查。最终形成低保救助对象进出有序、补助水平有升有降的动态管理机制。[②] 但是，在实际执行中是“有进难出”。S乡要求每个村每半年进行一次复核工作，根据低保户的家庭经济状况变化情况作出调整，在民主评议的过程中不采取无记名投票或举手表决的方式，而是要求人人发言，说明申请人退出或继续享受低保的原因。但是每次退出低保的农户大都只是受到新出台政策中客观条件的限制，比如，2015年1月1日的新政策规定：申请人家庭有三个子女，且无重大疾病、不是低保对象、年龄不超过60周岁赡养一个老人的不得享受最低生活保障。受这个条件的限制，S村低保户退出了8户；而家庭成员人均收入不低于S县最低生活标准2680元的低保户难以退出低保。有些低保户生活条件已经有所改善，事实上已经达到最低生活标准，但是因为打工人员无法做收入证明，核算结果仍与申请时相同，评议小组成员虽然也知情，但出于“乡里乡亲、不得罪人”的考虑，与会人员都不会提议某一低保户退出低保，乡干部和村干部为了减少上访现象，也不会带头提议停发改善家庭经济的低保补助金。

村里按照文件要求做到了动态管理，对部分低保户变化情况适时作出了调整，但事实上很难实现应退尽退，低保工作受制于文本规定，村干部

---

① 访谈记录S村2016080602。

② 《中共中央 国务院关于进一步加强和改进最低生活保障工作的意见》，《人民日报》2012年9月26日。

和评议小组成员为了“不得罪人”，纵容早已度过经济困难阶段的“低保户”长期侵占低保资源。费孝通先生认为，中国农村社会是一个“熟人社会”，身处其中的人与人之间依照亲疏远近关系的不同，由内向外构建起一张张关系网。[①] 正是受这种“熟人社会”文化的影响，村民普遍有“不得罪人”的想法，对于经济状况好转却仍然吃低保的农户敢怒而不敢言，导致政策在实践中的机械执行，缺乏主动性与灵活性，使低保资金没有完全用到实处。针对家庭收入状况明显好转而在民主评议阶段又无法退出的低保户，村干部则认为“大家都是不想得罪人，村干部也不能带头说让谁退出低保，否则以后会不配合村里工作”。[②] 这种简单照搬文件的执行方式只是把那些政策制定者率先考虑到的可能存在的贫困家庭纳入低保保障范围内，但是对于实践中产生的新情况、新问题，在政策中又没有详细加以说明的，村干部并没有积极主动地向上级反映问题，没有做到原则性与灵活性的统一，使得低保在S村没有完全实现政策制定的预期效果。

综上所述，如果说中央和地方政府出台的一系列文件是政策的起点和原点，那么村委会则可以看成是政策下行的最后环节，既是惠农政策执行的末端，也是惠农政策落实的开端。[③] S村农村低保政策的执行程序基本符合文件要求，但只是机械照搬文件，对于政策实践过程中产生的一系列问题却没有解决。

政策执行是将政策规定付诸实践的过程，而任何政策规定都必然会有其局限性，需要在政策实践中不断修正、充实和完善。这就要求政策执行者在实际操作中掌握政策实质的基础上灵活变通，要因时、因事、因人、因地制宜，在实践中检验政策，根据变化中的实际情况不断完善政策，做到原则性与灵活性的统一。

政策执行中的原则性，即以保证政策的权威性、统一性和严肃性为基本原则，以遵循政策的精神实质为基础，严格按照政策所规定的政策范围、政策对象全面地、不折不扣地实现政策目标。灵活性原则要求在坚持

① 费孝通：《乡土中国》，人民出版社2015年版，第14页。

② 访谈记录S村2016080601。

③ 邓大才：《国家惠农政策的成效评价与完善研究》，经济科学出版社2015年版，第321页。

政策原则、不偏离政策方向的前提下，坚持从实际出发，做到具体问题具体分析，针对一定时空条件下的特定问题采取灵活多样的方式，勇于打破不适宜当地实际的文本的束缚，因地制宜、审时度势，实践中遇到的问题善于积极、主动、灵活地应对。坚持将原则性与灵活性统一的原则运用于政策执行中的各个环节，就是把政策的精神实质与实际情况相结合，在不背离政策的基本原则的基础上，根据地方实际创造性地落实政策。[①]

在执行政策的过程中，如果不以原则性为指导而滥用灵活性，就会产生“上有政策，下有对策”的现象，使党和国家的政策失去效力。反之，如果在实际工作中只是单纯遵从原则性，原原本本按条文办事，机械地生搬硬套，而不能因时、因事、因人、因地灵活运用，同样也无法达到政策的预期效果，从而陷入教条主义的漩涡。后者的实质是机械执行，其特点是政策在执行过程中千篇一律，只采用一个模式、一种方法，只求“原则”，忘了“灵活”，不能灵活解决实际中出现的各种新情况、新问题，降低了政策执行效率。

S村在执行低保政策的过程中，由于“不出事”行政逻辑、“走形式”行为逻辑以及“不得罪人”乡土逻辑的影响，村干部原原本本按照文件要求执行，坚持了政策的原则性；与此同时，村干部也表现为“不敢为”的一面，没有做到因事、因人制宜，没有结合实际灵活地解决具体问题。这种“只求形似，不求神似”的机械执行方式没有实现灵活性与原则性的统一，低保政策也没有达到政策预期的效果。

二 象征性执行

本节以种粮农民直接补贴政策为例，分析惠农政策的象征性执行。

如前文所述，作为我国重要的强农惠农政策之一的粮食补贴政策是农业补贴政策的重要组成部分，是国家为了鼓励和保障粮食生产，采取财政的导向性支出，对粮食生产、分配、流通和消费等环节实行的单一补贴或多项补贴，从而推动农业发展，促进农民稳步增收，维护国家粮食供给安全的政策工具。依据补贴对象和补贴方式划分，可以将粮食补贴分为粮食

---

① 陈振明：《政策科学——公共政策分析导论》，中国人民大学出版社2003年版，第9页。

直接补贴、农资综合补贴、良种补贴、农机具购置补贴四种类型。其中，粮食直接补贴和农资综合补贴两部分构成了对种粮农民的直接补贴。

粮食直接补贴是国家从由中央和地方财政共同负担的粮食风险基金中拿出一部分直接补贴给农民的农业补贴政策。从过去主要用于流通环节的补贴中拿出一部分，根据农民实际种粮面积直接补贴给种粮农民，从而实现了由间接补贴政策向直接补贴政策的转变，开创了国家对农民进行直接补贴的先河。农资综合补贴资金全部由中央财政安排，是第一次针对农药化肥等粮食生产资料价格变化而实行的直接补贴政策，其补贴对象也是种粮农民。该政策主要是为了帮助农民抵御农业生产成本随化肥、柴油等农资价格的上涨而增加的风险，依照农资价格的相对变化给予农民一定的资金补贴，把种粮成本控制在一定范围内，保证农民能够获得相对稳定的种粮收益，保障国家粮食供应的安全性。[①]

种粮农民直接补贴，是为调动农民种粮积极性、提高粮食综合生产能力，按照粮食实际种植面积和粮食产量，对种粮农民直接给予的政策性补贴，是对我国农业补贴制度的探索创新。[②] 本节主要通过以下四个方面分析种粮农民直接补贴政策在S村的“象征性执行”情况。

其一是补贴对象与种粮主体不一致。《S县种粮补贴工作实施细则》规定：“补贴对象是实际种植国家规定的粮食作物种类的农民。”[③] 抛荒地和非农业用途的耕地不在补贴的范围之内；承包地转包给他人的，根据承包合同予以补贴。一般情况下要根据农户的实际种粮面积进行补贴，如有特殊情况需要采取其他补贴方式的，也要尽可能以实际种植面积为补贴标准，不种粮的因素应排除在外。[④] 种粮补贴的领取人原则上必须与实际种植人一致。农村集体土地承包给农户种植或雇佣农户种植的，鼓励补贴给农户个人。但是，在S村实际操作中遇到土地承包者和土地经营者分离的

---

① 谭智心、周振：《农业补贴制度的历史轨迹与农民种粮积极性的关联度》，《改革》2014年第1期。

② 财政部经济建设司：《完善种粮补贴制度 促进农民增产增收——关于完善种粮农民直接补贴政策的建议》，《中国“三农”问题研究与探索：全国财政支农优秀论文选》，中国财政经济出版社2009年版，第34—40页。

③ S县人民政府：《S县种粮补贴工作实施细则》，2013年。

④ 财政部、国家发展改革委、农业部、国家粮食局、中国农业发展银行：《关于进一步完善对种粮农民直接补贴政策的意见》，《中国农业会计》2005年5月10日。

情况时，种粮补贴资金大多由土地承包者所有。村干部只按照农户上报的直补款领取人申报，一些农户会因为耕种别人的耕地拿不到补贴，所以即便有多余的力气，农户也不会增加耕种面积。

对于这种现象，村干部认为亲戚、邻里之间“你田我种”较为普遍，调查起来工作量大而村委会工作人员又很有限，既然农户间彼此达成一种默契，那么他们只管负责按照登记信息向乡里申报补贴经费，却没有为实际种粮农户谋取应得的利益。种粮农民直接补贴政策在S村执行的过程中没有充分体现政策设计中“谁种谁得，多种多得”的基本思想，这实际上是违背了中央补贴种粮农民的初衷，没有更好地实现调动农民种粮的积极性的目标。

其二是补贴范围与实际种植不一致。《对种粮农民直接补贴工作经费管理办法》和《S县种粮补贴工作实施细则》中对粮食补贴范围做了详细规定：补贴范围为当年实际种植的小麦、玉米、杂粮（含谷子、高粱、豆类、黍类、荞麦、燕麦、大麦等）、薯类。[①] 杂粮指生育期短、种植面积小、种植地域性强、种植方法特殊的粮食作物。主要包括谷子、高粱、豆类（黄豆、绿豆、黑豆、红小豆、豇豆、小豆、芸豆、蚕豆、豌豆等）、黍类、荞麦、燕麦、大麦等。薯类指以地下部的块根、块茎等营养器官为收获对象的作物，主要包括马铃薯、甘薯、木薯、山药、芋头等。每年春播、复播、秋收之后，S村各村民小组的组长会入户登记“粮食播种面积明细表”，统计农户的实际种粮品种及面积。但是在农户申报过程中存在谎报补贴品种、虚报实际种植面积的现象。S乡被誉为“华北蚕桑第一乡”，拥有一万亩桑园地，养蚕也因此成为S村很多农民的主要生计来源之一。几年前乡里大力发展养蚕业，鼓励农民养蚕，禁止刨桑树；近年来随着城镇化进程的加速，选择外出打工赚钱的年轻人逐年增多，只留下四五十岁以上的中老年人仍以养蚕为业，这一类人群受自身体力和精力的限制，养蚕数量有限，需要的桑叶也随之减少，于是越来越多的农民便擅自刨桑树，把桑园地变为耕地，并谎报为可以享受直接补贴的粮食面积，甚至有些没有刨地的农民趁机把桑园地面积报为直补范围内的粮食地面积，从而获得种粮补贴。同时，笔者了解到，杂粮补助为25元/亩，高

---

① S县人民政府：《S县种粮补贴工作实施细则》，2013年。

于玉米补助款，而且杂粮不需要交农业保险（2013 年 1 月开始对小麦、玉米、棉花等作物因遭受自然灾害和意外事故所造成的经济损失，分苗期、成熟期、抽穗期予以赔偿，刚开始在 S 村实行时是强制性的）。保险公司的员工也是“认认真真走形式”，只是在村里象征性地“调查”，并不会亲自走到田间地头仔细核实每个农户实际种植作物的种类和面积。这样就有农户把一些小麦和玉米地虚报为杂粮种植面积，既能不交保险费又可以获得更多的补助款。另外，小麦补贴为 10 元/亩，比玉米的补贴金高 5 元，但由于种植玉米具有务工少、管理方便且产量高等优势，大部分农民种植玉米多于小麦。一些农户为了获取更多的补助款便把玉米种植面积全部登记为小麦面积。还有一些村民上报的种植面积多于实际种植面积，比如会有农民实际耕种 1.8 亩，但是会上报为 2 亩，一些农民存在跟风心理，看见别家多报自己也要多报，甚至出现村民小组组长带头虚报种粮面积的现象。村干部认为这种现象是不可避免的，只要不是错报、虚报太多，不超过总的土地面积上报乡里时就可以蒙混过关，对于这些现象也就睁一只眼闭一只眼，不愿意为此和村民发生正面冲突。

上述案例中出现谎报种植品种和虚报种粮面积主要有两方面的原因。一是后农业税费改革时期村干部丧失了对村民进行有效约束的权威。农业税费时期，村干部借助国家强制权力的有力支撑，敢于对村民实施软硬兼施的治理方式；而后农业税费改革时期，国家出台的一系列惠农政策具有普惠性，村干部便不再具有由政策本身带来的政策权威性，因此也无法转化为进行政策执行的有效权威。[①] 例如，在农业税费时期，村干部禁止村民刨桑树，若有违反会被村里罚款或是在其他方面受到限制，所以村民受到规矩约束普遍不敢轻易违反；2001 年国家开始实施减负性的惠农政策，以减少农民的税务负担，特别是“一改革、两调整、三取消”之后，[②] 村干部失去了限制农户的有效途径，种粮直补政策执行中村干部所承担的服务职能决定了其很难同时拥有权威属性。由此，S 村农民才敢于突破政策的限制，刨地现象越来越多，农户或多或少会谎报种植品种，将桑园地谎

---

① 印子：《低保政策实践偏差形成变量的两种类型——兼评公共政策执行“农民参与”理论》，《中共宁波市委党校学报》2014 年第 1 期。

② 邓大才：《国家惠农政策的成效评价与完善研究》，经济科学出版社 2015 年版，第 7 页。

报为其他可以享受补贴的粮食地面积，或将小麦和玉米面积谎报为杂粮面积；虚报种粮面积，将玉米面积谎报为补贴较高的小麦面积。二是因逐户核查行政成本高而敷衍行事。尽管村干部无法确定农户是否刨地，不清楚农户把多少桑园地变为了耕地，难以确定其实际种植作物和种粮面积，但是因工作量大、逐户核查实际种植品种和面积会消耗较多的人力和时间成本，为了简单省事，村干部便仅以村民上报的作物种类和面积等数据为主，而懒于进行实地调查，直接上报乡镇府应付差事。对此，村干部的理由是：村里错报和虚报人数不多，且虚报面积较小，最多比实际种植面积多两三分，再加上土地确权之前土地的亩数并不确定，一类地的面积相对来说比较准确，而地处山上、面积不规整、不容易机械耕种的耕地则丈量不够准确，其实际面积可能比丈量数据更大，所以一般不会制约农户的错报虚报行为。

其三是种粮直补兑付方式欠佳。《S 县种粮补贴工作实施细则》规定，对种粮农民直接补贴实行“压年发放”，即当年对种粮农民直接补贴资金测算及兑付的依据是上年度播种的实际面积。每年 11 月底之前，S 乡人民政府依据各村当年粮食播种面积清册将粮食播种面积数据录入“农民补贴网络信息系统”。次年年初，县财政局依据乡里上报的“农民补贴网络信息系统”数据及上级下达的当年补贴指标核算种粮直补资金具体数额，之后由县财政局根据该统计数据于播种后 3 个月内一次性全部兑付到事先在农村信用社为农户开设的专户“福农卡”或“一卡通”上。实践中，S 村一卡通所涉及的涉农项目众多，具体包括粮食直补、农资综合补贴、退耕还林补助、畜牧业扶持资金、教育扶贫项目贫困生补助、残疾人临时救助资金、计生家庭奖励补助、农村低保、农村危房改造补助、蚕农补助等 49 项。不同名目的涉农资金都是通过一卡通兑付，很多农户不了解每个款项的具体数额，也不知道怎么查看款项明细，而信用社工作人员又很少主动告知。另外，中老年人领取补贴不方便且成本较高，很少专门去乡里信用社查看，所以农户往往不清楚种粮直补具体补贴数额及每年的变化情况。种粮农民的直接补贴资金由县财政经县农村信用合作社直接兑付在农户一卡通专用账户上的补贴发放方式在一定程度上减少了中间环节和基层政府工作量，确保了粮食补贴发放的安全性。农民仅凭一卡通就可以在 S 乡的农村信用社领取到补贴款，相比于之前由农民自己领取补贴的方式减少了很多程序，也大大提高了行政效率，但是由于信用社工作人员服务不周及农户领取不便等原因，一些农户无法及时查看、领取，对每年的具体种粮直补资金数额也不清楚。

其四是农资价格抵消补贴效应。粮食直接补贴和农资综合直补作为一种普惠性补贴，没有任何附加条件，直接根据种植面积发放补贴，充分体现了国家和农民之间关系由“取”到“予”的重大转变。其政策目标是提高农民种粮积极性，促进粮食增产和农民增收，保障粮食安全。政府通过直接给予种粮农民补贴的方式在一定程度上促进了S村的农业生产，提高了粮食生产，为保障国家粮食安全奠定了基础，但是也存在一些问题。种粮直补对农户增加农业投入和提高种粮积极性的作用有限，究其原因主要为：一方面，上涨的农资价格与种粮直补款相抵消。逐渐上涨的农资价格提高了农民的种粮成本，削弱了种粮直补带给农民的实惠，因此对农户种粮积极性的调动程度有限，也影响了补贴政策对粮食产量的积极效应。S村刘某家里种了9亩地，其中4亩多种植玉米，还有2亩小麦、1.5亩谷子、1亩葵花、0.5亩豆子。尽管粮食都有补贴，但是“补贴没有化肥和种子涨得快，农资综合补贴不够1亩地的成本”。[①] 以前1袋普通化肥十几块钱，现在1袋卖三四十块钱；以前的复合肥25元，现在要一百四五十元才能买到。平均1亩地生产支出大概为180元，购买普通的氮磷化肥得70元左右，玉米种子50多元，使用犁地车费用为60元左右。所以平均1亩地的净收入大约为200元，收成好的话务农年收入可达1万多元。由于仅仅依靠种粮难以保障其一家四口的基本生活，刘某农闲时会在邻村的煤矿打零工，开货车运输煤炭，昼夜不停可以赚100元，每天都跑运输的话打工年收入大概在3万左右，所以种地收入只占年收入的四分之一。虽然农户的补贴资金增加了，但是相应的种粮成本也提高了，消费品价格也上涨了，导致农民种粮的经济效益较低，种粮直补抵消掉上涨的农资价格后所剩无几。这样，种粮直补实质上只弥补了农户在生产成本投入和消费品购买时的相对损失，最终结果并没有对粮食投资产生影响，对农民收入的增加也很有限，不利于调动农户积极响应国家政策号召增加农业生产投入。

① 访谈记录S村2016090302。

另外，种粮补贴标准低。补贴标准每年都会有所变动，2016年执行的补贴标准为，粮食直补：小麦10元/亩，玉米5元/亩，薯类5元/亩，杂粮25元/亩。农资综合补贴：小麦60元/亩，玉米44元/亩，薯类44元/亩，杂粮44元/亩。由此可见，种粮补贴标准总体偏低，不足以刺激农户增加农业投入和生产。尽管一些农户有余粮出售，但是相比非农生产的收入，农业生产收入显得微不足道。对于这类农户来说，农业生产的边际效益小于非农生产的边际效益，所以即使农业补贴增加，农民也会减少农业投入。[①] S村农民李某，家里共有2个农业人口，耕地面积7亩，玉米3亩、桑园地3亩，谷子、豆子、葵花总计1亩。3亩玉米年产量3000斤，2016年市场价为每斤0.78元，共收入2000多元。1亩地粮食直补40多元，补贴水平跟不上生产资料价格上涨的速度，所以每年的直补款主要用于生活支出，而很少将补贴资金用于粮食生产。李某也表示不会根据直补款的多少改变耕种作物的种类，虽然近年来杂粮补贴款高于玉米，但是因为杂粮产量太低、种植人工成本相对较高，且家里劳动力有限，所以仍然更倾向于选择多种植务工少、产量高、便于看管的玉米，每年种植玉米的比例也最高。前几年每年都种5亩玉米，其中四亩多用于出售，那时平均一斤玉米可以卖到1.2元，从2015年开始全国玉米产量过剩，随之而来的就是价格下降，所以2016年和亲戚家换了几亩桑园地，主要靠养蚕增加收入。农户养蚕有补贴，春蚕交一斤茧补贴2元。截至2016年9月初为止，李某已经养了3季蚕，春季养蚕1张多，夏季2张，秋季1张多几分，他计划9月底再养1张早秋蚕，预计养蚕收入可达七八千元。养蚕成为两老口的主要生活来源。多数农户像李某一样，将直补款用作日常生活支出，而很少作为一项对农业的投资去扩大种植面积或改善种粮结构。农户首先考虑的是满足基本的生活消费需求，然后才会考虑农业生产投入问题，农业补贴没有成为可以使农户进行扩大再生产的资金，使种粮直补政策没有完全实现促进农业生产的政策目标。

上述四个方面的分析说明，针对某些惠农政策，政策执行者在政策执行过程中只是象征性地做一些“文件面上工作”，不仅工作粗糙，弄虚作

---

① 钟春平：《中国农业税与农业补贴政策及其效应研究》，中国社会科学出版社2011年版，第148页。

假，也有敷衍了事之嫌，靠这种不花大力气、不动真格子的表面功夫应付工作，应付上级政府，从而使政策收益甚微，没有达到政策预期的效果，笔者将其称为“象征性执行”。

国家对种粮农民进行直接补贴的政策解决了过去那种以间接补贴为主要方式的农业补贴政策中存在的补贴环节多、成本高、效率低、种粮农民直接获益少等一系列问题，一定程度上增加了种粮农民的种粮收入。但是从以上几个案例可以看出，该政策在S村的具体实施过程中存在象征性执行的情况，使政策没有得到真正落实，究其原因，主要表现为：一是种粮直补政策执行工作量较大，需要村民小组组长逐户统计农户当年种植品种和面积，操作烦琐、耗时耗力，村干部为了及时完成任务便敷衍应付，只根据农户上报的补贴款领取人和补贴范围应付上级。国家政策在村庄中的实践过程最为重要也最复杂，村干部作为村庄场域内的政策执行主体，对政策执行过程中出现的偏差和问题应负主要责任。[①] 由于村干部的象征性执行导致政策执行偏离了“谁种地补给谁”的基本原则，并且默认了农户错报补贴品种、虚报补贴范围的行为；同时信用社在补贴兑付过程中没有尽到为农户提供补贴款项的职责，阻碍了政策目标的清晰实现。二是农业税费改革的后续问题没有妥善解决。征收农业税费时期，村干部为了顺利完成国家的税费任务，借助国家权力代理人的身份对农民“软硬兼施”，国家权力在乡村社会运作中表现为“正式权力的非正式运作”特点。[②] 取消农业税之后，由于国家的农村政策由资源汲取型转变为资源供给型，村干部由此丧失了约束农民行为的政策权威性，其职责也随之转变为提高农民的生产水平和生活质量，促进农业发展和农村建设，因此对于上述案例中农户的自利性行为没有采取针对性措施，仅仅以农户自己上报的数据为准。另外，农资价格的提高抵消掉了种粮直补带给农民的实惠，很难成为农民扩大种植面积、改善种粮结构的动力。因此，只有把中央出台的种粮农民直接补贴政策深深扎根于农村的土壤之中，才能真正实现农业生产的蓬勃发展、农民收入水平的显著增长和农村经济社会的长足发展。

---

① 印子：《低保政策实践偏差形成变量的两种类型——兼评公共政策执行“农民参与”理论》，《中共宁波市委党校学报》2014年第1期。

② 孙立平：《“软硬兼施”：正式权力非正式运作的过程分析——华北B镇收粮的个案研究》，鹭江出版社2000年版，第21—46页。

三　架空执行

本节以农户小额信用贷款政策为例，分析惠农政策的架空执行。

农户小额信用贷款是基于农户信誉度和还款能力，为主要从事农业生产的农户提供的、在核定的额度和期限范围内的一种额度较小的、不需要抵押和担保的贷款服务。农户小额信用贷款（以下简称“农户小额信贷”）以农户作为特定服务对象，是国家为满足农户正常农业生产和日常生活的小额资金需求、鼓励农业生产和发展、推动农村金融体系的发展而出台的惠农政策。

为切实落实农户小额信贷政策支农、惠农服务，《农村信用社农户小额信用贷款管理暂行办法》《关于进一步做好农户小额信用贷款发放和改进支农服务工作的通知》等文件对农户小额信贷的管理办法、申请对象、贷款额度和期限、贷款用途、申请流程等内容做出了详细的制度安排。这一政策在扶贫与发展领域虽然得到了广泛的认同和运用，但农户对小额信贷提供金融服务的这一基本特征却缺乏正确的认识。S村平均每年申请小额信贷的农户不超过20户，322户农户中2016年全年申请小额信贷的只有12户。总结信贷农户的特征发现，农户对小额信贷意愿较低的原因主要有以下两点：一是，申请程序与农户发展需求不一致。目前国有商业银行分支机构已基本退出农村市场，农户申请小额信贷主要依靠农村信用社。2005年之前由乡里信用社的工作人员陪同县里的工作人员逐一入户调查，主要了解申请人的资产状况、生产收入、房屋结构和面积、车辆拥有量、农业用具等家庭财产情况以及贷款用途，根据这些情况核算、评估申请人的还款能力；之后信用社根据调查所收集的资料开审贷会，审核申请人是否符合产业政策，有没有搞非法生产；确定之后根据还款能力、资产状况评定信用等级，核定相应的信用贷款限额并建立农户贷款档案，为所有农户颁发等级不同的贷款证。农户如有贷款需求且目标贷款额度在贷款证核定的范围之内，即可直接凭本人有效身份证和贷款证在信用社营业网点办理贷款，不再需要层层审核、审批。通过申请认定的农户由村书记、村长及联合调查员签字确认后信用社即会发放贷款。

2005年申请审批程序改革，不再为农户发放贷款证。有贷款意向的农户向信用社提出贷款申请后，信贷员入户了解申请人的家庭收入状况、实际的生产资金需求和信用条件，据此提出初步意见，资信评定小组根据信贷员的意见并结合村委会提供的信息确定是否予以贷款及贷款额度，符合小额信贷申请条件的大约会在1个星期的工作日后发放贷款。每户每年最多只能申请1万元的贷款额度。农户可以采用分期还款的方式，每月等额本金还款，最长期限为3年，利息为11.73%。

村民刘某认为，取消颁发贷款证于信用社而言省去了挨家挨户进行摸底调查和评估的麻烦，但是对于农户来说，小额信贷程序仍然“不简单”，而且额度小解决不了大问题。“贷款入户审核比较麻烦，1星期左右才能到账……以前贷款利息是两三分，象征性地少还些利息就可以了；现在必须得还利息，贷1万元1年的利息就得100多元，这对于农民来说不是小数字。”[①] 另外，由于村干部和农村信用社对政策的宣传和引导力度有限，一些农户没有把小额信贷视为支农惠农的金融服务，而是片面地认为是为了改善贫困户生产生活的扶贫手段，秉持“不到万不得已绝不贷款”的观点，认为贷款会增加负担，更有农户认为贷款是无能的表现，受这些思想的束缚贷款人数有限。

二是，贷款额度与农业产业发展不协调。贷款期限取决于农业生产经营活动的周期性规律，若因不可抗自然灾害严重影响农作物收成，则可适当延期还贷，正常情况下贷款期限为1年。农村信用社建立了完备的申请户经济档案并依据农户所经营的农业生产活动的主要内容、经营范围和能力、信誉、偿贷能力和历史还款记录等指标将农户分优秀、较好、一般3个信用等级。满足以下任意1个条件即被评为“优秀”：家庭年人均纯收入不低于2000元；自有资金高于生产所需资金总额的50%；3年内在信用社贷款无不良记录，能够按时偿还本息。收入来源稳定可靠，基本没有拖欠贷款记录。家庭年人均纯收入高于1000元的农户信用等级为“较好”。信用等级为“一般”的农户需要满足家庭有基本劳动力或家庭年人均纯收入不低于500元。[②] 贷款额度根据各地经济发展水平、金融机构发

① 访谈记录S村2016090204。

② 中国人民银行：《农村信用合作社农户小额信用贷款管理指导意见》，《人民日报》2001年12月11日。

展情况以及当地农业经营方式等具体情况确定，中西部地区优秀等级一般是在10000元以内。通常采用整贷零还的偿还方式，贷款农户依照自己的情况每隔1个固定的时间分期偿还贷款。

农户小额信贷的政策设计充分考虑到了中低收入农户的实际还贷能力。但是，对于从事规模种植和养殖的农户来说，“小额度”无法满足其进行专业化生产的资金需求。另外，当前农户小额信贷“期限短”，多为1年，而具有长周期、反季节的特点的现代农业不同于以往春种秋收的传统农业模式，对于生产周期为1—3年的特色农业来说，贷款期限与农业生产周期的不相匹配，难以满足农户发展规模种植、养殖和农产品加工的现实需要。因此，农户小额信贷对于集约化、专业化、科技化、企业化的大农业格局来说是杯水车薪。于是一些农户便据此认为小额信贷非但无用，其“高利率”还加重了农户的利息负担。正是由于农户小额信贷制度设计上的不足限制了农户申请小额信贷的积极性，制约了农户小额信贷贷款量的增加。

另外，从小额信贷的政策目标来看，贷款用途可以多样化。中国人民银行在2002年4月下发的《关于进一步做好农户小额信用贷款发放和改进支农服务工作的通知》（银发〔2002〕113号）中明确规定，中部地区小额信贷为农户简单再生产所需资金提供保障的基础上，贷款用途可以灵活多样，用于支持农户发展种植业和养殖业、发展多种经营，或用于满足农户住房、子女助学等多方位的消费需求。信用社现行的贷款用途主要包括种植业、养殖业等方面的农业生产费用贷款；小型农机具贷款；小型农田水利基本建设贷款；为农业生产服务的个体私营经济贷款；购置生活用品、建房、治病、子女上学等消费类贷款。可见，农户小额信贷的主要政策目标是解决低收入农户种植业和养殖业的简单再生产和小规模扩大再生产的资金供给，以及小额的生活消费资金。但是，实施中，农户贷款用途单一。S村申请小额信贷的12户农户中，用于经商开铺的有2户、供子女上学、结婚或在县城购房的共6户、修建房屋的1户、用作种植和小型养殖的各1户、买车的1户。经信用社工作人员统计，每年申请小额信贷用于满足子女读书和子女结婚资金需求的户数最多。

村民刘某认为，主要靠耕种维持生计的老百姓农业收入较低，基本不会选择贷款。“农民不到万不得已都不愿意贷款，即便额度小也会觉得心理有负担，但是为了子女上学，有负担也得贷。”① 樊某表示，在村里和乡里做小买卖的人会申请小额信贷，一般老百姓胆子小，再加上农业收入不稳定，会担心到期还不起贷款，所以不愿意也不敢去冒险。村民孙某鉴于前几年邻居在信用社贷款搞养殖失败后不得不向亲戚朋友借钱还贷的先例，不愿意向信用社申请小额信贷。出于这些原因及上述小额信贷“额度小”“期限短”的特点，农户大多把贷款用在子女身上，而很少用作农业生产投入，所以并没有达到鼓励农业生产和发展，提高农民生活水平的政策目标。

综上所述，小额信贷政策的架空执行，是指在政策的执行过程中持观望态度，对政策内容仅仅停留在宣传发动和调查摸底阶段，没有或很少有实质性的、可操作的具体措施，即流于口头承诺或书面形式的象征性合作，并未落到实处，而使政策成了空壳子，难以发挥应有作用。② 农户小额信贷十几年的发展实践证明它可以在某种程度上减缓农村融资市场的失灵，满足部分农户对资金的需求。但是通过上述对S村农户小额信贷在实践中遇到的问题进行分析，不难看出该政策在申请程序、贷款额度等方面与农户需求不匹配，贷款额度难以满足种植大户的需求，农户申请小额信贷的意愿并不高，具体推进过程较为困难，未能实现我国推广农户小额信用贷款政策的预期目标。

影响农户小额信贷申请意愿的因素除了上述提到的申请程序和贷款额度等政策设计方面的原因外，还受制于农村信用社谨慎放贷的管理原则。农户小额信用贷款采取“一次核定、随用随贷、余额控制、周转使用”的管理办法。近几年农村信用社进行了农户小额信贷业务改革升级，坚持农户自愿申请、自主使用，并自觉按期归还贷款本息的原则发放贷款，申请农户小额信用贷款需要具备以下几个条件：一是具有完全民事行为能力、居住在农村信用社的营业区域范围之内并具有农业户口；二是家庭成员中必须有具有劳动生产或管理经营能力的劳动力；三是从事农业劳动或其他符合国家产业政策的生产经营活动，并有合法、可靠的经济来源；四

① 访谈记录S村2016090305。

② 贺东航、孔繁斌：《公共政策执行的中国经验》，《中国社会科学》2011年第5期。

是无不良信用记录、资信状况良好。但是由于我国当前农户信用体系尚不完善，缺乏有效的帮助农户抵抗自然风险、市场风险等各种风险的保障机制，也没有建立相应的政策补偿机制，因此农村信用社为避免承担被转嫁的信贷风险，往往会谨慎放贷，控制贷款数量，使农户小额信贷业务受到影响。具体而言：一是风险保障机制不健全。农户小额信贷的服务对象以一家一户分散生产经营的农户为主，而农业生产技术有待提高，农村社会服务体系并不完善，生产成本与交易成本较高，这些因素决定了农户的生产经营需要承担较大的市场风险。同时农业是弱质性产业，农民处于弱势地位。S 村农业基础设施建设又相对薄弱，增收潜力不大，农业生产过程中的每一个环节都会受到自然条件的影响和制约。如遇到较大的自然灾害，农业生产势必受到影响，而农民基本上是靠天吃饭，所以农业收入具有很强的不稳定性，缺乏足够的抵御风险的能力，一旦遇到天灾人祸，往往无力按时归还贷款。

二是农村信用体系未建立。我国农户小额信贷最突出的特色就是采用农户个人信用担保，无须提供抵押就可以直接到农村信用社支取核定额度的贷款。因此，农户信用的好坏自然成为影响贷款回收的关键。但是，我国农村经济市场化程度较低，受计划经济体制惯性影响，农村信用建设进程缓慢，信用体系、市场秩序和融资机制不健全。一些农户信用意识淡薄，借款者逾期不还，变为贷款坏账，造成资金损失。而进城务工人数多且流动性大，导致小额信贷不集中，高额的诉讼成本也加大了政策执行的难度，难以有效约束贷款人的不良信用行为。农户小额信贷主要是向农户提供短期贷款，对信用社来说这种贷款地区范围小且较为集中、客户群同质性高的特点弱化了潜在的风险分散能力；再加上农户贷款不需要抵押，削弱了农户违约后信用社的强制执行力，因此信用风险远远高于传统银行业务。

农村信用社难以通过有效的信用手段对农户进行制约，因而承担了较大的信用风险。为了减少不良贷款、防范信贷风险，信用社更加“惜贷”“惧贷”，制定了针对信贷员的终身追责制度，贷款的到期收回率直接关系到信贷员的工资和绩效水平，所以信贷员放款时会很谨慎，把可以申请到小额信贷的农户数量控制在一定范围内，这样就导致农户小额信用贷款呈现萎缩态势。

四　三种类型比较分析

总结机械执行、象征性执行和架空执行，可以从制度设计、实践形态及偏差原因方面对上述三种惠农政策执行类型进行系统的比较。

其一，从制度设计来看，影响政策执行有效性的基础性因素是政策的制度设计，不同的制度设计为其政策执行服务并最终影响政策执行。三种惠农政策在制度设计上的区别和联系主要表现在政策的目标设定和适用范围方面。

农村低保、种粮直补和农户小额信贷三项惠农政策在提高农民收入、调整农业结构及促进农村经济发展方面都发挥着举足轻重的作用，但是因政策目标和成效的差异性，不能简单将这三项惠农政策同质化。从农民生活保障、农业经济发展、公共服务、基础设施、组织建设五个层面对惠农政策进行分类，[①] 农村低保属于农民生活保障类政策，种粮直补和农户小额信贷是农村经济发展类政策。政策类别的不同决定了政策目标的差异性。农村低保是为无法达到最低生活标准的农村困难人群提供救助的社会保障制度。通过政策扶持减轻困难人口的生存成本和生活压力，保障农村困难人口的基本生活，逐步实现贫困人口脱贫致富，完善农村社会保障体系。其政策目标着眼于解决民生问题，属于社会政策。种粮直补和农户小额信贷旨在拉动农村经济增长，属于经济政策。同时二种惠农政策各自又有所偏重，种粮直补的政策目标是提高农民种粮积极性，促进粮食增产和农民增收，保障粮食安全的政策。农户小额信贷的政策目标是为缺少抵押物和担保人但诚信度较高的中低收入农户的农业生产及小额的生活消费提供资金支持，解决农户贷款难问题，更好地发挥农村信用社对农户和农业生产的信贷支持作用。

农村低保、种粮直补和农户小额信贷政策因各自承担的政策功能不同，其适用范围和操作方法也存在很大差异。从政策执行主体来看，农村低保和种粮直补政策的执行主体都是乡镇政府和村“两委”工作人员，

① 邵青：《我国惠农政策的框架体系及政策执行影响因素分析》，《甘肃理论学刊》2012年第3期。

而农户小额信贷主要由农村信用合作社提供政策服务。就政策受众方面而言，种粮直补是一种基础性的制度安排，所有种粮农民都囊括在补贴范围之内，属于普惠型政策；[①] 农村低保和农户小额信贷只为通过审核的目标农户发放资金或贷款，其中农村低保的目标农户是家庭人均年收入低于当地最低生活标准的农村困难人口，农户小额信贷服务于无法提供担保，但具有一定的生产经营和偿还贷款能力的中低收入农户。在政策执行方式上也有区别，虽然三种政策都是以国家给农村赋予一定的资源为主，但是农村低保和种粮直补由中央财政为目标群体直接给予资金支持且不需要偿还，而农户小额信贷是国家给予资金周转困难的农户以短期性的资金支持，到期时需要偿还本息。

其二，从实践形态来看，作为一项权威性的社会价值分配工具，公共政策的效能最终会以政策执行为载体表现出来，而“政策在执行中建构，也在建构中执行”[②]，执行本身是一个极为复杂的过程，在实践中会呈现出不同的形态。

机械执行、象征性执行和架空执行都是S村在惠农政策执行过程中出现的“上有政策，下有对策”现象，属于消极的政策执行方式，不同程度地背离了政策初衷并与政策内容发生偏离，但是三种政策执行方式又呈现出不同的特点，主要表现在政策目标实现和政策内容落实方面。机械性的执行方式并未深入理解农村低保的政策指向，仅仅拘泥于政策中的条条框框，没有因人因事制宜，无法保障“框框”之外贫困农户享受低保的权利，背离了应保尽保的政策目标。在低保户申请和退出环节也与公平公正和进出有序的政策预期存在张力。种粮直补体现了党和国家对于种粮农民的关怀，但是象征性执行的方式只做表面文章，不下真功夫，部分未种地农户“坐享其补”，而实际种粮人却得不到补贴。谎报虚报种粮面积和品种被默许；种粮补贴领取不便等都难以调动农民种粮积极性。农户小额信贷在实践过程中申请程序、贷款额度等方面与农户需求不一致，贷款额度难以满足种植大户的需求，农户申请小额信贷的意愿持续走低，推进过程极为困难，表现为架空执行，未能达到我国推广农户小额信用贷款政策

① 邓大才：《惠农政策要适时调整和优化》，《农村工作通讯》2010 年第 13 期。

② 迈克·希尔、彼特·休普：《执行公共政策》，商务印书馆 2011 年版，第 9 页。

的初衷，无法为有资金需求的低收入农户提供有针对性的帮助。

三种惠农政策在S村实际执行过程中偏离政策内容，甚至落空，其真实性没有完全体现出来。特别是农户小额信贷被架空执行，S村农户申请小额信贷意愿持续走低，2016年全年322户农户中申请小额信贷的只有12户，平均每年申请小额信贷的农户不超过20户，其中每年为数不多的申请农户中用于供子女读书和子女结婚的占比最大，因此农户小额信贷在S村没有完全实现贷款用途多元化，也很难发挥为种植业和养殖业的简单再生产和小规模扩大再生产提供资金帮助的作用。种粮直补是根据实际种粮面积和限定作物为种粮农民提供的补贴政策，但在实际操作过程中，部分农户将桑园地面积错报为直补范围内的粮食地面积，把小麦和玉米谎报为杂粮种植面积，或是将玉米种植面积全部登记为小麦面积，从而套取国家补贴，最终由于村干部的默认并没有对粮食生产产生影响，难以调动农户增加农业生产投入的积极性。农村低保在S村执行中原原本本按照政策文本要求执行，在形式上保持了政策内容的真实性，低保对象均为确实需要给予政策照顾的贫困人口，但是没有发挥政策执行的灵活性，导致个别困难农户“应保未保”。

其三，从执行偏差原因来看，政策执行是一个极为复杂的过程，从政策的起始阶段到政策最终执行的各个中间环节都有可能导致政策过程发生偏差，[①] 影响政策执行的因素包括政策方案本身、政策执行主体、政策执行客体。

从政策方案本身来看，农户小额信贷政策是基于农户的实际经济需求和还款能力制定的，但是贷款额度小的特点难以满足已经形成规模的农户进行专业化生产的资金需求；对于主要以种植业和养殖业为主的农户来说，因生产周期长、资金周转缓慢，故按期归还贷款较为困难，而贷款期限短的特点又成为其选择小额信贷的阻碍因素。另外，对农民而言较高的利率也制约了农户小额信贷的发展。就三种惠农政策在S村的执行效果来看，农村低保和种粮直补较农户小额信贷政策更为完善，但仍有需要改进的地方。农村低保政策中对于个人低保的认定范围较小，无法保障因病致

---

① 祁翔：《“上有政策、下有对策”中政策执行的相关分析》，《法制与社会》2008年第9期。

贫但是不在规定的24类大病之列的农民享受低保的权利。种粮直补政策补贴标准低，与农资价格上涨幅度不成正比，削弱了种粮补贴带给农民的实惠，最终对农民进行粮食生产投入的影响微乎其微，不足以刺激农户扩大种植面积、改善种粮结构，也难以成为促进农户增收的有效政策手段。

从政策执行主体分析，政策执行主体的责任意识和工作能力是影响政策执行效果的重要因素之一。农村低保和种粮直补政策最直接和最主要的执行主体都是村干部，村干部的责任意识和工作能力影响着两项惠农政策的执行情况。S村在执行低保政策的过程中，村干部“不出事”行政逻辑、“走形式”行为逻辑以及“不得罪人”的乡土逻辑使村干部“不敢为”“不能为”，没有做到因事、因人制宜，最终机械照搬文本，而没有结合农户实际情况灵活地解决实际问题，低保政策也没有达到政策预期的效果。取消农业税之后，国家的农村政策由资源汲取型转向资源供给型，村干部的职责变为提高农民的生产生活质量和促进农业发展和农村建设，丧失了约束农民行为的权威性，对于农户虚报谎报种粮面积的行为无计可施；同时由于种粮直补政策执行工作量较大，时间又很紧迫，村干部为了完成任务便敷衍应付，象征性执行。作为农户小额信贷政策执行主体的农村信用社承担着较大的信用风险，而且工作量大，政策推行成本高，所以信用社没有进行广泛的政策宣传，为了减少不良贷款、防范信贷风险，信用社“惜贷”“惧贷”，信贷员放款谨慎，把可以申请到小额信贷的农户数量控制在一定范围内，导致政策架空。

就政策执行客体而言，政策执行的直接受众是政策执行客体，政策执行客体对于政策的认知、态度及参与程度也会影响惠农政策执行。① 一些农户因不能正确认识个人利益与集体利益、眼前利益与长远利益的关系，利用自家农地零碎、种粮种类多样等不便于村干部统计的特点谎报、虚报种粮面积和种类，以套取更多粮食补贴。同时受“熟人社会”文化的影响，其他村民发现有谎报、虚报的情况时也因碍于人情面子而为其隐瞒；对于经济状况好转却仍然吃低保的农户敢怒而不敢言，影响了政策的有效执行。农户小额信贷政策执行客体是一家一户进行分散生产经营的农户，

① 李辉、齐金玲：《惠农政策知晓度及基层执行满意度研究——基于农民视角及云南、河南省的调查》，《湖南农业大学学报》（社会科学版）2010年第3期。

而农民处于弱势地位，增收潜力不大，农业生产过程中的每一环节都会受到自然条件的影响和制约，农业收益具有很强的不稳定性，风险系数大，一旦遇到较大的自然灾害，农业生产必然会受到影响。而农民基本上是靠天吃饭，缺乏足够抵御风险的能力，遇到天灾人祸时，往往无力按时归还贷款。因此，农户因面临潜在的贷款风险而很少选择贷款。另外，农户对于政策的认同程度也相对较低，加大了政策执行的阻力和难度。

第六章　惠农政策的效应及响应

密集出台并下乡的惠农政策，标示了乡村治理机制的转变，也塑造了一个支农强农惠农的新时代。所以，中央出台的惠农政策，逐级下沉，进入整体性的乡村社会后，不仅检验了政策出台时的核心目标，而且使乡村社会密切关联的各种关系均发生了变化，甚至产生了意想不到的效果。

一　惠农政策的多重效应

理论上讲，作为社会中价值性资源的权威性分配工具的公共政策，从其主体来看，涉及政府与民众，公共政策要处理政府与民众的关系，具有政治效应。从公共政策指向的价值性资源这一实质内容来看，公共政策要分配价值性资源，具有经济效应。资源占有和分配均是在一定的社会关系中展开，也能重塑社会关系，所以，公共政策也具有社会效应。公共政策从制定到贯彻执行，都是在一定的文化环境中开展的，也可以创设一种政策文化，公共政策也具有文化效应。

毫无疑问，转型期的中国，作为回应和应对“三农”问题而出台的各项惠农政策，均具有经济效应、政治效应、文化效应和社会效应。[①] 从惠农政策引起高层重视并界定为政府工作的“重中之重”，到密集出台一系列的惠农政策并努力营造“支农惠农强农”氛围，可以看出，政府制定惠农政策，首取政治效应。

但是，在农村调查中，我们可以感受到：行走于田野上的农民，首先感受和评价的是惠农政策的经济效应。用农民的话讲：给钱总是好事，给

---

① 贺东航、孔繁斌：《公共政策执行的中国经验》，《中国社会科学》2011 年第 5 期。

一点，顶一点的事！虽然国家制定惠农政策首取政治效应，但是，在经济效应这一点上，国家与农民也达成了一致：即要改善农民的生产生活，让农民分享改革发展的成果。其实，农民生产生活条件的改善，也会转化为对惠农政策的支持。另外，农民感受、参与和评价惠农政策的同时，也是政治参与的过程。从这个层面来讲，国家制定惠农政策，是从政治效应出发，以经济效应作为手段；农民评价惠农政策，以经济效应为直接感受，间接收获政治效应。

以种粮农民直接补贴、合作医疗、养老保险、农业保险 4 项在农村广泛执行的惠农政策为例，从“发钱”与“交钱”的差异来看图 6－1－1 与图 6－1－2，可以发现，种粮农民直接补贴政策，不管是从参与度还是参与的积极性来看，均高于其他惠农政策。尽管如第二章所述，不同的惠农政策在内容和属性上有所侧重，但是，农民参与惠农政策的第一评判标准即是经济效应，并且是直接的、眼前的经济效应。

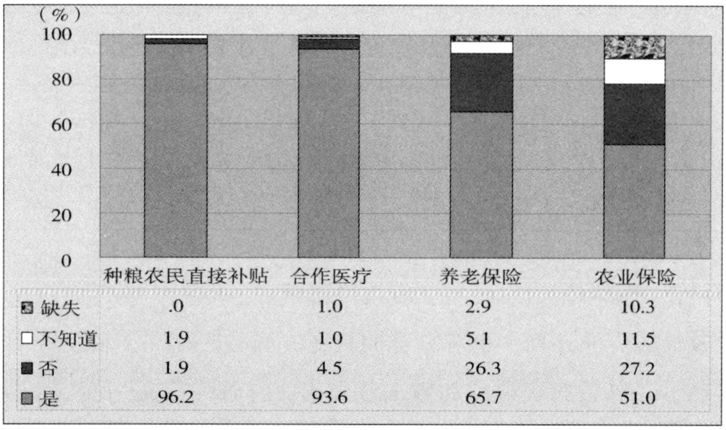

	种粮农民直接补贴	合作医疗	养老保险	农业保险
缺失	.0	1.0	2.9	10.3
不知道	1.9	1.0	5.1	11.5
否	1.9	4.5	26.3	27.2
是	96.2	93.6	65.7	51.0

图 6－1－1　“您或者您的家庭成员是否享受（参与）过惠农政策?”数据分布

但是，如果将农民享受（参与）惠农政策所带来的经济效应与农民日常的经济生活相对比，在调查中我们发现（表 6－1－1），40.1% 的受访者认为惠农政策“基本不能”或“根本不能”增加家庭收入。即使农民很看重惠农政策的经济效应，但是，身处于社会化的大环境中，惠农政策带来的经济收入仍然很难改变家庭的收入状况。

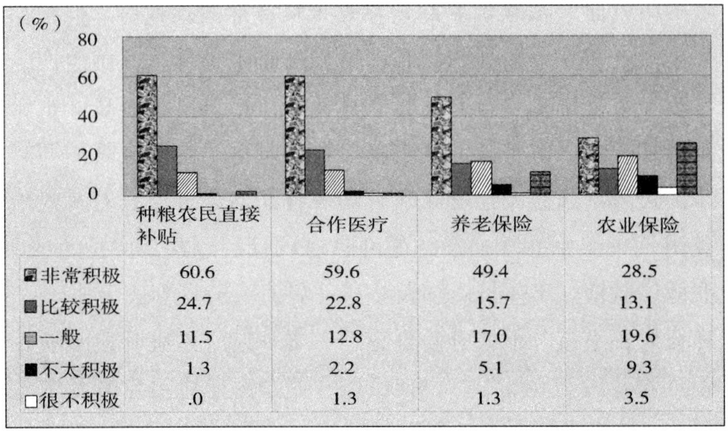

图 6－1－2　“对于您或者您的家庭成员享受（参与）过的惠农政策，您的态度是怎样的?”数据分布

表 6－1－1　“惠农政策能增加家庭收入吗?”数据分布表

	缺失	完全可以	基本可以	一般	基本不能	根本不能	合计
频次	2	18	52	115	121	4	312
百分比（%）	0.6	5.8	16.7	36.8	38.8	1.3	100.0

农民评判或参与惠农政策，首取经济效应。同时，农民的政策参与行为和对政治效应的评判，也有自身的特征。如表 6－1－2 和表 6－1－3 所列数据显示，对惠农政策“比较关注”和“一般”关注者，所占比例为 70.2%，而认为自己“一部分享受了”惠农政策者，就占 44.6%，这两个数据对比说明，农民对政策关注度较低，而对惠农政策的享受（参与）的负面评价较高。这一方面反映了农民的矛盾心理：即农民平日不关注政策，又对最终分享惠农政策的结果有异议。这一矛盾的心理也反映了农民参与惠农政策的特点：即农民不太关注政策过程，只留意并思索自己得到惠农政策的结果，以结果来评判过程或推定过程。从上述数据的对比来看，在农民政策参与这一过程中，面临着政策支持资源的流失，也就是惠农政策政治效应的流失。

表 6－1－2　“您关注惠农政策吗?”数据分布

	缺失	非常关注	比较关注	一般	很少关注	根本不关注	合计
频次	4	43	128	91	44	2	312
百分比（%）	1.3	13.8	41.0	29.2	14.1	0.6	100.0

表 6－1－3　“您觉得您享受到了该享受的惠农政策吗?”数据分布

	缺失	全部享受到了	大部分享受到了	一部分享受到了	小部分享受到了	不好说	合计
频次	1	10	114	139	41	7	312
百分比（%）	0.3	3.2	36.5	44.6	13.1	2.2	100.0

与此同时，表 6－1－2 的数据显示，“非常关注”和“比较关注”惠农政策的受访者，占到 54.8% 的比例。另外，从大的场景来看，在河北农村调研的过程中，16 个村庄，都有涉及惠农政策方面的标语，村务公开栏（包括村务公开墙、村务公开榜、村务公开喇叭等形式）都设计有惠农政策方面的栏目，并且有监督电话，惠农政策公开的过程也成为政策执行的一个重要环节。数据和案例可以说明，经过了多年的基层实践，惠农政策已经成为基层民众的主要工作和关注的主要焦点。惠农政策相关事宜，成为基层干部和民众共同关注的话题，工作联系的纽带。在有关惠农政策的政治和行政业务中，农村普遍营造和生发了惠农政策的文化效应。这种文化效应，也孕育了村落新文化。比如，一个季度后期的时候，大爷大妈闲聊时就谈论“（钱）领了没……”“都给谁用了……”①

乡村惠农政策相关标语②

深入学习实践科学发展观 全面落实党的惠农政策

落实惠农政策 构建和谐家园

家电下乡送温暖 政府补贴 13%

---

① 访谈记录 C 村 2013080504。

② 资料来源：N 村墙面。

农村计划生育“两户”在同等条件下优先享受低保
惠农项目“一册明”　惠农资金“一折统”
关注民生解民难　惠农强农促和谐

惠农政策宣传歌[①]

党中央，重民生，强农惠农政策多。
“两免一补”惠学子，书费杂费全取消。
上学领书不缴费，住校还领补贴款。
职业教育免学费，困难学生有助金。
税费取消减民负，农民种粮政府补。
农资良种农机具，购置全部发补贴。
家电汽车摩托车，下乡补贴即时领。
合作医疗解民愁，百姓看病能报销。
大病小病不用慌，参加农合有保障。
社会救助困难户，四类施保群众评。
政府供养五保户，高龄老人发补贴。
政策好，政策多，学好政策享权益。
社会好，机遇多，倍加珍惜快致富。

惠农政策下乡后，农民由过去的“交钱”向现在的“领钱”的转变；政府由过去的“要粮、要钱、要命”向“发钱”的转变，两方面的转变，使得政府的形象大为改观，政府也获得了农民的广泛认同。不过，比较而言，中央政府离农民遥远，农民产生了间接的、完美的印象；地方政府，特别是基层政府，每天都与农民打交道，个别业务上处理不当，就会给农民留下不好的印象。[②] 如表6－1－4中的数据显示，农民认为中央政府比地方政府更重视农村发展；中央政府在农民心中的形象好于地方政府。

---

① 资料来源：N村公务栏。

② 陈雪琼、刘建平：《惠农政策组织传播的科层困境与出路》，《农村经济》2012年第10期。

表 6－1－4　“根据您最近 3—5 年来的认识，请对下列陈述作出评判”数据分布表

		缺失	完全认同	比较认同	一般	不太认同	很不认同	合计
中央政府越来越重视农村发展	频次	0	142	126	39	5	0	312
	百分比（%）	0	45.5	40.4	12.5	1.6	0	100.0
地方政府越来越重视农村发展	频次	1	89	95	82	41	4	312
	百分比（%）	0.3	28.5	30.4	26.3	13.1	1.3	100.0

在调研中我们也注意到，农村有些老人，既领取基础养老金又领低保，加起来每月一百多元的资金，既能接济家庭果蔬花费又能给孩子们买点零食，略表关爱。更重要的是这些老人不用再从儿女那里要零花钱。在他们看来，“晚年的生活有脸面了”。[①] 可以说，诸如新农保、低保此类的惠农政策在某种程度上，改善了家庭关系，甚至邻里关系。在河北这一外出务工相对较少、孝文化相对完好的省份，老人生活幸福感的提升，一定程度上提升了整个家庭的幸福感。

表 6－1－5　“惠农政策能带动农村发展吗”数据分布

	缺失	完全可以	基本可以	一般	基本不能	根本不能	合计
频次	3	27	144	111	23	4	312
百分比（%）	1.0	8.6	46.1	35.6	7.4	1.3	100.0

综上所述，结合表 6－1－5 的数据我们可以看到，21 世纪以来，国家密集出台的一系列惠农政策，开启了农村工作的良好局面，补贴、接济、保障了农民生产生活，维持了农村的稳定发展。当然，随着时间的推移，任何政策的成效都有一个边际效益递减的规律，“维稳”和“发展”都存在边际效益递减。可以想象的是，要维持或者强化目前的政策效应，需要惠农政策的推陈出新或政策调整，以延续或者改善或者强化上述政策成效。根据调查来看（图 6－1－3），虽然七成左右的受访者“完全认

① 访谈记录 C 村 2013080601。

同”或者“比较认同”“惠农政策越来越多”“惠农政策越来越实惠”“惠农资金越来越多”“惠农政策越来越得到老百姓的认可”诸种说法，但是，从政策成效演化和发展的角度，这种未雨绸缪的观念也是惠农政策研究的题中要义。

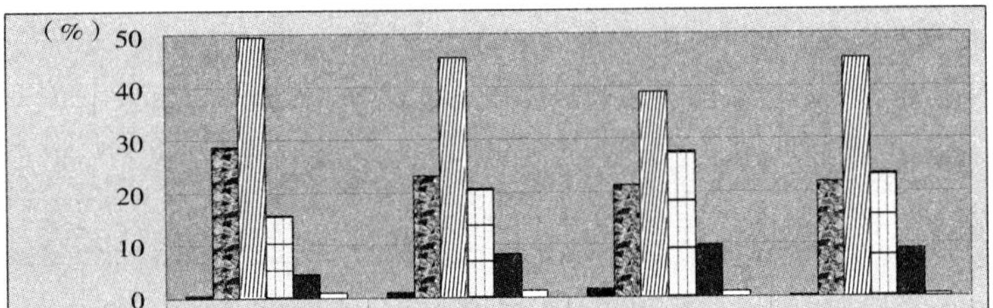

	惠农政策越来越多	惠农政策越来越实惠	惠农资金越来越多	惠农政策越来越得到老百姓的认可
■缺失	.6	1.0	1.6	.3
完全认同	28.8	23.1	21.2	21.8
比较认同	49.4	45.5	38.8	45.2
□一般	15.7	20.8	27.6	23.4
■不太认同	4.5	8.3	9.9	9.0
□很不认同	1.0	1.3	1.0	.3

图 6－1－3　“根据您最近 3—5 年来的认识，请对下列陈述作出评判”数据分布

二　惠农政策的多种响应

在某些情况下，惠农政策的政治效应、经济效应、文化效应和社会效应是紧密结合在一起的。从惠农政策的整体效应来看，不同的农民群体和不同的村庄属性对惠农政策有不同的响应，本节内容即从农民个体和农村社会两个层面来分析和论述多样性的政策响应。

首先我们来分析政策反响的个体差异。在个体考察中，我们把“性别”“年龄”“收入状况”作为自变量，分析不同“性别”“年龄”“收入状况”的个体对于参与“养老保险”的态度。

在 SPSS 软件分析中，表 6－2－1、表 6－2－2 和表 6－2－3 的交叉列联表均取 95% 的置信水平。在表 6－2－2 中，本次调查的受访对象，最小年龄为 18 岁。在表 6－2－3 中，笔者试图以“家庭年人均纯收入”为依据，将个案分为样本量大致相当的3组，为此，在家庭年人均纯收入“1520元”和“4500元”这两个分界线上，可以将个案分为样本量大致相当的3组。

表6-2-1　性别*对享受（参与）养老保险的态度交叉列联表

性别		享受（参与）养老保险的态度						合计
		缺失	非常积极	比较积极	一般	不太积极	很不积极	
缺失	人数	0	1	0	0	1	0	2
	在“性别”中的占比（%）	0	50.0	0	0	50.0	0	100.0
	在“态度”中的占比（%）	0	0.6	0	0	6.3	0	0.6
男	人数	24	73	21	20	6	2	146
	在“性别”中的占比（%）	16.4	50.0	14.4	13.7	4.1	1.4	100.0
	在“态度”中的占比（%）	66.7	47.4	42.9	37.7	37.5	50.0	46.8
女	人数	12	80	28	33	9	2	164
	在“性别”中的占比（%）	7.3	48.8	17.1	20.1	5.5	1.2	100.0
	在“态度”中的占比（%）	33.3	51.9	57.1	62.3	56.3	50.0	52.6
合计	人数	36	154	49	53	16	4	312
	在“性别”中的占比（%）	11.5	49.4	15.7	17.0	5.1	1.3	100.0
	在“态度”中的占比（%）	100.0	100.0	100.0	100.0	100.0	100.0	100.0

注：Pearson Chi - Square = 16.944[a]；df = 10；Asymp. Sig.（2 - sided） = 0.076。

表6-2-1的统计数据显示，不同“性别”在享受（参与）养老保险的态度上，基本一致，没有表现出在养老问题上的“男尊女卑”等性别差异。表6-2-2显示，不同年龄段的受访者在享受（参与）养老保险的态度上没有表现出规律性和趋势性差异，这在一定程度上说明，年龄的大小与享受（参与）养老保险的积极性没有直接关联。这一数据反映的趋势，与“年龄越大，越关心养老，越愿意参与养老保险”这一常理不一致。这说明，在“年龄”与“享受（参与）养老保险的积极性”这两个变量之间也许存在其他中介变量，消解了二者之间的直接关联或者搅浑了二者之间的直接关联。这些中介变量有待于进一步挖掘和研究。

表6－2－3的数据则说明，不同的收入与“享受（参与）养老保险的态度”存在显著的相关性。参考参与养老保险的态度“不太积极”和“很不积极”这两列数据可见，收入越高，数值越高。

表6－2－2　年龄＊对享受（参与）养老保险的态度交叉列联表

年龄		缺失	非常积极	比较积极	一般	不太积极	很不积极	合计
		享受（参与）养老保险的态度						
缺失	人数	0	2	2	1	1	0	6
	在“年龄”中的占比（%）	0	33.3	33.3	16.7	16.7	0	100.0
	在“态度”中的占比（%）	0	1.3	4.1	1.9	6.3	0	1.9
18—30岁	人数	8	19	6	12	2	0	47
	在“年龄”中的占比（%）	17.0	40.4	12.8	25.5	4.3	0	100.0
	在“态度”中的占比（%）	22.2	12.3	12.2	22.6	12.5	0	15.1
31—40岁	人数	2	29	6	10	3	1	51
	在“年龄”中的占比（%）	3.9	56.9	11.7	19.6	5.9	2.0	100.0
	在“态度”中的占比（%）	5.6	18.8	12.2	18.9	18.8	25.0	16.3
41—50岁	人数	14	46	21	17	6	2	106
	在“年龄”中的占比（%）	13.2	43.4	19.8	16.0	5.7	1.9	100.0
	在“态度”中的占比（%）	38.9	29.9	42.9	32.1	37.5	50.0	34.0
51—60岁	人数	9	38	9	6	2	1	65
	在“年龄”中的占比（%）	13.8	58.5	13.8	9.3	3.1	1.5	100.0
	在“态度”中的占比（%）	25.0	24.7	18.4	11.3	12.5	25.0	20.8
61岁以上	人数	3	20	5	7	2	0	37
	在“年龄”中的占比（%）	8.1	54.0	13.5	18.9	5.4	0	100.0
	在“态度”中的占比（%）	8.3	13.0	10.2	13.2	12.5	0	11.9
合计	人数	36	154	49	53	16	4	312
	在“年龄”中的占比（%）	11.5	49.4	15.7	17.0	5.1	1.3	100.0
	在“态度”中的占比（%）	100.0	100.0	100.0	100.0	100.0	100.0	100.0

注：Pearson Chi－Square＝21.053[a]；df＝25；Asymp. Sig.（2－sided）＝0.690。

表 6－2－3　收入群体＊对享受（参与）养老保险的态度交叉列联表

2012 年家庭人均纯收入		参加新农保的态度						合计
		缺失	非常积极	比较积极	一般	不太积极	很不积极	
缺失	人 数	1	2	2	1	0	0	6
	在“收入群体”中的占比（%）	16.7	33.3	33.3	16.7	0	0	100.0
	在“态度”中的占比（%）	2.8	1.3	4.1	1.9	0	0	1.9
0—1520 元	人 数	3	52	17	29	2	0	103
	在“收入群体”中的占比（%）	2.9	50.5	16.5	28.2	1.9	0	100.0
	在“态度”中的占比（%）	8.3	33.8	34.7	54.7	12.5	0	33.0
1521—4500 元	人 数	12	46	18	14	8	2	100
	在“收入群体”中的占比（%）	12.0	46.0	18.0	14.0	8.0	2.0	100.0
	在“态度”中的占比（%）	33.3	29.9	36.7	26.4	50.0	50.0	32.1
4501 元以上	人 数	20	54	12	9	6	2	103
	在“收入群体”中的占比（%）	19.4	52.4	11.7	8.7	5.8	2.0	100.0
	在“态度”中的占比（%）	55.6	35.1	24.5	17.0	37.5	50.0	33.0
合计	人 数	36	154	49	53	16	4	312
	在“收入群体”中的占比（%）	11.5	49.4	15.7	17.0	5.1	1.3	100.0
	在“态度”中的占比（%）	100.0	100.0	100.0	100.0	100.0	100.0	100.0

注：Pearson Chi－Square＝34.162[a]；df＝15；Asymp. Sig.（2－sided）＝0.003。

在分析了不同性别、年龄、收入状况的个体对“养老保险”这一惠农政策的差异性评价之后，由个体构成的村庄整体，对惠农政策的反应，就属于村庄整体层面探讨的问题。对于中国社会的整体特征，费孝通将其概括为“差序格局”，即中国社会犹如一块石头扔进水里，波纹的变化就能反映人际关系的疏离。扮演这块石头作用的，就是自我主义及其演绎的行为体系。① 进入 21 世纪以来，惠农政策可以说就充当了石头的作用。

① 费孝通：《乡土中国　生育制度》，北京大学出版社 1998 年版，第 28 页。

通过惠农政策下乡，乡土社会实现了新的分化与整合。[①] 惠农政策的属性和村庄的属性，决定了村庄分化与整合的程度与方向。在笔者调查的16个村庄中，围绕“低保”的实施，村庄社会主要表现为三种反响形态。

Y村位于河北西北部，在202户537人的村庄中，有62户81人享有低保。该村主要地形为山地，地广人稀，交通不便，信息也相对闭塞，属于外出务工型村庄，一年累计在外6个月以上者，有150多人。在Y村，低保按照差序格局享受。最先分配到低保的，是村庄的权力层。在Y村，村干部，包括村民小组长，都享有低保，低保的金额虽然不多，但是，给村干部分配1个低保名额，算是在工资之外，给予的照顾、福利和补贴。[②] 其次，按照与权力层相关的血缘层分配，比如基层干部的亲戚和族人，就有可能先于他人领到低保。再次，按照与权力层相关的感情层来分配，与村干部私交好、感情好的人，就有可能享受到低保。最后，按照交易规则来分配，比如权钱交易，权益交易等，这其中，如以征地权益换低保，以“不闹事”给低保名额，等等。从Y村分配低保的状况可以看出，村干部掌握了主要的有关低保的信息和政策的实施，四个分配的圈层，均与村干部有关。而村民也基本默认村庄中的这一分配规则，村庄也没有为此而发生过外显的矛盾，整个村庄相对平静。但是，在平静的村庄背后，30.7%的农户15.1%的村民因为低保而被串在不同的圈层及其连接线上，由此而形成的村庄秩序也因为低保的存续而发展。从这个层面来讲，围绕低保，重新整合了乡村社会。

与Y村形成鲜明对比的是G村。G村位于河北省中东部。在670户2860名村民中，有45户78人享受低保。2010年之前，G村低保家庭和人员的确定与Y村大致相同。转折点发生在2010年的换届选举中。脱颖而出的村主任候选人刘某，以挖出村中低保事端为突破口，暴露了村庄中围绕低保而形成的关系网，对原村主任构成挑战。原本相对平静的村庄，因低保事端的发生而变得热闹，激发了村民参与村庄选举和公共事务讨论的兴趣。刘某也因拿出了重新理顺低保人选方案而获得村民的支持，赢得

---

① 徐勇：《“政策下乡”及对乡土社会的政策整合》，《当代世界与社会主义》2008年第1期。

② 访谈记录Y村2013071701。

了村主任的职位。从 2010 年开始，G 村确定低保人员的方案即是：除了符合上级政府低保标准的人员，按照规定程序享受低保外，每个村民小组每年“虚报”5 个低保指标，村中其他家庭轮流享受，一年换一次。

第三种村庄形态则是按照近似于标准化的程序确定村中低保人选。程序基本为：首先，政府依据当地经济发展确定“标准”。比如 B 村 2011 年的标准为 1750 元；2012 年的标准为 2150 元。[①] 农户享受低保的标准确定方法则是：“农户家庭人均收入”减去“政府标准（即 1750 元或 2150 元）”所得数值的绝对值，即是农户享受低保的标准，当然，前提条件是“农户家庭人均收入”低于“政府标准”。其次，确定低保的程序是：符合条件的农户（“农户家庭人均收入”低于“政府标准”）提出申请，经村“两委”干部考察并形成书面报告，提请村民代表会议审议，再在村务公开栏公示。最后，每年年初，村“两委”干部和村民小组长要对上一年度享受低保的家庭经济状况做出评审，决定当年是否继续享受低保。

在笔者调查过的 16 个村庄中，与 Y 村状况类似的村庄有 7 个，与 G 村相类似，带有“轮流”性质的村庄有 3 个，属于第三种类型，基本“正规”的村庄有 6 个。

通过上述对政策成效的个体分析和整体分析，我们可以看到，不同的政策有不同的着力点，作用于农民个体，也会产生不用的效应，所以，惠农政策具有分化农民的作用。另外，围绕政策的落实，农村社会会形成不同的群体和关系链条，惠农政策也具有整合农村社会的功能。

---

① 访谈记录 B 村 2013081502。

第七章　惠农政策变迁

政策变迁理论是公共政策研究中的重要理论之一，也是当代公共政策研究的前沿之一。公共政策变迁理论是对公共政策从产生到终结再到延续和循环的整个政策过程的解读和分析。

国内学界对公共政策的变迁理论进行了诸多的研究，形成了丰硕的学术成果。其中，陈潭关于公共政策变迁理论观点最具有代表性。他认为，公共政策变迁是围绕集体行动而开展的自发的或通过人为安排的秩序变迁过程，是社会正式制度的变迁模式。政策变迁包括结构性逻辑和阶段性逻辑，结构性逻辑包括政策时滞、政策博弈和政策演进三种类型；阶段性逻辑表现为政策失效、政策创新和政策均衡三种形式。从发生学的视角来看，政策变迁即政策演进。政策演进遵循“失衡→需求→供给→均衡”的逻辑演绎进路，政策演进的主导力量来自于国家强制力的实施，政策演进的内在动力在于政策需求和供给的矛盾冲突。当发现新的政策需求时，国家在做出选择判断的基础上会提供新的政策供给；当政策需求增加时，国家会加大政策供给。政策演进的外在动力是国家对于政策目标实现的执着追求，国家在实现政策目标的过程中会不断进行政策的调整。“政策演进是一个非平衡性的过程，从时间上来讲，政策演进经历了动员、调试、内化的过程；从空间上来讲，政策演进一般经历了试点、推广、普及、衰减、退出的过程，直至进入下一个政策周期”。[①] 陈潭认为政策演进则包括政策学习、政策转轨和政策治理三个阶段，政策学习是根据政策实施的内外环境对政策的经验和教训做出的应激反应，并在原有政策上做出改进；政策转轨是因情势的需要，新旧政策进行转变的过程，是从一种均衡

---

① 陈潭：《寻找公共政策的制度逻辑》，中国政法大学出版社 2006 年版，第 52 页。

到另一种均衡的动态变化过程；政策治理即政策落实的过程。惠农政策的演进是一个连续的过程，从整体上看政策的数量在增加，惠农政策的均衡则是形成良好的增长保障机制。

诸多公共政策的实施和执行是一个长期的过程，导致公共政策产生的根源问题和总体目标不发生改变，政策就不会终结。在政策执行的整个过程中，比如政策环境的改变，政策制定者对政策执行的深度或者广度有更深的认识等因素都会对公共政策产生影响，从而引起政策变动。政策变动主要是指："政策系统对内部因素和外部环境的变化所作出的一种适应性变革"。[①] 政策调整是变动主要的表现形式之一。所谓政策调整是指："在公共政策的实施过程中，根据政策评估和监控所反馈的信息对原有政策中不适应政策对象和政策环境变化的部分，采取渐进的方式进行删减、修正和更新。"[②] 政策调整有政策修正、政策增删和政策终结三种形式。惠农政策的调整方式以政策增删为主，纵观"中央一号文件"涉及的惠农政策内容可见，惠农政策主要是以政策的增加和拓展为主要形式。公共政策的调整有利于保持政策的稳定性和连续性，政策调整的过程是政策不断合法化的过程，也是政策逐渐形成机制乃至战略的过程。公共政策调整是处理公共政策变化的重要形式，而政策终结也是政策调整的重要形式之一。所谓公共政策的终结是指："公共政策的决策者通过对政策进行审慎的评估后，采取必要的措施，以终止那些错误的、过时的、多余的或无效的政策的一种行为。"[③] 公共政策的终结是对不适宜和政策目标已经完成的政策的结束，惠农政策中有限的政策终结则是在政策环境发生改变后的自然终结。而惠农政策中存在政策循环现象，即一项政策完成后，还会重复相同的政策。总之，公共政策变迁理论尤其是政策演进和变动理论，以及政策调整和终结理论均为我们认知和分析惠农政策提供了新颖的理论视角和理论方法，笔者试图通过政策调整和政策终结的分析来探究惠农政策的变迁过程，并结合政策演进和变动理论，总结惠农政策变迁的规律，从而为惠农政策的进一步的完善提供经验和借鉴。

① 宁骚：《公共政策学》，高等教育出版社 2003 年版，第 452—453 页。

② 同上书，第 459 页。

③ 同上书，第 469 页。

一 指导思想发展

公共政策的制定必然受到政策制定者思想观念的影响，尤其是在中国，公共政策的制定必然遵循以人民为中心的执政理念，体现中国特色社会主义理论品质。21 世纪以来的惠农政策指导思想受到“三个代表”重要思想、科学发展观和习近平新时代中国特色社会主义思想的影响，惠农思想、方针、政策也随之发生改变。“三农”问题最根本的缘由是城乡二元结构的限制，而城乡二元结构的矛盾由工业化和农业化、城市和乡村两对矛盾组成。惠农政策实施的目标之一就是改变城乡发展失衡的状态，因此处理两对矛盾关系的思想也是惠农思想的重要组成部分，可以说城乡关系理论发展与惠农政策的变迁密不可分。而解决城乡二元结构的矛盾则需要将城市和乡村、工业化和城镇化纳入统一、协调的发展体系或框架之中，即统筹发展、统一谋划，实现变革。[①] “三农”是惠农政策直接面对的政策客体，“三农”问题本质上是农业现代化的问题，其必然遵循现代化过程中农业发展的一般规律，中国农业也有其自身的发展规律，惠农政策的演变是世界农业现代化普遍规律与中国具体农业发展情况相结合而形成的中国特色农业现代化理论的体现。因此，惠农政策变迁必然体现了中国特色农业现代化思想的发展。以 2004—2019 年“中央一号文件”为主，纵观 21 世纪以来的惠农政策，其指导思想主要经历了三个阶段的发展。

第一个阶段是“重中之重”思想。

21 世纪的前三年是“中央一号文件”再度出现的酝酿阶段，是 21 世纪惠农政策文本成形的准备阶段，这时仍然受到“三个代表”重要思想的指导。2004 年“中央一号文件”提出要维护广大农民的根本利益，并提出把解决好“三农”问题作为全党工作的重中之重。2005 年指出“重中之重”思想是推进工业化、城镇化和现代化的重大方针。2006 年“重中之重”思想在新农村建设中得到落实，这一思想不仅在整体上得到贯

① 折晓叶、艾云：《城乡关系演变的研究路径——一种社会学研究思路和分析框架》，《社会发展研究》2014 年第 2 期。

彻，也在现实的社会建设中得以实施。2007 年“重中之重”成为战略思想，从提出到成为战略思想，是党和国家对“三农”问题的重要性认知不断深化的过程，2007 年的“重中之重”战略旨在从各方面推动农业现代化水平，进而推动新农村建设；2008 年提出党要始终坚持“重中之重”战略，加强对“三农”工作的领导，掌握对“三农”工作的主动权，加强对“三农”工作人员的配备和落实，从组织上实现对“重中之重”战略的落实。2009 年指出“重中之重”战略从党拓展到政府，成为全部工作的重中之重，“三农”问题已经成为国家发展过程中亟待解决的、具有决定性的问题。2010 年，“重中之重”战略已经成为一种基本的认知，成为党和国家惠农思想的共识，成为党和政府农村工作体制和机制的指导方针。

2013 年指出要全面确立“重中之重”战略思想。2015 年“重中之重”思想要求加大对农村的改革力度，通过完善法律体系保障惠农政策取得的成果；2016 年“重中之重”思想不断深化，要求在稳定和巩固“三农”发展形势的前提下，保持和加快各项政策和设施的建设速度。要把握“三农”战略地位的新特点，“三农”地位已经发生了变化，成为了现代化建设中的短板和必须要攻克的难关，是国家发展目标实现所必须要解决的问题。2017 年“重中之重”战略思想逐渐转移到中央的决策布署上，战略的重心转向农业供给侧改革，“重中之重”实现了由全面重视到重点突破的转变。2018 年“重中之重”战略指导下的农村改革不断推进，“三农”是国家建设和改革事业的突破口，“三农”成为保持改革稳定的基石，是国家建设前进的基础和保障。① 2019 年“重中之重”战略进一步深化发展，要求巩固发展农业农村好形势，发挥“三农”压舱石作用，为有效应对各种风险挑战赢得主动，为确保经济持续健康发展和社会大局稳定、如期实现第一个百年奋斗目标奠定基础，全面推进乡村振兴，确保顺利完成到 2020 年承诺的农村改革发展目标任务。

党和国家对“重中之重”思想内涵的丰富和发展，表明“三农”问题的解决越来越重要，“三农”地位不断提高，促进了“三农”理论的建设。

---

① 沈立宏：《20 个中央一号文件　写实重中之重》，《农村工作通讯》2018 年 Z1 期。

第二个阶段是统筹思想。

何为统筹？统筹即为统一谋划，是一种处理不同事物之间发展关系的方法，统筹思想本质上是方法论思想，通过统合不同事物之间的关系，通盘考虑，进而推动整个进程的发展。统筹思想虽然是方法论，但其亦有统筹的内涵即事物本身及其包括的内容。21 世纪以来，惠农政策主要调整的是城市和乡村的关系，中央对城乡关系的调整和对城乡关系理论的完善与发展反过来同样会影响惠农政策的变迁。城乡关系的变化和城乡关系理论是惠农政策变迁的重要现实和思想指引。城乡统筹将农业发展纳入城镇化的过程中，逐渐推进农业的进步和发展，并缩小城乡之间的差距，统筹城乡重在减轻“三农”负担，发展“三农”。统筹城乡是统筹思想最核心的内容，因此惠农政策的统筹思想重点分析统筹城乡在“三农”政策中的重要地位和作用。[①]

国家 2004 年提出了统筹城乡经济社会的理念，减少对农村资源的攫取，开始将资源投向农村，减少农村经济束缚，减少城乡之间各种束缚。从农产品的出售和农民工就业等方面入手增加农民的收入，为农民创造增收条件和机会，并以减轻农业税费为突破口，创造统一城乡税制的条件，释放推动城乡统筹发展的信号。2005 年统筹城乡成为发展方略，统筹城乡进入国民经济发展规划之中，“三农”的发展层次得到了提升。2006 年提出基于城乡统筹发展要求的新农村建设，将农村、农业发展统筹于现代化的过程中，进入以城带乡、以工促农的阶段。通过工业带动农业的进步和发展，通过城市化带动乡村人口的流动和就业，推动城市化的进程，带动中国农村的发展。将农业和农村建设统筹于城镇化和工业化的进程，城乡统筹的内容和方面不断扩大和增多，包括要素市场、就业和教育等社会权利和保障性权利等其他改革均纳入统筹范围，将新农村建设统筹安排到地方经济和社会的发展之中。2007 年城乡统筹是对 2006 年城乡统筹范围的进一步扩大和各项权益的提升。2008 年提出城乡经济社会发展一体化的新格局，乡村被隔离作为城市附庸的思想观念发生了转变，转向乡村开始融入城市，但乡村的附庸地位并未发生改变。从统筹到一体化，城乡之

---

① 慕良泽：《民生政治：惠农政策的政治效应分析》，《马克思主义与现实》2018 年第 1 期。

间的联系更加紧密，发展资源的交流相对频繁。城乡一体化是统筹城乡的细化，突出城乡发展的具体方面、具体内容和各项改革的详细标准和要求。2009 年对城乡一体化发展进行了具体的部署，从发展农村公共服务事业、增强基础设施建设、稳定农民就业、推进农村综合改革、推动县域经济发展、开拓农村市场、完善扶贫战略和政策等方面对城乡一体化展开全面推进。2010 年直接以统筹城乡为目标主题，统筹城乡的进程加快、力度加大，将统筹城乡作为实现小康社会建设的重要路径，城乡一体化建设要与工业化、城镇化和农业现代化同时进行。城乡统筹的过程中要将民生逐渐统筹于国民经济发展规划的考量中。并且在惠农政策的推动下，“三农”本身及其配套设施、体系和制度得到建设和发展，城乡各方面之间的差距在逐渐缩小。2012 年提出城乡文化一体化建设，将农村文化建设统筹于乡村建设之中。

2013 年将统筹城乡提升为战略思想，并通过一系列的惠农政策构建城乡统筹发展的机制和体制框架，使得统筹城乡战略思想落实到制度建设中。统筹思想促进了城乡的协调发展，城乡融合趋势出现端倪。2014 年城乡之间关系更加紧密，乡村环境得到改善，基本公共服务趋于一体化，户籍制度的开放打破城乡流动的根本界限，城乡就业人口的流动具有融合的趋势，劳动力统一市场开始形成。乡村已经具备部分与城市合作的能力，城乡之间的合作逐渐趋于平等，一体化程度进一步提高。2015 年在新农村建设中推进城乡一体化，城乡一体化进入城乡平等的阶段，乡村开放程度和发展程度有了很大提高。惠农政策的实施从根本上改变了农村封闭落后的状态，农村与城市之间实现了真正的互联互通，城乡之间进入共同繁荣阶段，开始追求公共服务的均等化和城乡法治的一体化。2016 年要求统筹提高城乡公共服务水平，确立保障机制，尤其是基础教育和职业教育经费以及城乡居民的医疗和社保等相关制度和保障。城乡一体化是新农村和美丽乡村建设的一体化，是基于乡村自身发展潜力下的一体化，惠农政策促进了乡村建设，挖掘出乡村发展的潜力，使乡村在城乡一体化中的地位得以提升，乡村具备了独立发展的能力和基础，具备与城市交融的潜力。2017 年“中央一号文件”要求发掘农村发展的内在动力，乡村成为推动城乡发展的突破口，城市带动乡村的时代已经过去，乡村需要发掘自身发展的动力，以自身的动力与外部动力相结合，进而推动城乡一体化的进程。2018 年，随着惠农政策对农村的支持和发展，城乡一体化思想转变为城乡融合思想，城乡形成了互补关系，二者相互支持、相互促进、共同进步和发展。积极破除城乡之间的各种障碍，迈向城乡关系发展的新阶段。2019 年则提出优先满足“三农”发展要素配置，坚决破除妨碍城乡要素自由流动、平等交换的体制机制壁垒，改变农村要素单向流出格局，推动资源要素向农村流动。

统筹城乡发展的方法贯穿于“中央一号文件”中，统筹城乡在不同阶段其要求和表现是不同的。2004—2007 年是城乡统筹的初级阶段，城乡之间的差异较大，农村与城市之间还存在巨大的差距，主要是增加农民收入，减轻农民的负担。2008—2017 年是城乡一体化的过程，是乡村逐渐繁荣和摆脱作为城市附庸、获得独立地位的过程，也是各方面构建城乡一体化的过程。2018—2019 年乡村振兴战略实施，标志着乡村获得与城市同等的地位，统筹城乡进入城乡融合阶段。[①]

统筹思想是“中央一号文件”中惠农政策中统领一切内容的总方法，是将各种具体惠农政策、惠农政策思想、惠农政策体系、框架等整合形成完整体系的根本方法，统筹“三农”、统筹城乡、统筹四化甚至是统筹“五位一体”建设。统筹的内容随着社会理论和实践的进步与发展不断增加，统筹的基本原则是协调，是各方建设内容形成有机统一的整体，形成国家建设体系，进而实现国家与社会高效而全面的发展。

第三个阶段是农业农村现代化思想。

“三农”问题说到底也是现代化的问题，惠农政策的实施也是推动农业农村现代化的问题。随着社会的进步，农业农村现代化的背景在不断的变化，对农业农村现代化的要求也不同，不同的农业农村现代化要求决定了不同的惠农政策制定和执行。[②] 因此，农业农村现代化思想是惠农政策变迁的重要思想指南。

2004 年提出了农民增收需要建立现代城镇企业制度和发展现代物流业，此时尚未在其中提出农业现代化理论。中国正处于工业化阶段，注意

---

① 魏宪朝、刘焕申：《中国共产党强农惠农富农政策发展的三次飞跃——纪念中国农村改革 40 周年》，《中州学刊》2018 年第 6 期。

② 肖功为：《改革开放以来中央推进我国农业现代化政策创新的历史逻辑——基于 16 个中央“一号文件”政策的考察》，《邵阳学院学报》（社会科学版）2014 年第 2 期。

力主要集中于工业化和城镇化，但已经开始关注农民的增收问题，通过将农业生产逐步市场化来推动农民的增收。2005 年指出农业现代化的根本是农村的基础设施建设和农业科技的发展，农业是对基础设施依赖较为严重的国民经济产业，农业现代化的实现需要农业科技的大力发展，农业基础设施建设是农业现代化实现的基本条件，国家从基本农田保护、水利基础工程建设等方面推动基础设施建设，通过科技支持培育良种等方式，将科技应用于农业生产。现代农业生产、经营形式、特色农业、产业化经营都是现代农业的表现方式，农业现代化是现代化的重要组成部分。2006 年指出农业现代化是国家发展的必经阶段，而新农村建设是对农村现代化理论实践上的操作，让农村从外在形态上具有农业现代化的特征，从多方面推进现代农业建设，包括农民的政治和经济文明的现代化、农村流通体系的现代化等。2007 年明确提出要在新农村建设中推动农业现代化的发展，新农村是农村现代化的建设试点，农业现代化符合世界农业发展规律，是一个不断解放农业生产力、不断释放农业潜力的过程。2007 年的“中央一号文件”从农业装备、农业科技、农业产业体系、农业经营方式、农业发展理念、农业人才培养等多方面，对中国农业现代化的发展指明了前进的方向。2008 年提出了中国特色农业现代化道路，中国农业现代化面临着复杂的形势，必须开辟一条独特的农业现代化道路。农业现代化不仅是农业的现代化，也是农民的现代化，新型道路的目标是保障基本的农产品供给，维持稳定。农业发展需要从基建和农业科技及服务体系进行完善，以现代化服务提升改善农民发展状况，通过党的领导、基本制度改革和基层组织建设保障新型现代化顺利进行。2009 年继续坚定对独特的农业现代化道路的信念，新型农业现代化的最迫切的目标是要保持粮食的稳定增产，保证国家粮食安全。新型农业现代化的途径包括继续加强农业基础设施建设、强化农业科技对农业发展的支撑等，农业现代化道路不断深化和拓宽。农业现代化的目的是维护国家的稳定和改善民生，蕴含民生政治的思想。2010 年农业现代化是要充分发掘乡村内部的活力，农业现代化进程的推进有利于乡村潜力的释放，同时农业现代化也是在城镇化的推动下前进，将要素向农村配置。农业现代化的本质是农业经济发展方式的转变，农业现代化前提是加强基础建设，为农业现代化提供坚实的基础。农业现代化需要强基固本，保持活力。2011 年将农业现代化中水利作为主题，进行部署。由此可见，农业现代化包含着多重内容、多个方面，随国内和国际形势的变化，农业现代化的要求和内容不断增加。2012年提出了科技兴农的理念是对农业现代化内涵的丰富，农业现代化的道路需要农业科技的支撑，农业科技成为农业现代化过程中重要的支撑力量。并且新型农业现代化的发展要与工业化和城镇化相结合，推动“三化”协调发展，农业现代化的地位得到进一步的提升。

2013 年农业现代化和工业化、信息化、城镇化并列为“四化”成为“四化同步”战略，农业发展遵循现代化的社会发展规律，农业在发展过程中必然会存在发展困境，尤其是动力不足问题。因此，2013 年以发掘现代化过程中农村发展动力为主题，农业现代化不仅要保障农业基本生产制度的稳定和延续，还要形成“四化”（集约化、专业化、组织化、社会化）新型经营体系和多元经营主体，以“四化”发掘农村组织的潜力带动农村发展活力。通过产权改革，推动土地资本化和市场化，搞活土地市场，推动农村生产方式变革。[①] 2014 年对农业现代化理论提出了新的认识，将农业现代化的普遍发展规律同中国的具体现实相结合，提出了具有中国特色的农业现代化的发展方式。确立了粮食安全战略，农民成为现代化参与的动力并成为重要组成部分。2015 年主题依然落脚于农业现代化，面临农业发展成本增高等问题，农业现代化的战略性进一步提高，要为农业现代化构建法律支撑体系。2016 年为农业现代化融入了新的发展理念，绿色、可持续的农业理念融入中国的现代农业理念中，农业现代化是一种具有生态文明含义的农业，农业现代化不仅包括农业，还包括农村的现代化，农业现代化发展为农业农村现代化，以“一化一建设”为驱动，推动农业现代化。2017 指出农业现代化要根据农业的经济发展形式而改变其内容，农业现代化的发展应该与时俱进。

2018 年明确了农业农村现代化在中国社会主义现代化进程中的重要地位。乡村振兴战略从根本上改变了农业现代化的内涵，农业现代化不仅仅是作为产业的农业的现代化问题，更是“三农”领域五个文明建设的现代化。

---

① 孔祥智、郑力文、周振：《新世纪十个“中央一号文件”：回顾与展望》，《教学与研究》2013 年第 3 期。

2004—2012年是农业现代化理论逐渐形成的过程，农业现代化在文本上从无到有，农业现代化的关注点逐渐从农民收入转移到农业生产经营方式的现代化，并逐渐形成了系统的认识，有针对性地对水利和农业科技进行现代化部署，农业现代化理论尚未完全成型，只是对农业现代化实现方式的论述和探讨。

2013—2019年，国家的现代化进程不断加快，“三农”问题作为国家发展的短板的现实越来越突出，推进农业现代化任务越来紧迫；2014—2017年连续四年以农业现代化为标题，这一时段内，农业现代化的发展方式、发展理念、发展内涵都得到了不断的丰富和发展，农业现代化实现了实践和理论体系的构建，从单一的农业到全面“三农”的转变，开辟了中国特色农业现代化理论道路。

二　内容变迁

可以说，2004—2019年的“中央一号文件”中汇集了中央制定和实施的所有惠农政策，从政策针对的目标来看，主要包括农业、农民、农村三个对象，但这并不能涵盖所有的政策类型，仍有许多辅助型的政策，构成了庞大的政策体系。因惠农政策的具体内容较为繁杂，所以惠农政策内容的变化通过选取部分具有代表性的惠农政策，结合整体的特征来进行分析。

其一是福利型惠农政策变迁。

福利型惠农政策不仅仅在于扶持弱势产业和弱势群体，如补贴性惠农政策、税费减免等，还包括对农业发展起支持作用的惠农政策，包括对龙头企业推动农业发展的优惠类政策和对粮食生产县的奖励等。福利型政策在于增加农业发展过程中各主体的积极性，具有刺激和激励的作用。① 福利型惠农政策分为直接扶持和间接扶持。直接性扶持就是直接对农业发展进行补贴和对农民的生活进行直接的补助，最具代表性的是直接补贴政策和扶贫政策；间接性扶持是指通过为其他的机构或组织提供政策优惠或给

① 林万龙、茹玉：《对2001年以来中国农民直接补贴政策体系与投入状况的初步分析》，《中国农村经济》2014年第12期。

予适当的政策支持，让其为“三农”的发展提供支持和保障的扶持方式。间接性扶持政策最具代表性的是对多元化经营主体的参与、激活农业发展动力的惠农政策，还有国家政策通过金融机构对“三农”实施的支持。

福利型惠农政策的变化大体上遵循相似的轨迹，下面以直接补贴惠农政策为例，分析福利型惠农政策内容的变化。直接补贴的惠农政策以“种粮农民直接补贴”“良种补贴”“农机具购置补贴”和“农资综合补贴”四类为分析对象。2004—2018 年直接补贴的惠农政策总趋势为直接补贴的力度和范围都在不断扩大，不断地为直接补贴政策增加新的内容，并由随意性较强的惠农政策逐渐向制度化的直接补贴方向发展。[①] 2004 年“中央一号文件”提出了要建立农业直接补贴制度，当年农业直接补贴包括大型农具购置补贴、良种补贴、种粮农民补贴这三类，但这些补贴都存在着严格的限制，局限于部分对象或地区或范围。整体上看，每年直接补贴的财政资金不论是比例还是规模都在增加，但直接补贴的范围和对象都存在限制，种粮直补的规模和资金数量在种粮风险基金中有绝对占比的提升。良种补贴的范围由主产区拓展到优势产区乃至覆盖全国，良种补贴种类由主要的粮食作物拓展到主要的经济作物，最后覆盖粮、油、糖等我国主要的粮食和经济作物。2008 年首次提出农资综合补贴项目，并且在 2016 年将其与种粮补贴和良种补贴合并为农业支持保护政策。虽然四项政策总体上一直在扩大范围和规模，增加新的内容，但也存在着明显的阶段性特征。2004—2008 年主要是谨慎推广和扩大补贴的范围和规模，而随后的“中央一号文件”中范围和规模的扩大逐渐放开，每年都有内容的增加。2009—2013 年，四项政策主要是进行直接补贴的制度构建和完善，以适应政策环境变化的动态调整机制为主要的政策补充内容。2014—2017 年四项政策进入了精准执行的阶段，四项政策逐渐发挥其政策导向功能，四项政策都有明确的指向对象，更有利于政策的执行和政策效果的实现。2018—2019 年起开始关注惠农政策中资金使用改善的问题，对惠农政策执行情况已经开始进行反思。从 2004—2019 年四项直接补贴政策展现了扶持性惠农政策从政策内容扩大到政策内容制度化，从政策产生到

① 慕良泽、王晓琨：《乡村发展：从“政策惠农”到“战略部署”》，《中国行政管理》2019 年第 2 期。

政策发展再到政策反思的整个政策演变过程。

其二是公益型惠农政策变迁。

福利型惠农政策是扶助和支持“三农”发展的惠农政策，而公益型惠农政策则是改善农业生产的基础条件的公共政策，比如，改善土壤质量的“沃土工程”和农田水利设施建设等工程；促进改善农村生活条件的各项工程，如改善农村环境的“六小工程”；改善农村基础交通状况的“村村通工程”；有利于改善国民整体素质，奠定未来农民基本素质的义务教育等。这些惠农政策都是要解决“三农”发展过程中的基础性问题，也即农村基础公共服务的问题。公益型惠农政策解决“三农”发展过程中遇到的基础性问题，具有公益性质，对“三农”的发展和问题的解决起基础作用。[①] 公益型惠农政策包括改善“三农”物质基础和改善农民精神文化的各种具体的惠农政策项目和工程；作为农村经济社会发展的基本的经济制度的建设，以及一系列促进“三农”健康发展的体系和制度的构建；包括中国农村基本生产和经营制度调整的政策，也包括加强农业产品的生产、检测、销售等相关流程的体系创建的惠农政策。

基础设施建设项目工程等惠农政策是公益型惠农政策重要的组成，也是最具代表性的政策。从2004—2019年的“中央一号文件”来看，公益型的惠农工程一直都在增加，从关系农业生产的水利基础设施建设到关系农民生活的饮水、用电等相关建设工程，再到有利于农村经济发展的农村道路建设以及促进农民娱乐的文化工程等。公益型惠农政策主要是以各种各样的工程建设项目形式实施，因此公益型惠农政策的实施过程中大都会编制规划，并且具有明确的政策目标和政策终结的期限，例如，2006年提出“十一五”期末实现农村公路建设的基本目标；2007年提出到2015年实现农村安全饮水目标等。基础设施等公共项目除了重视建设还注重设施的维护和修复等特征，因此公益型惠农政策的特点之一是注重基础设施项目的配套建设和后续的设施养护。纵观整个发展阶段，“中央一号文件”中对基础设施经营管理体制和养护体制的强调贯穿始终。

公益型惠农政策有相对确定的政策终结期限，而基础制度建设等具有

① 慕良泽、王晓琨：《乡村发展：从“政策惠农”到“战略部署”》，《中国行政管理》2019年第2期。

相对稳定性，其政策变化的周期比较长，因此到公益型惠农政策的后期，基础设施建设项目的比重会逐渐减少，以2011年“中央一号文件”为主要的分界线，之前多注重物质化的基础设施建设，并在2011年达到巅峰，之后具体的公益型惠农政策保持稳定，而基础制度类变革的惠农政策会成为公益型惠农政策的主要内容。公益型惠农政策的制定者和承担者主要是中央和地方政府，中央和地方政府对于公益型惠农政策的投入形成了长期而稳定的增长机制，但是随着中国市场化进程的发展，国家在部分不具有决定性的基础设施建设领域引入私人资本，鼓励支持基础设施建设项目参与主体的多元化，并对部分基础设施的所有权进行变更和改革，提高基础设施的建设和利用效率。

公益型惠农政策是农村现代化过程中的基础建设的具体实施，因此公益型惠农政策受现代化思想的影响较大。纵观2004—2019年16个“中央一号文件”，公益型惠农政策对于人居环境的改善和促进农村可持续发展的关注从未降低，同时部分公益型惠农政策与时代的结合相对紧密，尤其是现代农业体系的建立与信息化结合程度较高。公益型惠农政策夯实了“三农”的发展基础，增强了“三农”的建设底蕴。

其三是保障型惠农政策变迁。

福利型和公益型惠农政策主要是增强“三农”基础，扶持“三农”的发展动力；保障型惠农政策是为所关注的对象或目标提供最低限度的保护和支持，维持最基本生活所需的兜底性惠农政策。保障型惠农政策根据保障对象可以分为农业保障性政策，如“粮食最低收购价格政策”；农民保障性政策，如“新农合”；农村基本制度保障性惠农政策，如“农村产权制度改革”；国家安全保障性惠农政策，如粮食安全战略的实施。诸多的保障性惠农政策中，农民保障性政策为其主要的构成部分，保障型惠农政策主要针对的是农民和农民工，农民易受到衰老、疾病、灾害等因素的打击，是政策对象中最脆弱的目标。农民和农民工虽然是现代化过程中最主要的动力，但在现代化过程中却缺少对他们的关注，因此保障型惠农政策中主要是农民保障性惠农政策。粮食安全是维持国家安全和稳定的基础，粮食安全决定了国家发展的速度和进程，中国是一个人口大国，人多地少，粮食安全问题更是国家关注的重点，因此保障粮食安全的惠农政策可以称之为国家安全保障性惠农政策。

保障是底线的问题，也是公平和发展问题，国家和社会的发展永远都不能突破底线，因此保障型惠农政策是永远不会终结的公共政策，但这并不意味着其内容不会发生变化。保障型惠农政策也是从无到有发展起来的，从最初的自我保障或具有公共性质的自发的互助保障发展到国家财政支持的制度性保障。2004—2019 年的“中央一号文件”通过保障型惠农政策构建了完善的社会保障体系和社会救助体系，是保障型惠农政策最具代表性的部分。保障型惠农政策本身即各种保障制度，保障制度的依据是社会发展环境下农民生存的最低限度。[①] 保障型惠农政策实现了从“最低生活保障”到“养老保险”，完成生存权利保障到生活权利的保障转变；从“新农合”到社会救助，促成了常规性保障到突发性救助保障的改变；从农民工“保障平等就业权”到“支付保障机制”的政策，展示了基本权利的保障到正常权利保障的政策变迁。无论是何种保障，都具有相对的稳定性，因此保障型惠农政策贯穿了 16 个“中央一号文件”的始终，而且保障型惠农政策内容基本没有删减的可能，每一年的区别在于保障的内容和范围是否有扩展。保障型惠农政策基本上是以制度构建的形式实现的，更多地依靠国家的力量，属于社会公共事业的组成部分，是国家社会职能的体现。

福利型惠农政策和公益型惠农政策更多地聚焦于物质基础的建设，而保障型惠农政策主要针对农民群体，为他们提供基本的生存和生活条件，保障他们作为“人”的尊严和基本权利，是“人本”思想和民生政治的重要体现。从总体上看，保障型惠农政策直接作用于政策对象，为其发展对象创造一种安定的发展环境，解决发展过程中各对象的后顾之忧，本质上是通过多种手段促进社会公平的构建，确保社会稳定。保障型惠农政策是实现国家正义的表现，有利于推动国家政治合法性的构建。

其四是保险型惠农政策变迁。

随着灾害频发、乡村社会流动的加剧，以及社会分工的细化和市场化的渗入，发展的不稳定性越来越高，社会风险也越来越多，社会保险应运而生，保险型惠农政策在“三农”领域逐步形成。在现代社会，保险更

① 何植民：《农村最低生活保障政策的公共性问题研究》，《中国行政管理》2014 年第 11 期。

多具有商业性质，商业保险居多。但是，保险进入惠农领域，变成惠农政策，则是商业和政府补贴的双重结合，具有特殊的性质和内容变迁。① 具体而言，2004 年“中央一号文件”提出要加快建立政策性农业保险制度，选择部分产品和部分地区率先试点，有条件的地方可对参加种养业保险的农户给予一定的保费补贴。2007 年“中央一号文件”提出要扩大农业政策性保险试点范围，各级财政对农户参加农业保险给予保费补贴，完善农业巨灾风险转移分摊机制，探索建立中央、地方财政支持的农业再保险体系。鼓励龙头企业、中介组织帮助农户参加农业保险。在不断扩大农业保险范围、拓展农业保险补贴机制的同时，提出有条件的地方可探索建立多种形式的农村养老保险制度。2008 年“中央一号文件”进一步提出要认真总结各地开展政策性农业保险试点的经验和做法，稳步扩大试点范围，科学确定补贴品种。建立健全生猪、奶牛等政策性保险制度。探索建立农村养老保险制度，鼓励各地开展农村社会养老保险试点。2009 年“中央一号文件”提出要加快发展政策性农业保险，扩大试点范围、增加险种。分区域提出要加大中央财政对中西部地区保费补贴力度。2010 年“中央一号文件”关注到城乡一体化发展的问题，提出做好城镇居民基本医疗保险、城镇职工基本医疗保险制度的政策衔接。要求继续抓好新型农村社会养老保险试点，有条件的地方可加快试点步伐。2013 年“中央一号文件”则提出要研究新型农村社会养老保险政策体系与其他养老保险制度衔接整合的政策措施。② 2014“中央一号文件”进一步细化，提出要探索粮食、生猪等农产品目标价格保险试点。2015 年“中央一号文件”进一步明确了保险型惠农政策的财政分担事项，提出将主要粮食作物制种保险纳入中央财政保费补贴目录。中央对财政补贴险种的保险金额应覆盖直接物化成本。加快研究出台对地方特色优势农产品保险的中央财政以奖代补政策。2016 年“中央一号文件”提出了惠农政策的体系化建设问题和保险型惠农政策的延伸问题。要求探索建立农业补贴、涉农信贷、农产品期货和农业保险联动机制。积极探索农业保险保单质押贷款和农户信用保证

---

① 刘海英、梅琳：《公共财政视角下农村社会养老保险制度变迁研究》，《社会保障研究》2015 年第 6 期。

② 张婷、王三秀：《新中国 70 年农村养老保险制度改革历程与基本经验》，《改革》2019 年第 8 期。

保险。稳步扩大“保险 + 期货”试点。鼓励和支持保险资金开展支农融资业务创新试点。进一步完善农业保险大灾风险分散机制。明确提出整合城乡居民基本医疗保险制度，适当提高政府补助标准、个人缴费和受益水平。2018 年“中央一号文件”进一步细化的政策内容是提出探索开展稻谷、小麦、玉米三大粮食作物完全成本保险和收入保险试点，要求加快建立多层次农业保险体系。2019 年“中央一号文件”提出了保险型惠农政策建设的目标和方向，即按照扩面增品指标的要求，完善农业保险政策。

以上略述可见，保险型惠农政策的内容变迁，经历了从小农业向大农业的扩展，经历了农业生产的某些风险环节向全链条的覆盖，经历了单一的保险属性向财政补贴、商业运作、社会参与、民众分担等多属性集合的复合型保险政策演进，等等。其中，也逐步涉及了保险型惠农政策与福利型、公益型、保障型惠农政策的衔接和融通问题。

综上所述，四类惠农政策都贯穿了 16 个“中央一号文件”的始终，都是由具体的政策逐渐向政策体系方向发展，并形成多种体制和保障机制，这些体制和机制交错成网，构成农村社会全面发展的规范和准则，开辟了中国农村现代化进程的道路。福利型惠农政策改变了“三农”的弱势发展地位；公益型惠农政策为“三农”的发展奠定了设施基础和基本制度基础；保障型惠农政策维持了农村社会发展状态的稳定；保险型惠农政策为“三农”发展保驾护航，拓宽道路。四种惠农政策并不是单独存在的，而是相互支撑和联系的。从政策纵向发展过程来看，“中央一号文件”前期主要是福利型惠农政策和公益型惠农政策的制定和实施，为“三农”的发展夯实基础，增强底蕴，而“中央一号文件”后期，保障型惠农政策和保险型惠农政策成为惠农政策的主要组成部分。公益型惠农政策和福利型惠农政策有明显的针对性，而保险型惠农政策则没有明显的针对性。社会发展的后期公益型和福利型政策会逐渐成为一种规制，而此时惠农政策更加关注“人”的发展和农村社会潜力的激发，因此保障型惠农政策和保险型惠农政策将成为主流，考虑到当前“中央一号文件”的惠农政策内容以及未来中国社会规范化、制度化、法律化的发展趋势，未来的惠农政策内容会更加体系化和稳定化。

三 实现方式变迁

惠农政策的实现方式主要是指惠农政策由谁来制定和参与实现，比如农村建设谁来主导和参与；惠农政策如何来实施，比如补贴如何发放、惠农政策的推广等；运用何种工具来实施，如运用金融扶持发展、放宽行政审批等。总之，惠农政策的实现主要包括惠农政策参与主体的变化、惠农政策实现的手段即政策工具的选择以及惠农政策执行方式的变化。

首先来分析惠农政策参与主体的变迁。

惠农政策是公共政策，公共政策主要是由各级政府制定的。在惠农政策的实现过程中必然对惠农政策制定和参与的主体有明确的认知。“三农”问题制约了国家的发展方向和前途，因此惠农政策的前进方向必然由国家主导，惠农政策的实施离不开国家的支持，尤其是国家财政的支持。但是惠农政策内容不仅包括农业生产、农业流通、农村建设、农民保障等在内的诸多方面，还涉及市场、金融、自治等方面内容，各级政府主要通过提供资金和制度支持来进行政策的引导和政策的规范，具体的政策实施还需要各个领域的主体参与，对政策进行实施和推广。

政府为惠农政策的实施提供了政策和财政支持，并建立相应的财政增长保障机制。中央和地方政府除了提供直接资金还设置专项资金来支持各项惠农政策的实施。根据专项资金服务对象分为针对某一方面或领域的专项资金，如农业产业化专项资金（2004 年、2008 年、2009 年、2010 年）、富民强县科技专项资金（2007 年）；另一方面是针对某一具体政策对象的专项资金，如有为直接补贴提供资金支持的粮食风险资金，支持专业合作组织进行各种公共服务的专项资金；针对水利工程建设补助的专项资金（2005—2012 年），推广农业技术项目的专项资金，教育困难地区教师补助专项资金（2013 年）等。这些专项资金涉及农村生产、农业科技、农村基建、农村教育、农村公共服务等诸多方面。国家将“三农”发展纳入国民经济发展速度的考量中，2004 年从总体发展趋势上提出了建立健全财政支农资金的稳定增长机制；2005 年要求新增财政和固定投资中建立农业投入增长机制；2007 年“三农”投入稳定增长机制；2008 年首次提出对农业投入的增量要大于财政收入增长的速度；2013 年提出在农村文化建设方面建立投入保障机制。国家不仅从物质上，更从机制上保障惠农政策的实现。发展的后期由于惠农政策的逐渐同质化和政策体系的形成，惠农政策资金逐渐进行整合，统筹资金的使用，并集中财力进行全面的建设，惠农政策的实现方式逐渐规范化。[①] 政府还为惠农政策执行和实施确定了诸多的原则、政策法规，运用诸多的政策工具为惠农政策的实施保驾护航。

惠农政策是国家主导的公共政策，但惠农政策所针对的政策对象并非是国家，而是与“三农”相关的农业生产、农村治理、农民发展等“三农”问题。惠农政策实施的过程也是“三农”现代化的过程，是“三农”不断解放和发展自身的过程，因此在惠农政策的发展过程中，各种参与主体会逐渐出现并积极推动惠农政策的实现。社会是朝着开放、多元的方向发展的，惠农政策的实施除国家引导和规范外，更需要各种新兴主体的力量参与，这些新兴主体不仅包括市场主体如龙头企业、合作社组织等；还有社会组织力量如社会组织、科研院所等和农民群众的积极参与，比如乡贤、中坚农民等主体的参与。从国家和社会的发展趋势来看，在惠农政策的实现过程中引入多元主体参与是必然结果。随着市场化程度的提高，国家建设中市场的参与度提高，各方面都是多元化主体的参与。

2004 年允许个体和私营企业进入法律未禁止的诸多公共领域，培育多类型的营销主体。2007 年提出创建农业科技体系，发挥科研院所、大中专院校和涉农企业的联合作用，创建新的体系；培育农村市场流通中介主体；农业经营主体的培育包括各类组织和有能力的个人、专科和职校毕业生、农民工、乡土人才等。2008 年提出农业发展的诸多人才统称为农村实用人才，乡村治理主体要引入妇联等人民团体。2010 年提出企业和科研机构要构建产学研联盟。2012 年鼓励多主体参与农村社会服务，农村实用人才分为技能型、服务型和职业农民等多种类型。2013 年提出培育多元服务主体、创新多种服务模式。2015 年将家庭农场列为新型农业经营主体，乡村治理中出现议事会、监事会等治理主体。2017 年出现了与互联网结合的“互联网 +”经营主体。2018 年提出乡村振兴，鼓励各

---

① 陈伟、高力：《间断——均衡模型：中央“一号文件”农业政策变迁的一种分析框架》，《云南行政学院学报》2015 年第 2 期。

类人才投身乡村建设。从农业生产到农业经营，从农村服务组织到农村服务模式，从农村自治组织到农村人才培育，惠农政策执行和参与主体实现了多元化，在惠农政策的变迁过程中惠农政策参与主体之间相互结合形成联盟，实现主体的创新或者结合具体情势形成新的主体，如“互联网+”经营主体，国家、市场和社会组织以及农民共同组成了惠农政策执行和参与主体。未来惠农政策的实现将更多依赖除国家以外的其他主体，政府更多是引导、规范和服务其他参与主体。2019 年提出培养懂农业、爱农村、爱农民的“三农”工作队伍，建立“三农”工作队伍培养、配备、管理、使用机制，落实关爱激励政策，把乡村人才纳入各级人才培养计划予以重点支持，建立县域人才统筹使用制度和乡村人才定向委托培养制度，探索通过岗编适度分离、在岗学历教育、创新职称评定等多种方式，引导各类人才投身乡村振兴，大力发展面向乡村需求的职业教育，加强高等学校涉农专业建设。

其次，惠农政策的实施是一个相当复杂的过程，由于实施政策的执行和参与主体的多元化以及惠农政策所面对的对象、目标等的复杂性，惠农政策的实施过程中，需要采取多种手段，这些手段统称为政策工具。按照政策工具的功能和性质将惠农政策工具分为具有强制作用的行政性工具、具有约束和规范作用的法律性工具、具有利益调节作用的经济性工具和具有说服、激励作用的教育性工具。2004—2019 年的“中央一号文件”中惠农政策工具的使用也发生了显著的变化。

行政工具是指国家或政府发布的强制推行惠农政策实施的命令、颁布或者制定规章制度等内容，这类手段针对的都是一些有缺陷的制度或者规章上不合理的规定，是一种进行政策变更的政策行为。[①] 行政工具是政策实现过程中的基础性工具，该政策工具针对的对象涉及范围很广。2004 年行政工具主要有针对农业生产的完善各种产品的质量认证和检测体系、取消不合理规定和简化手续的命令与保障农民工劳动和就业的制度。2005 年、2008 年、2012 年保障农民粮食安全、粮食和蔬菜供给工程实行的省、市首长负责制，以行政任务的形式交由政府首脑负责实现各项的民生政策。2011 年对水利行政权力的审批改革等。随着惠农政策实施，行政工

① 周建华、陈亚平：《农业政策与法规》，华南理工大学出版社 2006 年版，第 10 页。

具逐渐形成为各种规章制度，主要是管理制度和监督制度。通过管理制度，从程序上有效规范惠农政策的实施；监督制度通过对惠农政策实施过程进行监督，确保惠农政策实现的效果，防止惠农政策执行出现偏差。行政工具是惠农政策实现过程中最具效力的手段。

法律工具是国家用来规范政策过程中各种内容之间的关系而制定和完善相关的法律法规、为实现各种惠农政策目标而制定的程序和原则。2015年提出通过法治建设，为“三农”发展提供支持和保障；2018年制定相关的法律确保乡村振兴战略的实施。法治化是中国依法治国方略的结果，惠农政策实现过程中也必然是遵循法治化的过程，因此惠农政策的实现过程中法律工具越来越重要，各种法律规范和体系在惠农政策实现过程中逐渐健全和完善，惠农政策的实现过程中必然要做到有法可依。

经济工具主要是指基于市场运作规律，对市场上的各种主体进行调节和引导的经济手段，包括国家的各种宏观调控手段和各种市场交易手段与方式。“三农”问题的重要解决方式之一就是推动“三农”的市场化，市场化也是21世纪以来中国经济发展的趋势之一，国家通过宏观调控的市场工具来推动惠农政策的实现。国家首先通过各种财政手段促进城乡市场的联结，比如，通过税费减免等政策推动农业市场物流体系的建设、通过财政补贴等手段逐渐鼓励各类主体进入市场并引导各类主体参与到“三农”发展中；通过财政贴息等手段鼓励金融主体通过改变担保方式、降低贷款成本等手段实现对市场主体的支持和发展；国家还通过招标、委托等市场工具，吸引社会力量参与“三农”建设，增强惠农政策实施主体的实力。市场主体内部之间也通过兼并、重组等手段扩大其规模，增强其自身的实力。国家通过市场主体的力量创造有利于“三农”发展的各种条件，使市场主体与农民形成利益结合体，使农民享受市场化改革的成果。经济工具是“中央一号文件”中应用最广泛、最普遍的政策工具，经济工具的大规模、大范围的使用反映出中国的市场化趋势，经济工具的使用推动农村市场化，促进了城乡要素的融合和城乡一体化的发展，从而推动“三农”问题的解决和发展。

思想工具是通过培育一种观念和认知，从而推动政策受众从心底认可政策并主动参与政策推行的方式和手段。思想工具是一种非强制性的手段，主要的工具类型有榜样激励、国情教育、精神文明建设等。“中央一号文件”中多次提到要加强舆论宣传，吸引社会力量投身农村建设（2006年）。从时代精神和传统美德到荣辱观，再到核心价值观，国家从未忽视惠农政策实现过程中的精神文明建设。2006年“中央一号文件”提出以时代精神与传统美德改变和塑造农村社会风气；2008年提出以荣辱观引领农村风尚；2011年国家对水利国情进行宣传，培育国民各种水意识，将水教育纳入国民教育中；2015年提出以核心价值观统筹农村文明发展。思想工具通过改变农民思想和认知水平使得农民更加理性地认识惠农政策，从而有助于惠农政策的顺利推行。思想工具潜移默化地改变人的观念和思维方式，从根本上塑造政策施行的基础，并将成为惠农政策实施的最坚实的基础。

惠农政策实现工具中行政工具和经济工具是最主要的工具，因为政策本就是利益调整的过程，引导和强制是实现惠农政策最直接和最有效的方式，而法律工具则是对现有成果的巩固和保障，并通过法律形成稳定的社会关系并固定下来。最后的思想工具从思想上确保民众对政策的认可，最终保持政策实施的稳定性，思想工具亦有短期的激励作用，但其最重要的作用在于对农民素质的提高。随着政府转型、法治化、市场化和社会主体多元化等趋势的发展，惠农政策实现工具的使用必然会发生转变，随着政府转型，行政性工具的使用将会减少，而其他工具的使用将会增多。

最后要分析的是，惠农政策的参与主体和政策工具是惠农政策的重要组成部分，但政策的最后实现还是要落实到政策的执行过程中。因此惠农政策的执行方式是惠农政策实现的最重要的环节，惠农政策的执行方式直接关乎惠农政策的实施成效，惠农政策执行方式的变化也是惠农政策演变的重要内容。

政策受政策环境影响，政策的执行方式必然会受到政策环境的影响，惠农政策的执行方式存在地域、产业等方面的差异。惠农政策的实施必然要选择具备实施条件的优势地域、优势产业，如促进粮食生产的惠农政策首先从粮食主产区和主要粮食作物领域开始实施，后期逐渐拓展到全国范围和诸多的农作物种类。惠农政策另一考虑的环境因素则是，是否处于相对弱势的政策地位、急需建立和改善政策，如农村养老保险试点、“新农合”试点等这些惠农政策都是从无到有产生的。无论出于何种原因，惠农政策都是从政策环境的需要出发，选择政策执行效果明显的领域进行突破，惠农政策执行首先就要因地制宜、因势行事。

惠农政策的推行不能一蹴而就，因此惠农政策第一种执行方式主要通过“试点—推广”来实现。[①] 诸多的惠农政策的执行多以改革试点的方式为开端。从惠农政策的具体内容来看，涉及基础设施的试点，如水利设施试点等。涉及农村基本制度的改革试点，如土地确权登记试点、“三农”相关的产权制度改革试点。涉及农村社会保障体系的试点，如 2006 年的新农合试点、与农村义务教育相关的试点等。“中央一号文件”中，试点也可以分为单项政策试点和范围试点。单项试点一般是指为了推行某项政策而创立的试点，这种试点具有绝对的占比。范围试点指的是政策执行所圈定的范围和界限，如单位试点和局部试点（2008 年）。通过对试点效果的评估和检测进而推广到全领域和全国。

惠农政策执行的第二种方式是整体推进到精准实施。这一方式又分为两个环节：首先整体推进政策对象的基础建设，后期则是对政策对象进行有针对性扶持和发展。扶贫政策的推进和实现是这种执行方式的准确体现，扶贫政策从确定扶贫市、县到扶贫整村推进再到扶贫到户，再到精准到人。

惠农政策的第三种执行方式是长期政策与短期政策相结合。“三农”问题是一个长期问题，因此，有些政策是伴随着“三农”问题的发展而不断完善和丰富的，这类政策的终结并没有明确的时间，如扶贫政策、土地承包等政策，需要不断跟进，并逐渐调整。还有一些是适应政策环境的需要，临时制定的政策，这些政策在政策环境发生改变或者政策目标实现之后，就会终结或者进入政策周期的重复。如“家电下乡”政策主要是为了应对经济危机、拉动农村内需而制定的政策，当经济危机度过的时候，这项政策的环境便发生了改变，政策会走向终结。如“菜篮子”工程，工程建设完成之后政策就终结了，但为了继续保障民生，这项政策会进入下一个政策周期维持稳定。总的来看，整个惠农政策的体系是各种长期持续性政策和各种短期临时性政策相结合构成的，有发展、有创新，也有退出和终结。

---

① 宁国良：《公共利益的权威性分配——公共政策过程研究》，湖南人民出版社 2004 年版，第 172 页。

惠农政策执行方式的第四种类型是根据国家财政对惠农政策的支持方式划分的。惠农政策中的补贴政策有直补和间接补偿两种方式。直接补贴是国家直接将财政资金发放到农民的手中，这种补贴方式建立起国家和农民的直接联系，增强民众对国家的认可。间接补偿方式是国家和政府通过转移支付、报销比例和各种财政手段等为“三农”提供各种支持和扶助。间接补偿是国家执行惠农政策的主要方式，随着“三农”发展水平的提高，惠农政策的补贴方式均以间接补偿为执行方式，通过间接补偿方式引入其他主体参与，惠农政策执行主体多元化导致执行方式的多元化。

在惠农政策执行主体运用政策工具和手段，通过不同的政策执行方式实现政策执行的整个过程中，政策主体、工具和方式是政策执行的最主要的因素。从政策执行主体看，惠农政策执行主体朝着多元化的方向发展，除国家外的其他力量成为主要参与主体。从政策工具看，惠农政策朝着法治化、规范化方向变迁。从执行方式看，惠农政策的执行方式多样化，具有逐步推进的特征。并且，三者之间也是相互联系和影响的，执行主体的多元化导致工具使用的多样化和执行方式的多元化；反过来，执行方式的多元化促进了政策工具的综合使用和执行主体多元的拓展。总之，惠农政策实现必须要慎重和稳健，才能确保国家建设的稳定性，并且惠农政策执行朝着主体多元化、工具综合化、执行方式多样化的方向变迁。

四　变迁趋向

21 世纪以来，经历了十多年制定、执行、变迁等过程的惠农政策，表现出了一定的演化规律和趋势。主要表现在以下三个方面。

其一是惠农政策是政策环境的产物，也逐步与政策环境相适应。

国家出台了一系列的惠农政策，政策受政策环境制约，政策的制定和实施都是根据政策环境形势制定的。政策环境即影响政策产生、执行和演变的一切外部因素，包括政治、经济、社会等，政策环境根据其稳定性可以分为长期存在的政策环境和突发性或临时性的政策环境。惠农政策的制定和执行是基于一些稳定的社会结构和制度框架以及相对固定的社会发展目标的。因此部分惠农政策总体上会保持相对稳定的发展状态。当然，在惠农政策实施的整个过程中，具体的政策环境必然会发生新的变化，如在

2004—2019年的惠农政策的发展历程中出现了信息化、市场化、金融风暴、“互联网+”等新的态势，因此国家也会根据新的政策环境出台新的惠农政策。[①] 环境决定政策，政策实施的效果反过来促进政策环境的改变，政策和政策环境在双向互动中实现社会的进步和发展，促进国家宏观建设目标的实现。

进入21世纪以来，中国社会城乡发展不平衡的矛盾已经凸显，并导致“三农”问题进一步增多。惠农政策直接面对的是“三农”问题，其根本的政策环境是城乡二元的社会结构。惠农政策的变迁趋势就是不断破除城乡二元结构的体制障碍，惠农政策的变迁是发展“三农”，缩小城乡之间的差距，从基础设施建设、农村社会保障到城乡市场的联通，逐渐打破城乡之间的界限，实现从城乡统筹到城乡融合的转变。2018年乡村振兴战略则是惠农政策系统化的体现，而城乡融合则是城乡关系发展的新阶段。[②] 惠农政策改变城乡二元结构，城乡关系的发展促进了惠农政策的完善和发展。

市场化趋势促使惠农政策集中“三农”各方面的市场化，惠农政策也进一步推动了市场化进程。21世纪以来，市场经济体制逐渐成为国家经济体制改革的方向，农民工逐渐融入国内劳动力市场、农产品逐渐进入市场流通、农村逐渐城镇化，“三农”市场化是必然的发展趋势，2005年提出建设农业发展的“七大体系”，2007年要求全方位构建开放、有序的农村市场体系，2009年、2010年通过一些惠农政策开拓农村消费市场，2012年、2013年运用各种财政手段调控农产品市场等。随着市场化进程的推进，惠农政策在内容和参与者方面都倾向于引进多元的建设主体，很多的惠农政策都是以推动农村市场化为前提的，在农业生产和流通领域中通过惠农政策建立了完善的农产品经营市场，规范和开放了各种市场流通渠道，比如绿色农产品通道的建立等，培育农业经营主体，引入市场主体和市场机制。“三农”在部分领域朝着市场化方向发展，社会资本和力量成为推动“三农”发展的重要外在力量。

公共政策毕竟是国家主导的，因此必然受到党和国家集体智慧的影

---

① 钟甫宁：《农业政策学》，中国农业出版社2000年版，第57页。

② 王军：《中国农村社会保障制度建设：成就与展望》，《财政研究》2010年第8期。

响。惠农政策是党和国家政治思想的体现，惠农政策的实施前期受科学发展观的统领，后期受习近平“三农”思想的指导：在科学发展观的指导下进行了新农村建设，科学发展观走的是可持续的发展道路，惠农政策的诸多内容侧重于生态工程建设和生态机制的建设。核心是以人为本，从2004年起就构建农村最低保障制度，不断提高和改善人民的生活水平，不断提高人民的素养。习近平在新农村建设的基础上提出了“美丽乡村”建设，对农村发展提出了更高的要求，在改善农村环境的同时发展农村的二、三产业，突破传统农业的限制，形成中国特色现代农业，并结合美丽乡村实践形成了乡村振兴战略，全面提升了“三农”的战略高度，惠农政策也全面展开，同“五位一体”相结合全面促进“三农”发展。[①] 惠农政策必然同政策环境变化相一致，惠农政策内容的变化是党和国家政治思想内核的外在体现，是不断适应社会发展形势的调试，是突破传统社会结构限制的不断创造。

其二是惠农政策由关注生产向生产和生活并重的方向转变。

农业是国民经济的基础产业，农民是国家建设的根基。21世纪之前惠农政策的发展状况是以农业和农村的发展推动工业和城镇化的发展，21世纪以来惠农政策逐渐关注“三农”的发展，希望通过“多予少取”“工业反哺农业、城市支持乡村”“以工促农，以城带乡”等方式推动“三农”的进步和发展。[②] 从2004—2019年的主题来看，惠农政策从早期的关注农业生产逐渐向农业生产和农民生活方向并重，惠农政策实施的本质是解决农民的生产、生活和发展问题，因此惠农政策包含着民生政治的意涵。

民生政治的实质是不断对“人”的需求的满足，并最终促进人的发展。当前，民生政治的关注点在生存、生活的层次。农业生产是农民赖以生存的根基和生存发展的保障，加强农业建设，稳定农业增长，发展农业生产是民生政治的基本要求。2004—2019年农业生产力的提高一直是惠农政策追求的目标之一，2005年的主题是提高农业综合生产能力，以农

① 丁志刚、王杰：《中国乡村治理70年：历史演进与逻辑理路》，《中国农村观察》2019年第4期。

② 韩长赋：《坚持工业反哺农业、城市支持农村和多予少取放活方针》，《学习与研究》2008年第11期。

业科技和农业金融助推农业综合能力提高。2006 年提出农业生产能力的提高是新农村建设的重要方面。2007—2012 年通过惠农政策对农业科技和各种体制机制改革，推动现代农业的发展。2013—2015 年转变农业发展方式，激发“三农”内部发展活力，推动现代农业向更高水平发展。2016—2019 年农业发展理念发生转变，向可持续农业、环保农业、绿色农业方向发展。惠农政策对农业生产的支持和发展，一直保持着稳定的态势，并具有连续性。惠农政策对于农业发展的要求在不断提高，农业生产的目标也由单纯增加农民收入向提供安全和高质量的农产品方向转变。惠农政策不仅是农业生产力的提升，也关系到农民生活的品质，现代农业也发挥着社会保障的功能，即粮食安全的保障。

民生政治的基础是“吃饭问题”，即生存的问题，农业发展只解决人的生存需求问题。民生政治最核心的关注对象是人，民生政治的关键在于“人”的发展，创造良好的发展环境或条件和构建完善的社会保障体系并为其更高阶段的发展提供条件。[①] 2004—2019 年的惠农政策为农民构建了完整的社会保障体系，从最低生活保障制度到社会养老保险制度，从“新农合”到医疗保险制度，从社会救助到社会救助体系的建立，实现了对农民生活保障的全覆盖。“人”的发展离不开良好环境的塑造，包括物质生活环境的改善和文化精神环境的创建。2006 年提出了新农村建设，提出了“村容整洁”的发展要求，农村环境的改善逐步推进。2013 年提出美丽乡村建设。2018 年提出乡村振兴战略，并提出“生态宜居”的农村环境建设要求。2019 年提出农村人居环境整治三大重点，即深入学习推广浙江“千村示范、万村整治”工程经验，全面推开以农村垃圾污水治理、厕所革命和村容村貌提升为重点的农村人居环境整治，确保到 2020 年实现农村人居环境阶段性明显改善。“中央一号文件”中的诸多惠农政策，尤其是基础设施建设和生态环境建设为“人”（农民）的发展创造了“生态宜居”的物质生活环境。从新农村建设的“乡风文明”到乡村振兴的“乡风文明”，惠农政策为“人”的发展塑造了文化精神环境。民生政治的本质还是对“人”本身的解放和发展内涵的提升，在“三农”发展的过程中，“人”（农民）实现了自由流动，并在整个社会的发展过

① 陈明明：《以民生政治为基本导向的政治发展战略》，《江苏社会科学》2012 年第 2 期。

程中获得了发展的权利，如就业权利的平等和政治权利的平等，获得了自身的发展。党和国家通过义务教育、职业培训等惠农政策，针对不同的阶段和不同层次，开展了发展内涵的提升。

惠农政策前期侧重于发展生产、增加农民收入，后期的关注点则在于“三农”本身，其聚焦点逐渐由农业生产扩大到生产和生活领域。惠农政策变迁的本质则是民生政治在中国不断发展的体现。

惠农政策总体上受政策发展环境的影响，政策环境对政策的变迁具有决定性的作用，同样政策反向作用于政策环境，促使政策环境改变，进而改变政策本身，政策环境是惠农政策变迁的起点，惠农政策会在其发展过程中不断发现自身的不足，并且进行自我完善和政策的更新，逐渐由具体政策形成体系，最终通过战略统合成为有明确特征的惠农政策战略。溯本追源，惠农政策不论是根据政策环境的变化，还是惠农政策本身形成的体系和战略，均是为了促进以“农民”为核心的“三农”的发展。民生是根源、形势是外源、战略是其发展形态，三者构成惠农政策的变迁规律和形态。

其三是惠农政策正在形成完整的体系，并提升为乡村振兴战略。

从2004—2019年连续16个“中央一号文件”基本完成了对“三农”支持和发展的全面部署和规划。从惠农政策的内容来看，“中央一号文件”已形成农业经济发展、农民社会保障、农村基础设施建设、农村公共服务和农村组织建设五个方面的惠农政策框架体系。[①] 从整体的发展趋势来看，惠农政策体系的形成是一个逐步建立的过程，主要有两种路径，第一种路径是根据政策发展形势，建立各自独立发展的体系和制度，最终形成框架，农业经济惠农政策框架正是基于该路径。最初的惠农政策的主要目标是促进农民增收，因此惠农政策主要聚焦于农民经济发展领域，2004—2006年惠农政策主要聚焦于税收减免和财政补贴等领域，随着市场化的深入，农民可以通过农产品贸易增加收入，农业经济领域的农产品流通政策逐渐形成，农业增收本身还是要依靠农业产量的增加，惠农政策从农业经营的规模化和农业外部支撑力量出发，制定了农业经营、农业金

① 邵青：《我国惠农政策的框架体系及政策执行影响因素分析》，《甘肃理论学刊》2012年第2期。

融、农业科技等惠农政策，农业经济领域形成了完整的政策体系。第二种路径是从具体的现实出发，制定某一项政策，然后在单一政策的基础上进行其他方面内容的拓展，并开始向相似领域拓展形成体系，最后各个体系形成独立的制度，最终这些制度构建形成完整的框架。比如农村社会保障体系的建构，最初是为了安置失地农民和灾民，开始建立最低生活保障制度（2004 年），然后扩展到农村贫困户，产生了低保制度，同时拓展到养老保险领域（2008 年），形成养老保险体系（2013 年），建立了养老保险制度（2014 年）。惠农政策的内容不断充实和完善，形成完整的体系，实现了“三农”领域的全覆盖并逐渐朝着规范化、制度化和法治化的方向发展。

惠农政策规模的扩大还表现在财政补贴规模的扩大和资金的增多方面。惠农资金包括固定投资、综合基金、转移支付资金、专项资金等多种类型。惠农政策财政资金不论是从单个项目还是总体趋势来看，每年都在扩大，并且呈逐年增长的态势，每年财政资金和新增财政资金都向“三农”倾斜，农业资金的密度也有所增加。财政对“三农”的投入规模和速度同财政增长的规模和速度相适应，确保对“三农”支持和发展的动态增加，并建立了相应的资金投入保障和增长机制。

综合来看，惠农政策和惠农财政资金的规模和范围都在不断扩大，并形成了完整的体系和机制，惠农政策在发展的过程中逐渐朝着制度化、规范化和法制化的方向发展。在乡村振兴战略的布署中，“三农”领域会形成战略、方针和政策的“三位一体”的发展态势。

第八章　惠农政策限度与发展

在前述章节中，我们主要根据不同的惠农政策，从个别、部分的视角，探讨了政策过程、政策属性、政策路径和政策成效等内容。在此，将从整体和统筹的视角，探讨惠农政策的体系化、系统化发展问题。

一　“分散”惠农与政策统筹

在前述章节的内容中，我们探讨了普惠式惠农政策效应中的分散性。根据笔者调查来看，惠农政策的分散性还表现在政策来源于各个部门、机构，政策分布分散。各个部门掌握不同数额的惠农资金，惠农资金也分散。各个部门有不同的惠农程序和政策程序，表现为程序上的分散性。地方在贯彻执行惠农政策中，针对“分散”惠农在机构、资金、程序上的表现，也有一些促进政策统筹的举措。

其一，部门、机构的分散与统筹。在县级机构和党委部门中，一般设有县委农村工作委员会，或县委农村工作部，或县委农村工作领导小组等机构。该机构的主要职责即是负责涉农工作的联络、指导和协调。在笔者调查的16个县市中，均由这一原有的机构负责涉农工作的联络、指导与协调，在惠农政策的贯彻执行中，没有机构或平台的创新。表8－1－1所列信息，即是在C县县委农村工作委员会主办的涉农项目动员、推介会上，县直各部门所掌握的信息。各个部门掌握不同的涉农项目，需要有机构或组织来负责协调和统筹。在C县，县委农村工作委员会书记由县委常委、县委办主任兼任，“县委常委”的规格赋予了县委农村工作委员会统筹、协调县直各部门，推进涉农项目全面落实的可能性。在本次协调会上，C县县委农村工作委员会统筹、协调惠农项目的具体措施就是搭建一个部门、人员之间横向交流和纵向沟通的平台，宣讲各项惠农政策和涉农项目。县委农村工作委员会要求各部门会后将本部门所属涉农项目上报，特别是上报项目审批程序，县委农村工作委员会负责将相关项目及其规定汇编成册，分发乡镇和村组，指导相关项目申报、落实和评估。

如表 8－1－1 所示，尽管各部门设有诸种涉农项目，但在实际工作中，也还存在许多政策和项目空白。在调研中，我们发现，苗木种植大户希望在田间地头建设用于储存肥料的库房，或者在地头建设观瞻台，均没有得到乡镇政府的允许。农村垃圾处理占地属于建设用地还是农用地，宅基地里是否可包含垃圾处理占地的份子，等等。这些问题都还缺乏相关法律政策支持和法律政策依据。而相关问题的反映者，均希望能在惠农政策配套体系中得以解决和完善。“群众反映强烈，但又是项目空白的地方，也可以成为农工委创新工作的空间。”①

表 8－1－1　　　　C 县县直部门 2013 年涉农项目

县直部门	项　目	概　要
财政局	“一事一议”项目	财政局补助筹集资金的二分之一，乡镇补助四分之一
商务局	改造农家店	2013 年涉及 4 家帮扶对象
民政局	互助幸福园建设	2013 年涉及 11 个村。可向民政局申请资金 1 万—2 万元。民政局的资金主要用于床位、老人手机购置和厨房建设等
交通局	乡村公路建设	2013 年涉及 20 个村，每村 21 万元。资金缺口由县、乡、村组协调解决
水务局	人饮水安全工程	2013 年涉及 8 乡 12 个村 3.7 万人饮水安全工程。规划内解决 6 个村的人饮水安全工程，资金来源为中央资金 60%；省里资金 20%；县里资金 10%；村庄自筹 10%。其余 6 个村为规划外建设
电力局	电网升级改造	2013 年涉及 20 个村，增设 48 台变压器，增架 3 公里线路，涉及资金 403 万

① 访谈记录 G 县 2013060802。

续表

县直部门	项　目	概　要
住建局	农村改厕计划、农村危房改造、农村污水处理工程	农村改厕计划政策还不明确，正在进一步明晰中。农村危房改造已实施 3 年，受益农户 14 户。2013 年补贴标准为：修缮，每户补贴 6000 元；重建，每户补贴 11000 元，另加 3000 元的节能补贴。在农村污水处理工程建设中，管网建设可享 60% 的补贴
农业局	种养业种苗补贴、合作社补贴、粮食蔬菜示范县补贴	
工信局		通信网络已经全覆盖，无项目
邮政局	送邮站牌建设、信报箱建设	
畜牧局	生猪补贴、标准化养殖场所建设项目、养殖场废水处理项目	养殖场废水处理项目全县共有资金 50 万元，养殖场废水处理相关设施建设“早建有项目，晚建变制裁”
卫生局	村级标准化卫生所建设、村医配置	
文广新局	文化信息资源共享工程、农家书屋建设、体育器材配发、电影放映	文化信息资源共享工程包括为村庄配发投影仪、大屏幕、音响设施。农家书屋建设将为每村配送 1100 多册书籍，每村建设 27 平米的书屋。体育器材配发标准为 1 万元的体育器材 1 套，要求村庄有 200 平米的硬化场地，场地有路灯。每月为每村放映 2 场电影
教育局	幼儿园建设	2013 年为 4 个村庄改造、建设幼儿园。用中央和省里专项补助资金
规划局	村庄规划设计	2013 年，与某规划设计院合作，为 5 个村庄编制规划

注：本表根据C县项目推进会发言资料整理而成。各部门的项目均由本部门的副局长到会介绍。参会人员有各乡镇主管副乡镇长、涉及村庄的村委会主任。在主席台就座的领导主要有县委组织部副部长、县发改局副局长、县委农村工作委员会副书记和县纪检委副书记。

与笔者调查过的河北省16个县市，由县委农村工作部门负责惠农政策和项目的统筹、协调相比，全国有些地方，比如广东省蕉岭县、山东省东平市，成立农村产权改革、产权交易平台，这一平台也承载和对接某些惠农政策，是惠农政策推介、宣传的窗口和平台，同时也是政府部门协调、统筹惠农政策的创新性平台。

其二，惠农资金上的分散与统筹。表8－1－1所反映的信息说明，惠农政策和项目在事权上比较分散，在财权和资金上也比较分散。总体来看，近些年来，政府支农富农强农的力度越来越大，支农资金发挥了重要作用。但在支农资金的安排和分配上，由于缺乏资金分配的协调，资金撒“胡椒面”的现象比较突出，资金使用效率不高。当前，农业资金使用分配的权利掌握在土地、扶贫、农业、发改委（局）、林业、农机、水产、水利、科技、畜牧等相关部门。不同部门都有自己的产业发展政策取向，缺少统一、协同的联系机制。在资金投向上，各部门比较分散，资金无法形成合力，难以取得规模效益，重复、交叉的项目时有发生，造成资源浪费。就粮食补贴而言，目前粮食补贴资金项目较多、较散，从最初的粮食直补、综合直补、水稻良种补贴到能繁母猪补贴、油菜补贴、棉花补贴等，补贴范围越来越广，补贴项目越来越多，覆盖到粮棉油各个方面。核算补贴的依据不尽相同，有的是按田亩数进行补贴、有的按头数补贴，还有的按产量和比例补贴，补贴花样比较多，但金额不大，农民不解渴。从这个意义上来说，财政支农资金需要在一个整合的视角下加以综合考量。①

针对这一问题，2014年“中央一号文件”提到，要整合和统筹使用涉农资金。稳步推进从财政预算编制环节清理和归并整合涉农资金。支持黑龙江省进行涉农资金整合试点，在认真总结经验基础上，推动符合条件

① 陈丹、唐茂华：《“三农”政策的整合及协同研究：一个整体性框架》，《学习与实践》2012年第1期。

的地方开展涉农资金整合试验。改革项目审批制度，创造条件逐步下放中央和省级涉农资金项目审批权限。改革项目管理办法，加快项目实施和预算执行，切实提高监管水平。加强专项扶贫资金监管，强化省、市两级政府对资金和项目的监督责任，县级政府切实管好用好扶贫资金。盘活农业结余资金和超规定期限的结转资金，由同级预算统筹限时用于农田水利等建设。

其三，惠农程序上的分散与统筹。宏观来看，如表8－1－2所示，本研究重点关注的9项惠农政策的出台和实施，没有程序上的迹象和表征，即福利型惠农政策、公益型惠农政策、保障型惠农政策和保险型惠农政策没有时序上的先后区分，相对而言，系列政策出台的时间较为集中，围绕政策开展的各项工作，也较为密集。所以，在微观和具体层面，政策实施过程中在程序上的矛盾和冲突不可避免。

表8－1－2 代表性惠农政策出台时间

政策类型	代表性政策	出台时间
福利型惠农政策	种粮农民直接补贴	2004年
	农资综合补贴	2006年
	家电下乡补贴	2007年试点，2009年在全国实施
	购买农机补贴	2004年
公益型惠农政策	义务教育“两免一补”政策	2006年在中西部实施，2007年在全国实施
保障型惠农政策	农村最低生活保障政策	2002年试点探索，2007年在全国实施
	新型农村合作医疗制度	2003年试点，2008年在全国实施
保险型惠农政策	新型农村社会养老保险	2009年试点
	农业保险	2007年局部实施

在N村调研的过程中，我们感受到不同部门的惠农政策，在村庄落地过程中所产生的矛盾。N村正在实施的惠农项目有街道硬化、饮水工程、电网改造3大项目。其中，交通局的项目“街道硬化”在2013年上半年就已经完工。水利局的项目虽然是2012年规划的项目，但由于打井

位置涉及土地纠纷，打井及其水管线路建设一直拖沓至 2013 年 7 月份还没有完工，但是水利局的项目要在 2013 年 8 月份迎接市里检查和评估。所以，为了在地下铺设饮水管道，上半年竣工的硬化的街道，又被挖开，还要抓紧时间填埋。村中面临的问题是，2013 年计划的电网改造工程，也要在地下铺设线路。但是，电力局的经费还没完全到位，村干部想把饮水管道和电网线路放在一起，一次性做地下填埋处理。但是，水利局的项目要求马上竣工，并接受上级检查和评估。最终的结果是：先填埋了，再准备挖开。类似于这样的“挖坑理论”，不断在村中上演，一定程度上造成了惠农项目资金的浪费。这一案例说明，政府各个部门掌握的各项惠农政策和项目，在具体对接于一定区域的时候，需要时序上的协调和统筹。

上述惠农政策在机构、资金和程序上的统筹，使得建立涉及惠农政策的“大部门”的必要性凸显出来。惠农政策“大部门”的建立，一方面，可以实现有限资源的高效利用；另一方面，可以阻止政策耗散，形成政策合力，实现惠农政策口惠实至。2010 年“中央一号文件”提出：要健全强农惠农政策体系。政策统筹是政策体系化的重要表现。

二　政策甄别与取向选择

在本研究的“导论”中，对惠农政策的“惠”已经做了说明和界定。通观许多惠农政策，惠农政策的“农”不好界定，甚至导致许多政策缺乏针对性，在政策执行中成效不佳。毛泽东曾说过：没有重点就没有政策。[①] 所以，在本小节的内容中，政策甄别与取向选择首先要探讨的是对政策对象的确定。20 世纪 80 年代以来，农民群体发生了很大分化。陆学艺将当代中国农民分为农业劳动者、农民工、私营企业主等八个阶层。[②] 不同阶层，有不同的生活方式与利益要求。这其中，两大群体广受研究者的关注，这两大群体就是农业劳动者和农民工。有学者研究指出：惠农政

① 从毛泽东的一些往事解读几种领导方法，http://cpc.people.com.cn/GB/index.html. 最后访问日期 2019 年 10 月 10 日。

② 陆学艺：《重新认识农民问题——十年来中国农民的变化》，《社会学研究》1989 年第 6 期。

策真正要惠及的是农业劳动者群体。[1] 在此，根据调查，笔者想讨论的是，惠农政策惠及农业劳动者群体和农民工群体过程中存在诸多问题，需要在解决这些问题中找准惠农政策的着力点和关注点。其一，不管是农业劳动者群体还是农民工群体，都享受了种粮补贴和农资综合补贴。调查数据显示，种粮补贴和农资综合补贴没有直接激发农业劳动者的积极性；农民工群体也不在乎这一点补贴。其二，在调查过程中，留守人员，特别是农村老人反映：外出务工的家庭成员，希望“两免一补”政策在打工地能转化为其他就学优惠政策，以使子女能在打工地享受到义务教育公共服务。其三，农民工群体最关心的是农村合作医疗在打工地，特别是跨省打工地，不能很好接转和实现。为了合作医疗报销，经常往返两地，路费花销较大。总体而言，与农业劳动者群体相比，农民工群体可以不在乎福利型、保险型、保障型惠农政策，他们更在于公益型惠农政策能在打工地有所实现。

其次需要探讨的是对惠农政策结果的识别。从目前来看，绝大多数惠农政策的直接表现是给农民“补贴”和“优惠”，政府以“给好处”的身份直接介入农民的利益分配中。为此，惠农政策的各个环节均以政府主导为主，农民和社会组织参与较少，惠农政策过程几乎成了政府的“独角戏”。这一方面源于政府想短平快改变“三农”现状，没有农民和社会组织参与的时空条件；另一方面，政府争相控制惠农政策的执行权，缺乏农民和社会组织参与的渠道。这一现象说明，目前的惠农政策，更多的是给农民以“鱼”，而没有注重给农民以“渔”，以此来激发农村社会活力，保持长远发展的动力。而给农民以“渔”的主要途径就是培训农民，注重农民综合致富能力和农户综合生产力的培养。[2] 有研究指出：知识的贫乏和文化素质的低下是我国农业劳动者难以跳出“低水平陷阱”的主要原因之一。据美国经济学家盖尔·约翰逊分析：中国农民在校时间每增加1年，其收入就可增长3.6%—5.5%。[3] 在调研中，一位基层干部说：

---

① 周批改：《惠农政策中的问题与对策分析》，《北京交通大学学报》2011年第1期。

② 徐勇、林冠：《论农业生产能力与农户生产能力提高的非均衡性——以社会化小农为分析视角》，《江汉论坛》2011年第8期。

③ 刘霞：《浅议影响农民增收的主要问题及对策建议》，《农业考古》2010年第6期。

"老百姓缺的是知识、文化，给他板凳、桌椅、电视，效果不大。"[①]

最后需要关注的是惠农政策外在环境的研判。惠农政策外在环境决定了政策对"农"的吸引力和促动力。从出台惠农政策的动力上来看，一部分惠农政策的出台，源于政府主动解决"三农"问题的决心和信心；一部分惠农政策的出台，则源于政府外部的压力，这些压力来自于国际比较、工农比较、城乡比较、区域比较、纵向比较等层面，也来自于"三农"内部寻求发展，以各种方式给政府的施压。有些惠农政策也可以看成是"问题"倒逼出来的政策。从出台惠农政策的动力这一角度来理解惠农政策，惠农政策可看成是对政策环境的一种回应。所以，研判政策环境也就成为政策甄别，找准重点，有针对性开展工作的一个重要方面。通过国际比较，我们发现，最大的压力来自于加入 WTO 之后，我国农业生产面临的国外冲击。为此，农业安全和粮食安全需要国家以惠农政策的形式来保障。通过工农比较，我们可以更清晰地看到，我国农业生产的传统性和低装备性，农业劳动者的知识水平低，缺乏现代农业技术。需要国家通过制定相关政策和法律，引导工业反哺农业，用工业产值支持、补贴农业发展。通过城乡比较，我们发现，过去人为设置的城乡二元分割需要改变，建立对农村、农业和农民发展的保护制度和特殊优惠制度，政府由城市本位转变为城乡统筹发展本位，公共服务更多向农村倾斜。要顺应城镇化发展潮流，发挥城镇化对于城乡统筹发展的动力作用。正如李克强同志所强调的："城镇化具有不可替代的融合作用，能够一举托两头，有利于促进工农和城乡协调发展，可以有效提高农业劳动生产率和城乡居民收入。"[②] 通过区域比较，我们发现，不同区域的农民，对各项惠农政策的感受不同。同样的补贴，在中西部地区，农民的感受比东部地区更加强烈。笔者曾经在宁夏退耕还林区域做过调查，1 个村庄平均 1 户的退耕还林补贴款在 1 万元左右，农民对这一惠农政策感受非常深刻，1 万元的补贴款可以让留守人员衣食无忧。通过纵向比较，有研究认为："当前惠农政策已经进入了后期转型阶段，即在保证前期打好基础的前提下，重点实

---

① 访谈记录 G 县 2013060802。

② 李克强：《协调推进城镇化是实现现代化的重大战略选择》，《行政管理改革》2012 年第 11 期。

现后期农村的发展。总体来看，虽然总体上农民对惠农政策比较满意，但前期政策还需进一步落实，并适时调整，以真正满足农民的需要。”①

综合上述三个方面可见，惠农政策需要进一步找准政策对象、培养政策的造血功能、明晰政策的外在环境，增强政策惠农的能力。

三 政策治“农”与政策面向

表8－1－2所列信息说明，21世纪以来，国家出台了大量的惠农政策，虽然各项政策在局部还存在一些冲突，但是整体来看，密集出台的惠农政策，广泛营造了一个支农惠农强农的时代，大有政策治“农”之势。为此，有人提出“政策决定论”。政治学者宁骚也赞成这一论断。他认为：“从党的十一届三中全会以来，党和政府制定与实施的一系列重大决策是正确的，正确的政策产生了巨大的效果，使中国发生了惊人的变化。而其他因素固然不可忽视，但都是伴随着这些政策的出台而发生作用、产生影响的。”② 福山也指出：中国之所以取得成功，是基于其政治体制能够迅速做出重大的、复杂的决策，并有效地实施决策，至少在经济政策领域是这样。③ 在宏观层面充分肯定公共政策的巨大贡献的同时，我们来分析微观领域的政策过程与政策面向问题。

与法律相比，政策具有更大的灵活性。一般情况下，制定政策的速度快于法律，所以，政策的应景性比法律强，更能及时应景。但是在具体的政策实践中，具有应景性和灵活性的公共政策，容易走样，甚至变质。在惠农政策的执行中，我们可以看到，惠农政策由单项的公共政策演变为乡村治理的综合性工具，比如如此密集的惠农政策，演变为维持乡村秩序、维系圈层社会、调控农民分层和分群、摆平理顺乡村事端的工具。而对于工具化的惠农政策，目前还缺乏健全的矫正工具。对于后税费改革时期的乡村社会来讲，治理资源短缺也一定程度上默许了惠农政策的治理工具化发展。

---

① 邓大才：《惠农政策要适时调整和优化》，《农村工作通讯》2010年第13期。

② 宁骚：《中国公共政策为什么成功？——基于中国经验的政策模型构建与阐释》，《新视野》2012年第1期。

③ 转引自胡鞍钢《从政治制度看中国为什么总会成功》，《红旗文稿》2011年第3期。

造成惠农政策演化为乡村治理工具的另一个原因就在于政策的临时性。从长远来看，政策总有终结。短暂存在的惠农政策，为政策投机行为和政策的工具化提供了机会。所以，在调查中，个别受访对象形象地说："政策像月亮，初一十五不一样……能沾上政策的光，就赶紧沾，政策一变，想沾光都来不及了。"[①] 公共政策作用对象的投机行为，反过来，也可以作用于政策过程。政策对象的强大反作用，导致政策变异，政策的过度变异甚至导致政策终结。

总体来看，惠农政策的发展有两种面向，其一，政策终结，政策内涵也就此终结。其二，随着政策发展，政策内涵体现于或者上升到法律之中。在笔者重点调查研究的 9 项惠农政策中，走完政策历程的是家电下乡政策。家电下乡政策从 2007 年 12 月 1 日开始实施，计划实施 4 年。分三批进行，最后一批从 2009 年 2 月 1 日开始，2013 年 1 月 31 日结束。河北省在第三批实施家电下乡政策。G 县实施家电下乡政策 4 年间，家电下乡产品实现销售额 7 亿元，政府共计补贴 7000 万元。这其中，因家电下乡政策而刺激的消费占三成，即刺激消费 2.1 亿元。据 G 县商务局的工作人员介绍：据内部估计，全国实施家电下乡政策期间，政府共计补贴 600 亿元，因家电下乡刺激消费，政府多征收到 300 亿元的税收。因为家电下乡产品的发票要上交国家，上交的发票是征收 300 亿元税收的依据。对于商家来说，没有多大收入，因为对于大多数商家，征收的是定额税。这一现象被工作人员称为家电下乡政策的"溢出效应"和"意外效果"。[②] 不管是否考虑家电下乡政策的"溢出效应"和"意外效果"，制定家电下乡政策的时候，即确定了政策的生命周期为 4 年，这是有明确规定的政策周期，另一种类型，即是没有明确政策周期规定的公共政策，其发展历程根据内外环境的变化来确定。

与家电下乡政策配套实施的还有家电"以旧换新"政策。在调查的过程中，享受"以旧换新"政策的农户很少。农户反映的逻辑是：农村人使用的家电本身属于中下端产品，没有达到"以旧换新"的消费档次。家电"以旧换新"折合的资金，与卖成废品的价格差不多。商家对于

① 访谈记录 C 村 2013080505。

② 访谈记录 G 县 2013081801。

“以旧换新”政策也不太支持。商家的逻辑是：公司回收旧产品之后，拆解费用很高，收益很低。我国目前还没有健全废旧产品回收、再利用的相关补贴机制。由于消费者和商家两方面的原因，致使家电“以旧换新”政策几乎没有派上用场。家电“以旧换新”政策出现的问题说明，惠农政策的发展需要政策配套和相关环境。配套政策和政策环境也会影响政策执行和政策生命历程。

公共政策发展的第二个面向即是随着政策的发展，获得稳定发展的政策内涵则会以法律的形式确立下来，这其中，也包括根据政策发展而修订法律。比如，通过制定《农业法》《农村土地承包法》《农民专业合作社法》，稳定了农业发展，稳定了农村土地承包经营制度，确立了农民专业合作社的法律地位。在调查过程中，有农民反映：希望能将合作医疗、养老保险、农业保险的成熟的内容以法律的形式确立下来。并希望农村在土地征用、资金管理等方面，能依法办事，减少政府行政的随意性。① 当然，由于诸多惠农政策的执行还处于初始阶段，政策的法律化发展还需较长的时间。在这一过程中，国外比较成熟的支农惠农的法规，也可以借鉴。

四 惠农政策与乡村振兴战略

“战略”最早是一个军事用语。在和平发展年代，国家层面的战略，即国家战略，“是一个国家为实现国家目标而综合开发、合理配置和有效运用国家力量的总体方略”②。作为国家战略之一的乡村振兴战略，就是运用国家力量实现城乡均衡发展的总体方略。站在惠农政策的视角来看乡村振兴战略，笔者认为，乡村振兴战略弥补了惠农政策高层战略导向的缺失，有利于国家全面系统地把握惠农政策，科学而准确地实施惠农政策，通过战略部署完善体制机制，推动乡村发展，实现城乡均衡发展的战略目标。

大多数的研究认为，近现代以来，“乡村”是和“城市”相对应的。

---

① 访谈记录 C 村 2013080506。

② 薄贵利：《十九大报告国家战略解读》，《领导科学论坛》2018 年第 14 期。

比较而言，乡村是自然演绎的生活共同体，以自然经济和农业经济为主的经济共同体。城市是人为打造的生活共同体，以工业经济和服务业为主的经济共同体；在传统社会中，乡村和城市彼此孤立，各自发展。近现代以来，特别是市场化和工业化飞速发展以来，城市以其人为打造性很强的特征，吸引了乡村的人流和物流，各种资源不断涌向城市，产生了特大城市、大城市、城市群以及城市带。乡村相对成为人烟稀少、环境优美、充满生活情趣的地方。为此，在发达国家的城市化后期，有“逆城市化”现象并存。此时，城乡发展有差别，但是差距不大。绝大多数后发国家和发展中国家，在现代化的过程中还采取了城乡差别的策略和政策，城乡差别带有很多人为的因素，致使城乡差别人为扩大，甚至出现两极化现象：城市越来越发达，乡村越来越衰落；城乡之间的鸿沟也越来越大，乡村成为城市发展的牺牲品，与城乡融合背道而驰。所以说，近现代以来，市场和政府是形塑城乡关系的两个主要主体和动力源，乡村发展既受市场调节，也受政府规制。后发国家和发展中国家，政府的作用更明显。①

在新中国成立之后确立的“农村支持城市、农业支持工业”的发展战略，是中国现代化初期的必然选择。但是，其客观产生甚至制造了非常大的城乡差距。改革开放以来，市场机制的逐步确立，使城市也吸纳了很多乡村相对优质的资源，流入城市的乡村资源在推进城市化的过程中，也造成了农村空心化、农业兼业化、农民老龄化等现象。直到今天，乡村衰败现象在中西部地区还普遍存在。前文所述的 120 多项惠农政策，对于改善城乡关系，促进乡村发展，虽然产生了很大的经济效应、政治效应、社会效应和文化效应，但是由于政策本身的局限性和乡村发展问题的复杂性，惠农政策只能解决局部性的、短时性的乡村发展问题，无法扭转乡村衰败的局面。因此，乡村发展需要国家战略规划，以国家战略规划为主导，扭转乡村“自然衰落”和“人为衰败”的发展方向。相比之下，乡村振兴战略的提出，恰逢其时，成为新时代政府布局、推动乡村发展的关键。可以看到，乡村振兴，其现实环境是乡村衰败，乡村发展的不充分、城乡发展不平衡；现实基础是惠农政策开创的政策惠农局面。但是，惠农政策亟需战略统领，即以市场机制为基础，形成城乡融合发展局面；同

---

① 李铜山：《论乡村振兴战略的政策底蕴》，《中州学刊》2017 年第 12 期。

时，更好发挥政府作用，推进乡村振兴战略落地生根，开花结果，形成、打造乡村发展的政策体系。

战略即是立足现实，确定方向，谋划长远。乡村振兴战略的提出及其部署，就是立足于惠农政策推动农村发展的现实，从政策惠农的局势中，强化乡村振兴制度性供给。① 即一方面，提炼、形成和完善推动城乡融合发展的体制机制；另一方面，调处、理顺惠农政策之间的关系，形成和完善乡村振兴的政策体系。2018 年“中央一号文件”提出，全面部署乡村振兴“三步走”战略的第一步就是到 2020 年，乡村振兴取得重要进展，制度框架和政策体系基本形成。综上所述，在城乡发展的历程中，城乡差异不仅表现在经济发展中，城乡关系还表现在五位一体战略布局的方方面面。所以，乡村振兴战略中，体制机制和政策体系的形成，在“产业兴旺”“生态宜居”“乡风文明”“治理有效”“生活富裕”五个方面均有涉及。同时，体制机制和政策体系的形成与完善主要表现为扭转城乡二元发展体制为城乡融合发展体制，做好城乡发展体制的“衔接”“关联”“创新”“激活”等方面，这些方面不仅表现在经济、政治、社会、文化、生态各自内部要素的关系中，也表现在“五位”之间的“一体化”关系中。

具体而言，在产业兴旺方面，以绿色生态为导向，在提升种粮农民直接补贴政策的精准性和指向性的同时，加快建设粮食生产功能区和重要农产品生产保护区，打造“区位优势”，形成区位战略，形成粮食保障、生产高效和农业安全相结合的农业生产体制。② 加大对家庭农场、种养殖农户、农民专业合作社的政策支持力度，稳定推进家庭承包经营体制改革和机制激活，形成小农家庭生产经营的政策体系。同时，全方位建立农业保险，稳定农业农村市场，全面保障和提升小农户的综合生产能力，试点、探索小农户与大市场、强资本和农业专业技术等要素相衔接、相结合的体制机制。在生态宜居方面，在继续做好退耕还林、还草还湿、退牧还草、林权改革、人居环境整治等工作，巩固其成效的同时，要提前谋划“逆城市化”的倾向，继续深入乡村资源产权改革，“推动乡村自然资本加快

① 《中共中央 国务院关于实施乡村振兴战略的意见》，《人民日报》2018 年 2 月 5 日。

② 同上。

增值”，在城乡资源自由流动的市场机制中，“实现百姓富、生态美的统一”。[①] 打破基层政府发展主义的局限，确立和落实县乡两级农村环境保护的主体责任。将直接生态补偿、建立生态公益岗位和发展生态经济相结合，转变农村生产生活方式，让绿色发展引领乡村振兴，让乡村真正成为安居乐业的地方。在乡风文明方面，要着力打造民风、家风、乡风的推陈出新和良好风尚的涵育机制，社会主义核心价值观自上而下的引领机制和乡土文明自下而上的培育、扩散和传承机制，特别是资助、打造确立乡土文明的传承人。通过乡村文化建设的制度保障，提升乡村振兴的软实力，使乡村“软治理”得到“硬贯彻”。[②] 推进公共文化服务体系建设，激励创作乡村振兴实践中的文艺作品，激活农民发展的新智能，让乡村新风尚成为乡村振兴的意义引擎和价值导向。在生活富裕方面，以农村基础设施提档升级为基础，强化交通运输、基础教育、医疗服务等基本公共服务均衡发展。在农村养老保险、农村合作医疗等社会保障政策的基础上，探索城乡社会保障一体化的体制机制建设和完善问题。加强职业农民培育，通过乡村旅游、农村电商、农村作坊等形式繁荣农村业态，保障农民充分就业创业，实现收入增长、生活富裕。在治理有效方面，要总结精准扶贫过程中，选派第一书记的工作经验，建立选派第一书记工作长效机制。建立党建为引领、自治为基础、法治为保障、德治为导向的乡村治理体系。

总体来看，在乡村振兴战略中，“产业兴旺”是动力，“生态宜居”是方向，“乡风文明”是基础、“治理有效”是保障，“生活富裕”是目的。这“五位”之间的“一体化”框架，是城乡融合发展体制机制和政策体系的宏观架构。[③]

作为国家战略提出且推行的“乡村振兴战略”，有别于以往任何一项惠农政策，体现的是一个宏观性、系统性、综合性和全局性的发展方略。但是，作为“战略”的“乡村振兴”，区别于以往任何一项惠农政策，并不意味着“战略”与“政策”是相互独立的，相反，“战略”与“政策”是在不断互动，相互发生作用，即用战略思维来制定惠农政策，并将战略

① 《中共中央 国务院关于实施乡村振兴战略的意见》，《人民日报》2018 年 2 月 5 日。

② 刘祖云、孔德斌：《乡村软治理：一个新的学术命题》，《华中师范大学学报》（人文社会科学版）2013 年第 3 期。

③ 蒋和平：《实施乡村振兴战略及可借鉴发展模式》，《农业经济与管理》2017 年第 6 期。

思维贯穿于惠农政策过程，实现“政策战略化”和“战略化政策”。[①] 具体而言，“战略”与“政策”的互动，主要有以下三种形态。

第一种形态是“双向型”互动。“战略”与“政策”进行“双向型”互动，主要是发挥政策对战略的先行和试验作用以及战略对政策的规制和导向作用。

到2020年，乡村振兴取得重要进展，实现全面建成小康社会，需要充分发挥政策对战略的先行和试验作用，同时，根据政策实行的成效不断调整战略方向和具体部署。以精准扶贫为例，全面建成小康社会的关键就是打赢脱贫攻坚战，同时打赢脱贫攻坚战是实施乡村振兴战略第一步的底线要求。在过去的五年，政府出台了大量的扶贫政策，取得了决定性的进展。例如在健康扶贫方面，出台了完善农村贫困人口医疗补偿政策，落实贫困人口就医优惠政策，实行“先诊疗后付费”模式，救助慢性病人，实施大病救助以及开展巡诊体检等一系列政策，这些政策对于我国脱贫攻坚起到了重要作用。但是，我国区域发展不平衡、群体发展不平衡和产业发展不平衡问题仍很突出，制约脱贫攻坚的深层次矛盾仍然存在，扶贫政策的不稳定和返贫现象也有发生，深度贫困地区扶贫任务仍然艰巨。尽管如此，扶贫政策虽然没有解决我国农村贫困中的所有问题，但为统筹城乡社会保障和社会保险、一二三产业融合和城乡资源流动等体制机制的形成与完善积累了经验和案例。同时，到2020年，乡村振兴制度框架和政策体系基本形成，这一目标的实现，也需要充分发挥战略对政策的规制和导向作用，在战略的指导下，调整和整合惠农政策。首先，需要明确乡村振兴战略目标，明确惠农政策层级性问题，确立总体方向，让所有惠农政策都从乡村振兴的战略目标出发。这就要求，各级地方政府和各级部门，在制定和落实各项惠农政策时，需要将推动乡村振兴放在战略位置，统筹考虑。其次，对现有的支持农业农村发展的各项政策进行系统性诊断和评估，构建惠农政策的整体性框架和逻辑性体系，让某些“各自为政”的政策措施围绕乡村振兴形成相互联动的政策系统。从整体和体系出发，对于已经成熟、稳健的政策，应毫不动摇地坚持，并适时上升为法律；对于

① 刘晓燕：《战略思维中的政策：政策战略化与战略化政策》，《唐山师范学院学报》2018年第1期。

还不够完善的政策，应不断探索，不断健全；而对于政策真空的领域，则需要乡村振兴战略的具体化，实现政策的全覆盖。最后，在乡村振兴中统筹协调好农业农村发展的各方面政策，充分调动农民参与，形成政策合力，使得乡村在逐渐振兴的过程中能够源源不断地得到政策供给的“滋养”。

第二种形态是“多向型”互动。这种互动形式与双向型互动不同的是，互动过程中除了政策与战略之间有相互作用之外，政策之间也有相互作用和信息的多向流通。通过政策与政策之间的互动反馈给战略，因地制宜地制定战略目标。

我国的乡村发展，最大的特征就是区域差异，这决定了乡村振兴需要探索适合本地的实现路径。在城乡融合发展的总体定位中，不同的区域就有不同的发展思路。比如，对于城郊村，可以探索制定都市农业综合体政策、流入人口与“原住民”之间和谐相处的社会融入政策、社会治安综合治理整体提升计划等政策，各项政策之间相互适应，共同促成城郊村服务于城市发展的“服务型”振兴之路。对于中西部地区存在的“空心村”，可以侧重于退耕还林还草还湿、集体资产股份制改革并采取企业化经营管理，以及鼓励和支持农民工返乡创业，形成“转型式”振兴之路。对于能正常运行的农业型村庄，需要加强农业基础设施建设，鼓励产业升级和产业融合，走“提升式”振兴之路，等等。上述所列举的三条道路，均能在“产业兴旺”“生态宜居”“乡风文明”“治理有效”“生活富裕”五个方面进行有益探索，从而推动乡村振兴战略真正落地。其实，同一政策在不同地方实施和不同政策在同一地方实施，都会给战略提供宝贵的经验。政策与政策之间互动产生的信息也会反馈给战略。① 这种“多向型”的互动，有利于因地制宜确定乡村发展策略，即各地依据区位优势、资源优势和乡村发展中积累的比较优势，确定自己的振兴之路。

第三种形态是“网状型”互动。在这种互动中，战略与各个政策结成一张结构紧密的网。一方面战略和政策各司其职发挥自己的作用，另一方面政策以战略为核心，相互紧密地连接在一起。政策和战略结成的网状是一种“统分结合”的形态。具体来说就是总体把握格局，统一规划战

① 秦中春：《实施乡村振兴战略的意义与重点》，《新经济导刊》2017 年第 12 期。

略，分层识别“问题”，监控实施进程。在具体落实政策中，需要依据战略，针对问题，找准目标定位，制定具体政策，采取具体措施。但是，在政策和举措实施过程中，要在“统”“分”之间不断切换，使战略与政策能实现多维度、多角度的照应。

在政策与战略的互动中，一方面，战略发挥着顶层设计的作用。乡村振兴战略就是要基于农业农村农民发展在新时代的新特征，就农村政治、经济、社会、文化、生态发展做出全面性、前瞻性和整体性设计，就乡村发展做出统一规划、统一部署、系统安排和合力推动；另一方面，依据战略规划，激发农民参与，坚持政策和制度顶层设计与基层实践的积极互动和有机结合，做到基层政策实施的精细化和精准化。顶层设计规划农业农村发展方向、目标任务和推进路径，指导基层实践有序展开；基层实践探索积累鲜活经验和符合当地实际的有效做法，是农业农村现代化的理论源泉，为顶层的政策和制度设计提供信息来源和实践资源。这一互动方式，在农业保险政策的框架体系中就有生动的体现。目前的农业保险，需要建立以政策性保险为基础、互助性保险和商业性保险为补充的政策框架体系，[①] 实现保险产品多层次、可选择；保险功能相互补充、合力保障，最终形成农业保险保障机制和农业风险分散化解机制。[②]

综上所述，乡村振兴战略和惠农政策之间，是目标和过程的关系，是过程和节点的关系，也是动态和静态的关系。乡村振兴就是在战略与政策的互动中、在上述关系的调处中，形成城乡融合发展的体制机制和政策体系。[③] 因此，政策与战略的“双向型”互动、“多向型”互动以及“网状型”互动，对于机制体制的形成与完善具有理论指导和实践创新的价值。

---

① 张天佐：《关于构建实施乡村振兴战略政策体系的思考》，《农村工作通讯》2017 年第 24 期。

② 《中共中央 国务院乡村振兴战略规划（2018—2022 年）》，《人民日报》2018 年 9 月 27 日。

③ 廖彩荣、陈美球：《乡村振兴战略的理论逻辑、科学内涵与实现路径》，《农林经济管理学报》2017 年第 6 期。

总结与讨论

惠农政策与惠农工作作为21世纪中国政治社会发展中的一个主要层面，现在仍处于蓬勃发展期。总体来看，本书主体内容只是陈述和研究了惠农政策发展的初期阶段。通过对这一阶段惠农政策的研究，笔者想探讨的是惠农政策过程展现了民生政治的哪些特性；惠农政策的内容及其属性呈现了民生政治的哪些内涵；惠农政策成效体现了民生政治的什么要求；惠农政策实践形式表现了民生政治的何种实现方式，以及如何完善、发展惠农政策，全面促进民生政治的发展。一句话，本研究想探讨惠农政策与民生政治的关系。

一　总结与回应

通过对惠农政策的时代背景、顶层设计以及政策的出台、下行到落地这一政策过程的探讨，我们看到，各级政府，特别是中央政府，在统筹国内外的发展环境中，在负有高度的政治责任心的执政理念中，将“三农”工作确定为政府工作的重中之重，在“两个趋势”重大战略论断的指导下，在统筹城乡融合发展和推进乡村振兴战略进程中，出台了一系列的惠农政策。在“高位推动”下，惠农政策在政府的“条条”和“块块”中下行，[①] 最后进村入户。尽管政策在下行的过程中，也面临着不断的“政策解读”和政策变异，但是，当政策下行至农民那里，才能够清晰辨认出不同的“政策版本”。就像相关研究指出的，农民以其民生政治的基层

① 贺东航、孔繁斌：《公共政策执行的中国经验》，《中国社会科学》2011年第5期。

性、世俗性、普遍性、包容性、节制性，来评断和认定各项惠农政策。①农民对惠农政策的评判也可以看成是农民以这种方式，参与民生政治建设，检验民生政治成效。在惠农政策过程中，我们看到政府主导着惠农政策过程，在政策过程中处于绝对的强势地位，社会组织参与较少，农民的反馈也有限，这一方面凸显了民生政治的第一层内涵，即将民生提升到政治的高度来看待并开展工作；另一方面说明政府进行民生政治建设的具体方式需要创新。宁骚研究认为：中国的政策过程的理论模型可以概括为“上下来去”政策过程模型。② 但是，在第一、第二章的研究中，我们更多看到的是，目前的惠农政策过程，主要是以“下”为主，受制于中国的行政体制和现代化的紧迫感，以及“三农”的弱势、边缘和落后的地位，惠农政策很少有充分的“上下来去”的时空条件。或者，也可以说，中国的公共政策，在政策过程的不同阶段和不同环节，“上下来去”的侧重点有所不同。

在对惠农政策内容、属性与特征的分析中，笔者将惠农政策按照内容、属性与特征的不同，分为福利型、公益型、保障型和保险型四种类型。根据对十多种代表性的惠农政策的分析，总体来看，惠农政策在顶层设计和高位推动下，由单纯促进农业经济发展向改善农民生活水平，夯实农村公共服务和基础设施建设等方面深入，即由经济领域向社会领域拓展。具体而言，惠农政策还处于初期发展阶段，各项政策的内容凝练、属性确定和特征彰显有一个渐次的过程，所以，农民对种粮补贴、农资综合补贴、家电下乡补贴、购买农机补贴等福利型惠农政策，对义务教育“两免一补”、农村基础设施建设等公益型的惠农政策，对最低生活保障政策、新型农村合作医疗制度等保障型的惠农政策，均有较高的评价，也有较高的参与（享受）比率。相比之下，对新型农村社会养老保险和农业保险评价较低，参与（享受）的比率也较低。这就充分说明，对于福利和公益，民众最青睐，最容易接受，也能直接和很快转化为政府的合法性资源。对于建立在一定条件基础上的“保障”和“保险”，民众对这些政策本身和自身状况有一个评估和接纳的过程，所以，民众对诸如此类的

① 陈明明：《以民生政治为基本导向的政治发展战略》，《江苏社会科学》2012 年第 2 期。

② 宁骚：《公共政策学》，高等教育出版社 2003 年版，第 287—290 页。

政策反应较为迟缓，观望、犹豫和“浅层次参与一下、简单参与一下”的心态较多。

在研究中，我们发现，惠农政策的实践形式主要表现为两种，一种是普惠式；另一种是项目制。由于我国“三农”发展底子薄，问题众多，也处于政策惠农的初期，所以，带有普遍关照性质的惠农政策为了赢得更广泛的支持，在受众对象上，表现出了“撒胡椒面”的现象。但是，广泛的受众对象，确实让惠农政策家喻户晓，获得了广泛的参与和支持，稳住了农村发展的局面。这是大部分惠农政策的共同实践形式——普惠式。为了全面认识惠农政策，本书也简略研究了涉农项目的实践。与普惠式惠农政策相比，项目制的惠农政策往往只在个别地方，选择个别对象来实施，其原初目的是改善或者推动项目点的发展。但是，从目前项目实施的情况来看，由于项目的稀缺性和竞争性，项目在落地过程中的变质和项目管理问题，导致许多涉农项目在贯彻执行的过程中失去了示范、推广的意义和价值。对于这一问题，已有较多的学术研究。[①] 在上述两种实践形式中，惠农政策的成效则表现为惠农政策保稳定有效，促发展乏力。

在具体的政策执行场域，本书研究了政策偏差执行的三种典型类型。一类是“只求形似，不求神似”的机械执行方式，受到基层政府“不出事”行政逻辑、“走形式”行为逻辑以及“不得罪人”乡土逻辑的影响，村干部在政策受众对象评选、审核和退出环节中一方面机械地遵循政策中的条条框框，原原本本按照文件要求执行，坚持了政策的原则性；另一方面村干部在政策执行中表现为“不敢为”，没有做到因事、因人制宜，没有根据农户个体化差异灵活地解决实践中的具体问题。另外，由于种粮农民直接补贴、良种补贴等补贴类惠农政策执行工作量较大，村干部为了按时完成任务便敷衍应付，这类政策执行属于象征性执行。具体表现为补贴对象、品种和计量单位等因素有出入，补贴未能达到激励农户生产的核心效果。诸如农户小额信用贷款这类政策，由于申请程序、贷款额度等方面与农户需求不匹配；农村信用社为防范信贷风险而谨慎放贷等因素的限制，农户申请小额信贷的意愿很微弱，具体推进过程较为困难，每年少量的申请户多将贷款用于子女上学或结婚，贷款用途单一，未能实现我国推

① 渠敬东：《项目制：一种新的国家治理体制》，《中国社会科学》2012 年第 5 期。

广农户小额信用贷款的政策目标，这种政策执行过程属于架空执行。就实践形态而言，机械执行、象征性执行和架空执行均不同程度地背离了政策目标并与政策内容发生偏离，但是三种政策执行方式又呈现出不同的特点，执行偏差原因、政策方案本身、政策的执行主体、政策执行客体等因素都直接影响着三种政策的具体执行过程。

在上述政策实践中，我们看到，绝大多数惠农政策选择以经济效应切入民众生活。我们的研究发现，在由“收钱”向“发钱”转变的过程中，惠农政策的经济效应的绝对数额较低，但是，这一时代“巨变”放大了惠农政策的经济效应，由经济效应收获了民众的支持（即政治效应），一定程度上改善了基层社会关系（即社会效应）；同时，在惠农政策的宣传中，营造了支农惠农强农的文化氛围（即文化效应）。这种“国家—社会”关系的改善，一定程度上我们可以概括为，惠农政策是“经济搭台，政治唱戏”。基于惠农政策的四大效应和不同村庄与村民对惠农政策的不同反应我们也可以认为，资源赋予型的基层治理已经形成了与资源汲取型的基层治理不同的政治生态。[①] 这也充分说明，民生建设所激活的民生政治，表现出了不同的政治现象：民众的政治参与在一定层面被激活，合法性资源在一定程度上得以释放。

其实，在丰富的惠农政策过程和政策实践场景中，饱含着惠农政策的演绎和变迁。就政策的指导思想来看，研究认为，多内容、多属性、多样态的惠农政策，展现了21世纪以来阐释“三农”地位的“重中之重”思想、统筹城乡发展思想以及中国特色农业农村现代化思想。就政策内容来看，福利型、公益型、保障型和保险型的惠农政策，其内容逐步丰富，针对性更强；政策体系逐步完善、健全。就政策实现方式来看，惠农政策主要通过参与主体的多元性、政策工具的多样性和执行方式的灵活性与综合性等趋势来促进惠农政策实现方式的变迁。总之，惠农政策的变迁遵循以下规律：一是惠农政策受政策环境影响较大，惠农政策的制定和实施具有鲜明的时代性；二是惠农政策逐渐由关注农业生产转变为生产和生活并重，其本质则是中国民生政治意涵的发展；三是惠农政策在发展的过程中

---

① 慕良泽、任路：《惠农政策的嵌入与乡村治理资源重组——基于对新型农村养老保险政策的调查分析》，《理论与改革》2010年第6期。

逐渐形成了完整的政策体系，实现了政策向战略的跨越，并能在政策与战略的互动中实现乡村振兴。

研究的最后，我们探讨了惠农政策发展的四个层面。其一，目前的惠农政策，在政策涉及部门和机构、在惠农资金管理和在惠农政策程式上均存在一定程度的分散性，惠农政策在往后的发展中需要政策统筹，实现政策的体系化和系统化。其二，目前的惠农政策，在政策对象、政策结果、政策环境的甄别中还存在一些误区和盲区，惠农政策在往后的发展中需要清晰把握政策对象，注重培养政策的造血功能，在城乡一体化、新型城镇化、农业现代化等发展进程中调适惠农政策，增强惠农政策的针对性。其三，目前，绝大多数惠农政策还处于初发期，还没有走完政策历程。但是，惠农政策的发展，要畅通政策出口，特别是对于成熟的政策内涵，需要以法律的形式确立下来，增强发展的稳定性，避免政策的随意性。其四，乡村振兴战略对惠农政策提出了战略要求，惠农政策也有了战略部署和战略导向，未来发展的惠农政策，需要加强与乡村振兴战略的互动，最终形成城乡融合发展体制机制和政策体系，统筹推进农村经济建设、政治建设、文化建设、社会建设、生态文明建设和党的建设。

综上所述，21 世纪以来，在乡村治理体系和治理能力现代化的背景下，饱含“顶层设计”的惠农政策，改善了国家与乡村社会关系，实实在在提升了农民生产生活水平，改善了农村生产生活生态环境，激发了农民参与公共生活的积极性，凝聚了乡村振兴的核心力量，开创了“政策惠农”的良好局面。政治生活中呈现出来的这一面向和样态，就是本书研究的民生政治。

二 讨论与反思

民生政治既然是本研究的旨归，为了更清晰认识民生政治，在此，笔者还想讨论两个问题，其一，民生政治与农村政治发展的其他议题之间的关系问题；其二，民生政治的阶段性问题与民生建设的阶段性问题。

扩展民生政治研究的视野，在广阔的民生建设领域，民生政治的“顶层设计”是什么？民生政治的前期基础是什么？民生政治的外在保障和内在形式是什么？本部分将从政治发展和比较政治的视角，结合惠农政策过程、结构和性能来解答上述四个维度的问题，解析民生政治的理论框架和实践路径。

第一个维度是“上层政治”与民生政治，即民生政治的层级关联问题。

对于传统中国政治现象的分层研究，有两种代表性的理论。以梁漱溟和费孝通为代表的学者认为，传统中国农村无政治，政治居于庙堂之上，农村社会是个文化自治的村落共同体。以徐勇为代表的学者认为，自从国家产生到现在，政治体系均可分为两个层面：一是国家权力体系，以国家强制力控制社会为主要政治特征；二是基础性政治社会，以国家权力渗透于民众日常生活为主要政治特征。在传统中国，尽管基础性政治社会有政治，但是，上层政治体系和基层政治体系差异巨大，处于分离和分割的状态。① 正如马克思所言：东方国家上层不断变动，基层社会却停滞不变。② 我们今天研究当下中国的政治体系，依然可以将政治体系分为两个层次，一个层次为“上层政治”，一个层次为“基层政治”。在本研究中，所谓上层政治，主要指政治体系的上层或高层主要关注的政治现象和开展的政治活动。具体来看，“上层政治”主要表现在两大方面，一是秉持现实主义情怀，关注国际政治和国家间政治；二是秉持制度主义情怀，做好国内政治的顶层设计。就我国国内政治而言，顶层设计需要从国家治理体系和治理能力现代化的目标导向出发，全面推进改革发展诸领域的制度设计和制度建设，重点解决影响全面发展的政治体制和机制问题。所以，上层政治具有较强的理论性与前瞻性。相对而言，所谓基层政治，主要是指政治体系的下层或底层主要关注的政治现象和开展的政治活动。在本研究中，民生政治是当前基层政治的主要表现，它时刻关注着社会和谐与民众生活。民生政治的主要载体就是在基层，在民众的生产生活中。所以，与上层政治相比，民生政治更具实践性和现实性。

虽然有上述直观比较的差异，但是，作为影响当前社会发展的突出问题之一的民生问题，依然成为21世纪以来“上层”特别关注的问题。其

---

① 徐勇：《非均衡的中国政治——城市与乡村比较》，中国广播电视出版社1992年版，第3页。

② 《马克思恩格斯全集》（第28卷），人民出版社1973年版，第272页。

“上层政治”色彩表现在三个方面。其一是理论自觉。进入21世纪以来，中国共产党和中国政府相继提出要把解决好“三农”问题作为全党工作和全部政府工作的“重中之重”。顺着“重中之重”的思维逻辑，面对农业弱质、农村落后和农民弱势的现实，中央敏锐提出“两个趋向”的重大战略研判，确定了“工业反哺农业、城市支持农村”和“多予、少取、放活”的战略方针。① 从国家治理体系和治理能力现代化的战略目标出发，明确了“让广大农民平等参与现代化进程、共同分享现代化成果”的实践宗旨；确立了走中国特色新型城镇化和农业现代化道路；部署了城镇化和农业现代化相互协调、同步发展，“形成以工促农、以城带乡、工农互惠、城乡一体的新型工农、城乡关系”的一系列重大举措。② 其二是价值引领。中央要求，党员干部在保持理论清醒和夯实理论基础的前提下，要将理论成果转化为“提升党性修养、思想境界、道德水平的精神营养”，“牢牢占据推动人类社会进步、实现人类美好理想的道义制高点”③。在民生领域，要将价值观念转化为“深入实际、深入基层、深入群众”，“问政于民、问需于民、问计于民”的实际行动。④ 这种以上率下、自上而下、率先垂范的“规律—使命式代表”模式，既是政治要求和政治立场，更是价值追求和理想信念。⑤ 这一正面、积极、上进的道义政治形态，在动员发展力量、凝聚民众共识、强化理想引领等方面均具有强大的精神驱动力。这一价值面向的确立，也有利于自下而上调动民众监督权力运行、抵制腐败风险、遏制歪风邪气。其三是“高位推动”。⑥ 就民生政治的文字呈现来看，在党的十六大、十七大、十八大和十九大报告

① 胡锦涛在党的十六届四中全会上明确指出：“纵观一些工业化国家发展的历程，在工业化初始阶段，农业支持工业、为工业提供积累是带有普遍性的趋向；但在工业化达到相当程度以后，工业反哺农业、城市支持农村，实现工业与农业、城市与农村协调发展，也是带有普遍性的趋向。”

② 胡锦涛：《坚定不移沿着中国特色社会主义道路前进 为全面建成小康社会而奋斗——在中国共产党第十八次全国代表大会上的报告》，《人民日报》2012年11月18日。

③ 习近平：《在庆祝中国共产党成立95周年大会上的讲话》，《人民日报》2016年7月2日。

④ 《中共十八届六中全会在京举行》，《人民日报》2016年10月28日。

⑤ 景跃进：《代表理论与中国政治——一个比较视野下的考察》，《社会科学研究》2007年第3期。

⑥ 贺东航、孔繁斌：《公共政策执行的中国经验》，《中国社会科学》2011年第5期。

中，均有章节重点论述民生建设。自2004年至今，在中央农村工作会议的基础上，中央连续出台的“中央一号文件”均关注“三农”领域的民生建设问题。以“中央一号文件”精神为指引，中央密集出台、部署一系列惠农政策，推动民生政治建设。就民生政治的实践机构和保障机制来看，中央成立的全面深化改革领导小组，也负责民生领域改革和建设的顶层设计和统筹协调。设立中央农村工作领导小组，由主管农村工作的中央领导同志和有关农村、农业经济部门负责人组成，负责对农村、农业经济工作领域的重大问题做出协调和决策。上述文件、政策和机构均对民生建设形成了“高位推动”的优势。

社会调查显示，在上层政治的理论自觉、价值引领和高位推动中，相比较于地方政府和基层干部，中央政府获得了农民更高的政治认同和更大的合法性支持。[①] 但是我们看到，民生政治的最主要内涵是来自于民众日常生活的自然表达和反复践行。开门七件事，柴米油盐酱醋茶。民众在生产生活中对公共权力、对政府的需求是民生政治产生的原始基础。所以，有了上层政治的顶层设计，民生政治更需要基层政府去贯彻、实施，还需要综合民众的反馈，再回馈到上层，以便做出政策调整。社会调查也显示，惠农政策在政策力度、政策结构、政策环境等方面还存在许多问题，使得农民对政策的具体实施还持有许多意见。[②] 这也从另一个层面凸显了民生政治的务实性、民生政治实践的多样性和丰富性。民生政治的这些特性，要求民生建设要切合民众需求，在解决民众生产生活所遇到的公共问题中收获政治合法性。所以，上层政治只有与民生政治相结合，才能看到农村政治发展的全部状态。而惠农政策构织的政策网络，恰好是研究国家与民众互动的接点和焦点。[③] 这其中，相比较于传统政治的政治体系之间相互分离和分隔，我们已经看到了现代上层政治与民生政治是有紧密联系的，其内涵统一，外在表现为上下互动。

第二个维度是生存政治与民生政治，即民生政治的历史定位问题。

---

① 邓大才等：《国家惠农政策的成效评价与完善研究》，经济科学出版社2015年版，第228页。

② 同上。

③ 彭勃：《“政策网络”理论与中国基层政治研究》，《中共浙江省委党校学报》2004年第1期。

当“政治”被界定为与国家有关、有关“国家大事”的内涵时，可以认为，中国传统农村社会“无政治”。当“政治”被界定为“管理众人之事”的内涵时，则可认为众人均关涉政治。在此意义上，人类第一时间、最初层次涉及的政治，当属生存政治。所以，生存政治是基于生存需要，基于内在的生存需求而向外拓展，获得生存空间而创造的政治关系。政治关系的生成和辐射呈现由内向外、自下而上的路径。

我国虽然具有悠久的农耕历史，但是，农民生存理性主导、与天抗争的农业社会内部也只能解决生存问题，剩余产品有限。[①] 如果遇到人口迁入或者自然灾害，生存则会受到威胁。可以说，生存政治是传统中国政治发展史上的主旋律之一。新中国成立后，我们采取以农业支持工业、以农村支持城市的发展战略，农村发展受到挤压，农民生活困难，加上自然灾害和政治运动，农民生存陷入困境。迫于生存压力，安徽小岗农民率先进入承包田。家庭联产承包制在全国的推行，解决了中国农民吃饭这一天大的问题。但是，汲取农业剩余和农村资源这一赋税关系依然存在。随着农村开支的扩大和基础设施建设的更新，有些区域，农业税赋越来越重，导致农民抛地、避税现象的发生。有些地方官民矛盾加剧，政府与民争利，群体性事件和上访事件频发。这些所谓与人抗争而形成的“抗争性政治”可以看作是生存政治的延伸和升级。[②] 在上述生存政治关系中，我们看到的更多是政治主体之间的张力和矛盾，这些矛盾是基于生存这一原初动力的矛盾。

如果说生存政治的自然属性比较浓厚，那包含生存内涵、但更多包含发展要义的民生政治的社会属性则比较浓厚。也可以说，民生政治具有时代性，不同阶段的民生政治，有不同的内涵和特性。新中国成立以后，我们虽然从主观上赋予了农民群体以国家主人的主体资格，承认了农民生产生活在总体国家中的重要地位，但是，农业支持工业、农村支持城市的发展战略，客观上导致了“民生”成为“问题”。民生问题的上述“历史性因素”“结构性因素”“变迁性因素”，都与中国现代国家成长的特殊情境

① 徐勇：《农民理性的扩张：“中国奇迹”的创造性主体分析——对既有理论的挑战及新的分析进路的提出》，《中国社会科学》2010 年第 1 期。

② 于建嵘：《利益博弈与抗争性政治——当代中国社会冲突的政治社会学理解》，《中国农业大学学报》（社会科学版）2009 年第 1 期。

紧密相关。[1] 民生问题因国家战略而凸显，也要在国家战略调整和国家与民众关系的改善中得以解决。特别是改革开放以来，由生存政治到民生政治的发展，经历了三大变迁，也可以说有三大诱因：一是经济变迁，即农业社会到工业社会的变迁，工业剩余有能力保障民生。这一经济变迁奠定了民生政治的物质基础。二是政治变迁，即由无民权的政治时代向民权崛起的政治时代迈进；由民权无保障的政治时代向保障民权的政治时代迈进。这一政治变迁是民众和国家主体意识自觉的产物。三是社会变迁，即社会整体由生存型社会进入发展型社会，在发展型社会中，市场体制的逐步确立，向民众提供了广阔的自由、竞争平台，与此同时，民众在生产生活中也产生了对公共服务的需求。建设服务型政府，满足民众的基本公共需求，成为政治发展和社会进步的基本面向。具体而言，进入21世纪以来，国家出台5大类、共计120多项惠政策，对推动农村社会发展，起到了重大作用。农村基础设施建设和改造等公益型惠农政策，夯实了农村发展基础。种粮农民直接补贴、农资综合补贴、购置农机具补贴等福利型惠农政策，提升了农民地位，调动了农民发展的积极性。农村低保、五保、新农保、新农合等保障型惠农政策，确立了农民的公民身份和国民待遇，更进一步拉近了国家与农民的距离。种植保险、养殖保险等保险型惠农政策，为农村发展保驾护航，呵护发展成果。

由此可见，当前中国的民生政治的生发，有生存政治的土壤，但民生政治的内涵更多来自于执政核心自上而下对民生问题的理论自觉和实践担当，来自于民众自下而上的权益维护和政治参与。民生政治除了有生存的基因之外，更多是发展的需求。这一发展的需要表现在两个层面，一是政府提供机会平等的发展环境，强调社会各个阶层，特别是农民群体公平、平等分享、共享改革、开放、发展的成果。二是将公益型、福利型、保障型、保险型惠农政策和培育型惠农政策充分结合，特别是政府将农民群体纳入发展主体的主要构成，通过出台和优化一系列发展型惠农政策，涵养和培育农村社会的“造血”功能。所以，生存政治基于生存的原动力，有抗争、威胁甚至斗争的色彩；而民生政治更多体现政府与民众之间的互动与合作，强调民众的主体意识和积极参与。

---

① 舒永久、傅静：《民生问题的形成原因与对策》，《人民论坛》2010年第23期。

第三个维度是权力政治与民生政治，即政治的民生基础问题。

权力政治主要指围绕权力的获得和运用所产生的政治关系和政治现象。可以说，权力政治是政治的经典范式，一切政治体系都把获取和运用权力作为第一目标，获取权力并执掌权力是一切政治体系的首要事务。特别是在政治体系建立之初，权力政治尤为明显。待政治体系稳定之后，巩固权力成为例行，略显隐蔽；普通民众能够感同身受的，或者说感受最明显、最典型的政治权力就是暴力和强制力。暴力和强制力在日常政治中体现在两个方面：对外保持政治体系独立运行；对内保持政治体系统一、高效运行。所以，权力政治分析不管在国际政治研究还是国内政治研究中，都是比较重要的分析框架。

但是，在权力政治实践中，在孜孜不倦追求权力的过程中，容易误导民众将内涵丰富的政治简单看成权力、权势的争夺，而忽视权力的基础和具体事件，将权力政治庸俗化和形式化，造成工具主义权力观的泛滥。由于权力资源有限，掌握多数权力的少数职业政客经常活跃于政治活动中，权力政治容易造成精英政治的印象。普通民众饭后茶余经常谈论和加工精英政治，久而久之，权力政治被不断想象而走向神秘化。神秘化的权力政治，对于精英而言，容易导致权力私有和私人化；对于民众而言，政治仅成为谈资，已经严重脱离日常生活。而当政治发展主题聚焦在民众的医疗卫生、教育培训、生态环境、公共安全、安居就业诸多方面时，民众会认为政治是具体的和可感知的。而当政治发展的成果体现在公益建设、福利提升、保障兜底、保险呵护、培育发展等民众生产生活的改善和进步时，民众就会感受到政府的存在和作为，并被吸引到积极评判和解决民生问题的平台中来。① 这一平台融入了民众生活，提高了民众政治参与的积极性，提升了政治参与的效能感，这就是民生政治：政府关注民生，民众可知、可感、可参与政治。在权力政治与民生政治的比较中我们也看到，权力政治的权力是公共权力，其公共性的形塑主要来源于民生政治的崛起和发展。

在我国，社会主义制度的确立，不管在国际政治还是国内政治中，都是权力政治的重大成果。在广大农村地区，新中国成立以后，权力政治主

① 王俊拴：《从强国到民生：新世纪我国政治发展主题的确立及其意义》，《陕西师范大学学报》（哲学社会科学版）2012 年第 6 期。

要表现在三个层面，也可以说，政治权力主要在以下三个层面发挥作用：其一，取消市场机制，实施统购统销，以政治权力保障农村支持城市、农业支持工业战略的实施。其二，限制人口流动，对土地用途实施管制，城乡分割，城乡分治，造成城乡之间人为性的差距和差异。其三，政治统领一切，政府统制社会，政治权力强大，作用明显。上述三个层面呈现出来的最突出的政治现象就是，政府单方面管控社会和民众，局部地区和个别事务中产生了矛盾。

权力政治在极端场合和个别情景中表现为暴力和强制力，这是权力政治的正当呈现。而在民众的大部分生活中，权力需要转化为权威、权力要寻求合法性资源、权力政治需要民生政治的配合，异化的权力政治更需要民生政治来补救和匡正，这就是我们今天所看到的民生政治建设。针对权力政治呈现作用的三个层面，当下的民生政治也从三个层面发挥效能：其一，确立市场在资源配置中的基础性地位，包括土地、宅基地确权颁证，农村产权交易市场的建立，合作金融等一系列惠农政策的实施，为建设、开拓农村市场奠定基础。在此基础上，国家推出种粮农民综合补贴、农资补贴、农产品最低收购价等一系列惠农政策，保护、支持农业发展。在充分发挥市场的决定性作用的同时，更好发挥政府的作用。其二，大力推进新型城镇化，重点解决 3 个“1 亿”的城镇化问题，消弭城乡之间的制度性差异，调整政府“越位”“抢位”现象，让政府权力回归“正当”和“更好”水平。其三，在农村地区普遍实行村民自治，通过低保、新农保、新农合、义务教育“两免一补”等惠农政策，推进农村社会建设，激发民众参与国家总体建设的积极性。在此意义上，民生政治呈现两个层面的含义：一方面是国家在立法权、司法权、行政权等公共权力的运行和运用中，重视、推动和改善民生；另一方面作为公共权力的作用对象，民众转被动为主动，有能力、积极主动参与民生改善，以合法性资源回馈公共权力。所以，就此而言，进入 21 世纪以来，与其说农村政治发展的主题下降到了民生领域，不如说是权力政治的转换器逻辑性地自然演绎到民生政治这一更现实、更具支撑意义的层面上。[①] 由此可见，权力政治向民

---

① 王俊拴：《从强国到民生：新世纪我国政治发展主题的确立及其意义》，《陕西师范大学学报》（哲学社会科学版）2012 年第 6 期。

生政治的转型，核心在于实现政府单一中心向“政府—社会”双中心转变；政府单一的社会管控职能向社会管理和公共服务双职能转变，核心要义是统制向治理的转变。

第四个维度是民主政治与民生政治，即政治的民生导向问题。

毋庸置疑，民主政治是世界性的政治发展潮流，其内涵主要体现为一种民主的政治制度设计，强调程序正义。民主政治既有共性，也有个性。中国民主政治的个性，既表现在以人的全面发展为核心的政治价值追求上，又表现在符合基本国情的经济、政治、社会制度安排中。在中国农村，民主政治建设的主要形式是村民自治。村民自治从20世纪80年代开始发展，《中华人民共和国村民委员会组织法》的试行和正式通过，使村民自治作为一项新型的群众自治制度和直接民主制度在我国农村逐渐发展，并在90年代全面推行。在发展的过程中，地方不断有村民自治的创新，中央也不断提升总结，村民自治最终以“三个自我”和“四个民主”并能“有效实现”的核心内涵茁壮成长。[①] 有关研究指出，目前的村民自治，已经升级到“2.0版本”，成为中国基层民主的主要构成。[②] 但是，从“四个民主”的具体操作来看，还存在一些突出的问题。比如，民主选举“选上去”已经步入正轨，“选下来”还存在许多缺憾，操作起来不方便。民主决策、民主管理、民主监督共同存在的问题就是，村民日常例行决策、例行管理、例行监督不积极，甚至冷淡，但是，一旦在决策、管理和监督的结果中发现问题，就会回过头来挖掘决策、管理和监督程序与过程中的漏洞。这一现象在一定程度上回应了中国民众的民主观念是“结果导向型民主”“实质民主”这一理论的解释力。[③] 为此，如果说民主政治的经典内涵是注重一种政治制度设计，即对政治制度的民主式设计，侧重民主的程序和形式建设的话，在笔者看来，引入民生政治，与民主政治形成互构；或者将民主政治建设纳入民生政治建设的内涵，更有利于推动当下农村政治发展。

具体而言，主要表现在两个方面，其一，村民自治之后，特别是民主

---

① 徐勇、赵德健：《找回自治：对村民自治有效实现形式的探索》，《华中师范大学学报》（人文社会科学版）2014年第4期。

② 徐勇：《拓展村民自治研究的广阔空间》，《东南学术》2016年第2期。

③ 史天健、玛雅：《走出“民主”迷信》，《开放时代》2009年第6期。

选举之后，需要改善民生，民主政治需要落脚于民生政治。在某些区域，村民自治出现走过场、流于形式甚至被村民所厌烦的现象，主要原因在于村民自治没有民生兑现。在支农惠农的大背景下，绝大多数中西部地区农村发展的资源靠外部输入，而外部资源是否能输入本村，不是村民自治能够起决定性作用的。另外，在民众的直接政治认知和政治感受中，系列惠农政策带着中央的“公益”“福利”“保险”“保障”和“发展”进村入户，中央政府收获了政治合法性资源，民生政治关系主要确立于中央政府和民众之间。夹在中间的地方政府，特别是基层政府变成了把控惠农政策资源、与民争利的“恶人”。而村民自治的另一层民主内涵也在于确立了乡镇政府与村民委员会之间的指导与被指导关系。所以，长期以来，在多种场合，农村地区的民主政治与民生政治处于不对等和不耦合的关系中。所以，惠农政策的民生政治内涵还在于，要通过一系列的惠农政策，改革农村发展体制机制，盘活村庄内部的发展资源，解放和发展农村生产力，使得民主政治的形式内涵与民生政治的实质内涵相对应，可兑现。

其二，在民生政治建设中，问题导向式推动、带动民主政治建设，构建有民生绩效的民主政治。[①] 有研究也认为，民生成为“问题”，原因之一就是民众利益表达的方式和渠道缺乏，即民主的缺乏导致民生问题。[②] 所以，以民生政治为主，并不意味着完全抛弃民主政治，民主政治的存在、民主制度的运行是社会公平正义的前提与保障，并且民生政治的发展以及惠农政策实施可以带动基层民主新一轮的发展和深化。这其中，还需讨论的是，陈明明认为，解决民生问题，有两种思路。一种是民主政治的思路；另一种是民生政治的思路。在他看来，民主政治意味着改变政治权力结构和权力性质，而政治权力结构的调整和权力性质的变化会带来政治不稳定；对政治不稳定的惧怕和对政治发展前景的迷茫，也会反过来挫伤民主政治发展的动力。并且，我国目前既有的经济社会资源的分配体制刚性较高，集权的冲动也特别强。如果采取民主政治的思路，恐怕带来巨大的政治风险和政治动乱。在这种情况下，他认为，具有“基层性、世俗

---

① 林尚立：《民主与民生：人民民主的中国逻辑》，《北京大学学报》（哲学社会科学版）2012 年第 1 期。

② 舒永久、傅静：《民生问题的形成原因与对策》，《人民论坛》2010 年第 23 期。

性、普遍性、包容性、节制性”的民生政治，渐进式伸张社会权利的存在，可以逐渐软化刚性的权力结构，逐渐、逐步实现分权和共享。在此意义上，他将民生政治看成是民主政治的替代品和稳定器。[①] 显然，在陈明明的以上论述中，民主政治被看成是以改变基本权力结构为使命，这一层面的民主政治，我们姑且称为“宏观民主政治”。而由民生政治所开启的，或者与民生政治相关的，我们可以称为“微观民主政治”。在本研究中，一方面，我们看到，民主跟着利益走。[②] 惠农政策所带来的利益变化和利益调整，时时刻刻播下民主的种子、催生民主的萌芽。惠农政策所激活的合法性资源和农民对惠农政策的参与，都可以看成是民主政治的表征和发展。换言之，当社会民生需要通过某种政治机制来实现，并不断保障其实现时，这一机制及其完善，就是民主政治。[③] 从这个层面来讲，民生政治不是民主政治的替代品。民生政治与民主政治相互包含，相辅相成，甚至可以说是一体两面。特别是在当下农村的民生政治的建设中，更是如此。所以，在强调保障和改善民生的同时，更需要强调以民主来保障和改善民生。

综合上述四个维度，通过对惠农政策过程、结构和性能的政治学分析，我们可以看到，与上层政治注重顶层设计、强调政治的规划性和前瞻性相比，民生政治注重基层践行，表征政治的切身感受和现实功用。与生存政治注重内在需求、强调政治的自然性和抗争性相比，民生政治更注重向外发展，凸显政治的社会性和互构性。与权力政治看重权力把控、强调政治的强制性和非对等性相比，民生政治看重民生改善，传递政治的合法性和民生偏好。与民主政治实质指向程序正义、强调政治的规则健全和形式周延相比，民生政治实质指向结果正义，关注民众的生产改善和生活提升。这是比较而言所确立的民生政治的内涵。同时，民生政治需要与上层政治实现良性互动；民生政治需要掌握生存政治所蕴含的政治发展的原初动力，引导政治发展方向；民生政治需要在既定的权力政治格局中展开和

① 陈明明：《以民生政治为基本导向的政治发展战略》，《江苏社会科学》2012 年第 2 期。

② 徐勇：《民主：一种利益均衡机制——深化对民主理念的认识》，《河北学刊》2008 年第 2 期。

③ 王浦劬：《以治理民主实现社会民生——我国行政信访制度政治属性解读》，《北京大学学报》（哲学社会科学版）2011 年第 6 期。

运行；政治的民生内容需要与政治的民主形式相结合、相统一。所以，本书在区别对待农村政治发展主题、比较构建民生政治内涵的同时，并不排斥民生政治与上层政治、生存政治、权力政治之间的联系。如此理解，农村政治发展理论中加入民生政治的理论贡献，不仅扩展了理论的解释力，完善了理论体系，也为现实场景中惠农政策的制定、贯彻和执行，以及民生政治建设提供了方向和指导。

结合民生政治的理论志向，当前和往后的惠农工作以及惠农政策的完善，主要集中在四个方面：第一，需要加强惠农政策的第三方评估，以对农民的政策感受的精准把握，完善政策体系，实现惠农政策口惠实至，使民生政治建设真正落地生根。第二，继续深化惠农政策的“惠及”功能，把在二元体制下所形成的、农民所缺失的“国民待遇”补给农民，惠及农村，并且实现基层民生治理的法治化。[①] 同时，抓紧出台和完善针对无地农民、失地农民、农民工“新三农”问题的政策。加强国家解决“三农”问题和“新三农”问题的力度，夯实民生政治的社会基础，使民生建设真正成为改善政治均衡发展的有效工具。第三，破解作为基层政府社会治理手段的惠农政策的技术壁垒，注重对民生问题和民生偏好的有效反馈，实现政策工具和政策实效的高度统一。第四，破解对惠农政策的文本主义和程序正义的迷思和假象，注重对惠农政策的实践成效的把握和结果正义的追求。在惠农政策过程中，实现民主政治与民生政治的高度统一。

但是，无论是在理论还是实践中，民生政治可能被误解，民生政治建设也可能误入歧途。为此，还需讨论三点，以便进一步厘清民生政治的边界和理论限度，准确把握民生政治的内涵，推进民生政治建设。其一，本书研究民生政治，不是要达到“泛政治化”的目的和效果，不是回归全能主义国家，也不能造成“政治挂帅”、政治统领一切社会生活空间的错觉。本书探析惠农政策过程中所蕴含的民生政治的另一条路径，是想透过惠农政策过程，在国家与民众共同推进民生政治建设中，精准识别政府、市场与社会的边界与勾连机制，在此基础上，精准把握新时代背景中国家与农民关系。所以，笔者认为，在当前教育、医疗、卫生、养老等重大民

① 李占宾：《基层治理的现实困境及法治化路径》，《河南师范大学学报》（哲学社会科学版）2016 年第 1 期。

生建设和民生改革中，民生政治的边界在于：政府需要担当公共服务职责，但要厘清政府、市场和社会的边界，警惕资源和权力再集中化的危害，更好发挥政府作用。为此，需要坚持这样的原则：所有民生事务，凡是市场或社会组织有意向做并且能够做的，政府要放手，但要为社会和市场做事提供公共服务，包括搭建做事的平台，提供做事的机会和机制。凡是市场或社会不愿意做或者没有积极性做的事务，均应该由政府承担。同时，政府做事的过程，也要培育和激发市场与社会组织的积极参与和全面监督。政府做事，也要借鉴或运用市场或社会手段，讲经济，讲效率。[①] 其二，在前文的论述中，我们看到，民生政治关涉民众生产生活，但是此生活中的民生政治，非彼“生活政治”。中国的民生政治发展，处于民生进入政治、确立民生的国家属性、落实事关民生的公共政策的阶段。政府需要关注民生，解决民生问题。总体而言，民生问题是中国现代国家构建进程中需要解决的一个问题。而吉登斯所提出的“生活政治”，可以看成是一个后现代化的问题。“生活政治”关注个人选择和个人生活从现代社会中的“解放”。[②] 当然，也可以说，中国目前的政治发展处于“重叠期”或“叠加期”，既要关注传统性和现代性，也要关注后现代性。但是需要区分对待，不能造成政治发展和政治建设的时空错乱。其三，当前的民生政治还需特别强调“绿色民生”的内涵。[③] 对健康和良好生态的需求既是生存政治的本意，也变成了当下需要重点关注的民生政治的主要内涵。满足民众日益增长的物质和精神需求，是民生政治的基本内涵，但是，可持续、健康、安全的民生保障也是民生政治发展需要关注的焦点之一。

---

① 徐勇、项继权：《民生问题的实质是政治问题》，《华中师范大学学报》（人文社会科学版）2008 年第 3 期。

② 安东尼·吉登斯：《现代性与自我认同》，生活·读书·新知三联书店 1998 年版，第 31 页。

③ 李强彬：《绿色民生：政治科学视域的解读》，《南京师大学报》（社会科学版）2016 年第 5 期。

附　　录

附录一：2004—2019年“中央一号文件”涉及“惠农政策”要点摘录

2004年**“中央一号文件”题目为《中共中央 国务院关于促进农民增加收入若干政策的意见》**，涉及的内容有：对农民个人、农场职工、农机专业户和直接从事农业生产的农机服务组织购置和更新大型农机具给予一定补贴。

政府对接受培训的农民给予一定的补贴和资助。

为保护种粮农民利益，要建立对农民的直接补贴制度。2004年，国家从粮食风险基金中拿出部分资金，用于主产区种粮农民的直接补贴。其他地区也要对本省（区、市）粮食主产县（市）的种粮农民实行直接补贴。要本着调动农民种粮积极性的原则，制定便于操作和监督的实施办法，确保补贴资金真正落实到农民手中。

加快建立政策性农业保险制度，选择部分产品和部分地区率先试点，有条件的地方可对参加种养业保险的农户给予一定的保费补贴。

有条件的地方要探索建立农民最低生活保障制度。

2005年**“中央一号文件”题目为《中共中央 国务院关于进一步加强农村工作提高农业综合生产能力若干政策的意见》**，涉及的内容有：继续加大“两减免、三补贴”等政策实施力度。减免农业税、取消除烟叶以外的农业特产税，对种粮农民实行直接补贴，对部分地区农民实行良种补贴和农机具购置补贴，是党中央、国务院为加强农业和粮食生产采取的重大措施，对调动农民种粮积极性、保护和提高粮食生产能力意义重大。

从2005年起，实施奶牛良种繁育项目补贴。

到2007年，争取全国农村义务教育阶段贫困家庭学生都能享受到免书本费、免杂费、补助寄宿生生活费，国家扶贫开发工作重点县要加快实施步伐。坚持以农村为重点的卫生工作方针，积极稳妥推进新型农村合作医疗试点和农村医疗救助工作，实施农村医疗卫生基础设施建设规划，加快农村医疗卫生人才培养，提高农村医疗服务水平和应对突发公共卫生事件的能力。

有条件的地方可以探索建立农村社会保障制度。

2006年“中央一号文件”题目为《中共中央 国务院关于推进社会主义新农村建设的若干意见》，涉及的内容有：稳定、完善、强化对农业和农民的直接补贴政策。要加强国家对农业和农民的支持保护体系。对农民实行的“三减免、三补贴”和退耕还林补贴等政策，深受欢迎，效果明显，要继续稳定、完善和强化。2006年，粮食主产区要将种粮直接补贴的资金规模提高到粮食风险基金的50%以上，其他地区也要根据实际情况加大对种粮农民的补贴力度。增加良种补贴和农机具购置补贴。适应农业生产和市场变化的需要，建立和完善对种粮农民的支持保护制度。

从2006年起，大幅度增加农村沼气建设投资规模，有条件的地方，要加快普及户用沼气，支持养殖场建设大中型沼气。以沼气池建设带动农村改圈、改厕、改厨。

2006年对西部地区农村义务教育阶段学生全部免除学杂费，对其中的贫困家庭学生免费提供课本和补助寄宿生生活费，2007年在全国农村普遍实行这一政策。积极推进新型农村合作医疗制度试点工作，从2006年起，中央和地方财政较大幅度提高补助标准，到2008年在全国农村基本普及新型农村合作医疗制度。

2006年，在全国范围取消农业税。

2007年“中央一号文件”题目为《中共中央 国务院关于积极发展现代农业扎实推进社会主义新农村建设的若干意见》，涉及的内容有：健全农业支持补贴制度。近几年实行的各项补贴政策，深受基层和农民欢迎，要不断巩固、完善和加强，逐步形成目标清晰、受益直接、类型多样、操作简便的农业补贴制度。各地用于种粮农民直接补贴的资金要达到粮食风险基金的50%以上。加大良种补贴力度，扩大补贴范围和品种。扩大农机具购置补贴规模、补贴机型和范围。加大农业生产资料综合补贴力度。中央财政要加大对产粮大县的奖励力度，增加对财政困难县乡增收节支的补助。同时，继续对重点地区、重点粮食品种实行最低收购价政策，并逐步完善办法、健全制度。

扩大农业政策性保险试点范围，各级财政对农户参加农业保险给予保费补贴，完善农业巨灾风险转移分摊机制，探索建立中央、地方财政支持的农业再保险体系。鼓励龙头企业、中介组织帮助农户参加农业保险。

2007年全国农村义务教育阶段学生全部免除学杂费，对家庭经济困难学生免费提供教科书并补助寄宿生生活费，有条件的地方可扩大免、补实施范围。在全国范围建立农村最低生活保障制度，各地应根据当地经济发展水平和财力状况，确定低保对象范围、标准，鼓励已建立制度的地区完善制度，支持未建立制度的地区建立制度，中央财政对财政困难地区给予适当补助。

有条件的地方，可探索建立多种形式的农村养老保险制度。

2008年“中央一号文件”题目为《中共中央 国务院关于切实加强农业基础建设进一步促进农业发展农民增收的若干意见》，涉及的内容有：巩固、完善、强化强农惠农政策。按照适合国情、着眼长远、逐步增加、健全机制的原则，坚持和完善农业补贴制度，不断强化对农业的支持保护。继续加大对农民的直接补贴力度，增加粮食直补、良种补贴、农机具购置补贴和农资综合直补。扩大良种补贴范围。增加农机具购置补贴种类，提高补贴标准，将农机具购置补贴覆盖到所有农业县。认真总结各地开展政策性农业保险试点的经验和做法，稳步扩大试点范围，科学确定补贴品种。全面落实对粮食、油料、生猪和奶牛生产的各项扶持政策，加大对生产大县的奖励补助，逐步形成稳定规范的制度。根据保障农产品供给和调动农民积极性的需要，统筹研究重要农产品的补贴政策。强农惠农政策要向重点产区倾斜，向提高生产能力倾斜。继续对重点地区、重点粮食品种实行最低收购价政策。

加快转变畜禽养殖方式，对规模养殖实行“以奖代补”，落实规模养殖用地政策，继续实行对畜禽养殖业的各项补贴政策。

建立健全生猪、奶牛等政策性保险制度。

对全部农村义务教育阶段学生免费提供教科书，提高农村义务教育阶段家庭经济困难寄宿生生活费补助标准。

2008 年在全国普遍建立新型农村合作医疗制度，提高国家补助标准，适当增加农民个人缴费，规范基金管理，完善补偿机制，扩大农民受益面。完善农村医疗救助制度。

建立健全农村社会保障体系。完善农村最低生活保障制度，在健全政策法规和运行机制基础上，将符合条件的农村贫困家庭全部纳入低保范围。中央和地方各级财政要逐步增加农村低保补助资金，提高保障标准和补助水平。落实农村五保供养政策，保障五保供养对象权益。探索建立农村养老保险制度，鼓励各地开展农村社会养老保险试点。

2009 年"中央一号文件"题目为《中共中央 国务院关于 2009 年促进农业稳定发展农民持续增收的若干意见》，涉及的内容有：较大幅度增加农业补贴。2009 年要在上年较大幅度增加补贴的基础上，进一步增加补贴资金。增加对种粮农民直接补贴。加大良种补贴力度，提高补贴标准，实现水稻、小麦、玉米、棉花全覆盖，扩大油菜和大豆良种补贴范围。大规模增加农机具购置补贴，将先进适用、技术成熟、安全可靠、节能环保、服务到位的农机具纳入补贴目录，补贴范围覆盖全国所有农牧业县（场），带动农机普及应用和农机工业发展。加大农资综合补贴力度，完善补贴动态调整机制，加强农业生产成本收益监测，根据农资价格上涨幅度和农作物实际播种面积及时增加补贴。按照目标清晰、简便高效、有利于鼓励粮食生产的要求，完善农业补贴办法。根据新增农业补贴的实际情况，逐步加大对专业大户、家庭农场种粮补贴力度。

加快发展政策性农业保险，扩大试点范围、增加险种，加大中央财政对中西部地区保费补贴力度。

继续落实生猪良种补贴和能繁母猪补贴政策，扩大生猪调出大县奖励政策实施范围。继续落实奶牛良种补贴、优质后备奶牛饲养补贴等政策。

推进广播电视村村通、文化信息资源共享、乡镇综合文化站和村文化室建设、农村电影放映、农家书屋等重点文化惠民工程。

2010 年**“中央一号文件”题目为《中共中央 国务院关于加大统筹城乡发展力度 进一步夯实农业农村发展基础的若干意见》**，涉及的内容有：完善农业补贴制度和市场调控机制。坚持对种粮农民实行直接补贴。增加良种补贴，扩大马铃薯补贴范围，启动青稞良种补贴，实施花生良种补贴试点。进一步增加农机具购置补贴，扩大补贴种类，把牧业、林业和抗旱、节水机械设备纳入补贴范围。落实和完善农资综合补贴动态调整机制。按照存量不动、增量倾斜的原则，新增农业补贴适当向种粮大户、农民专业合作社倾斜。逐步完善适合牧区、林区、垦区特点的农业补贴政策。加强对农业补贴对象、种类、资金结算的监督检查，确保补贴政策落到实处，不准将补贴资金用于抵扣农民交费。

针对经济发展和农民生产生活需要，适时出台刺激农村消费需求的新办法新措施。加大家电、汽车、摩托车等下乡实施力度，大幅度提高家电下乡产品最高限价，对现行限价内的产品继续实行 13% 的补贴标准，超出限价的实行定额补贴，允许各省（自治区、直辖市）根据本地实际增选一个品种纳入补贴范围，补贴对象扩大到国有农林场（区）职工。

从 2010 年起提高中央财政对属集体林的国家级公益林森林生态效益补偿标准。建立造林、抚育、保护、管理投入补贴制度，开展造林苗木、森林抚育补贴试点，中央财政对林木良种生产使用、中幼林和低产林抚育给予补贴。

逐步提高新型农村合作医疗筹资水平、政府补助标准和保障水平。做好新型农村合作医疗、农村医疗救助、城镇居民基本医疗保险、城镇职工基本医疗保险制度的政策衔接。继续抓好新型农村社会养老保险试点，有条件的地方可加快试点步伐。积极引导试点地区适龄农村居民参保，确保符合规定条件的老年居民按时足额领取养老金。合理确定农村最低生活保障标准和补助水平，实现动态管理下的应保尽保。落实和完善被征地农民社会保障政策。健全临时救助制度。

2011 年**“中央一号文件”题目为《中共中央 国务院关于加快水利改革发展的决定》**。

2012 年**“中央一号文件”题目为《中共中央 国务院关于加快推进农业科技创新持续增强农产品供给保障能力的若干意见》**，涉及的内容有：按照增加总量、扩大范围、完善机制的要求，继续加大农业补贴强度，新增补贴向主产区、种养大户、农民专业合作社倾斜。提高对种粮农民的直接补贴水平。落实农资综合补贴动态调整机制，适时增加补贴。加大良种补贴力度。扩大农机具购置补贴规模和范围，进一步完善补贴机制和管理办法。健全主产区利益补偿机制，增加产粮（油）大县奖励资金，加大生猪调出大县奖励力度。探索完善森林、草原、水土保持等生态补偿制度。

2013 年**“中央一号文件”题目为《中共中央 国务院关于加快发展现代农业进一步增强农村发展活力的若干意见》**，涉及的内容有：加大农业补贴力度。按照增加总量、优化存量、用好增量、加强监管的要求，不断强化农业补贴政策，完善主产区利益补偿、耕地保护补偿、生态补偿办法，加快让农业获得合理利润、让主产区财力逐步达到全国或全省平均水平。继续增加农业补贴资金规模，新增补贴向主产区和优势产区集中，向专业大户、家庭农场、农民合作社等新型生产经营主体倾斜。落实好对种粮农民直接补贴、良种补贴政策，扩大农机具购置补贴规模，推进农机以旧换新试点。完善农资综合补贴动态调整机制，逐步扩大种粮大户补贴试点范围。继续实施农业防灾减灾稳产增产关键技术补助和土壤有机质提升补助，支持开展农作物病虫害专业化统防统治，启动低毒低残留农药和高效缓释肥料使用补助试点。完善畜牧业生产扶持政策，支持发展肉牛肉羊，落实远洋渔业补贴及税收减免政策。

继续提高新型农村合作医疗政府补助标准，积极推进异地结算。健全新型农村社会养老保险政策体系，建立科学合理的保障水平调整机制，研究探索与其他养老保险制度衔接整合的政策措施。加强农村最低生活保障的规范管理，有条件的地方研究制定城乡最低生活保障相对统一的标准。完善农村优抚制度，加快农村社会养老服务体系建设。

2014**“中央一号文件”题目为《中共中央 国务院关于全面深化农村改革加快推进农业现代化的若干意见》**，涉及的内容有：2014 年，启动东北和内蒙古大豆、新疆棉花目标价格补贴试点，探索粮食、生猪等农产品目标价格保险试点，开展粮食生产规模经营主体营销贷款试点。

完善农业补贴政策。按照稳定存量、增加总量、完善方法、逐步调整的要求，积极开展改进农业补贴办法的试点试验。继续实行种粮农民直接补贴、良种补贴、农资综合补贴等政策，新增补贴向粮食等重要农产品、新型农业经营主体、主产区倾斜。在有条件的地方开展按实际粮食播种面积或产量对生产者补贴试点，提高补贴精准性、指向性。加大农机购置补贴力度，完善补贴办法，继续推进农机报废更新补贴试点。强化农业防灾减灾稳产增产关键技术补助。继续实施畜牧良种补贴政策。

2015 年**“中央一号文件”题目为《中共中央 国务院关于加大改革创新力度加快农业现代化建设的若干意见》**，涉及的内容有：支持粮食主产区发展畜牧业和粮食加工业，继续实施农产品产地初加工补助政策，发展农产品精深加工。

提高农业补贴政策效能。增加农民收入，必须健全国家对农业的支持保护体系。保持农业补贴政策连续性和稳定性，逐步扩大“绿箱”支持政策实施规模和范围，调整改进“黄箱”支持政策，充分发挥政策惠农增收效应。继续实施种粮农民直接补贴、良种补贴、农机具购置补贴、农资综合补贴等政策。选择部分地方开展改革试点，提高补贴的导向性和效能。完善农机具购置补贴政策，向主产区和新型农业经营主体倾斜，扩大节水灌溉设备购置补贴范围。实施农业生产重大技术措施推广补助政策。实施粮油生产大县、粮食作物制种大县、生猪调出大县、牛羊养殖大县财政奖励补助政策。扩大现代农业示范区奖补范围。健全粮食主产区利益补偿、耕地保护补偿、生态补偿制度。

总结新疆棉花、东北和内蒙古大豆目标价格改革试点经验，完善补贴方式，降低操作成本，确保补贴资金及时足额兑现到农户。

加大中央、省级财政对主要粮食作物保险的保费补贴力度。将主要粮食作物制种保险纳入中央财政保费补贴目录。中央对财政补贴险种的保险金额应覆盖直接物化成本。加快研究出台对地方特色优势农产品保险的中央财政以奖代补政策。

2016 年**“中央一号文件”题目为《中共中央 国务院关于落实发展新理念加快农业现代化实现全面小康目标的若干意见》**，涉及的内容有：按照市场定价、价补分离的原则，积极稳妥推进玉米收储制度改革，在使玉米价格反映市场供求关系的同时，综合考虑农民合理收益、财政承受能力、产业链协调发展等因素，建立玉米生产者补贴制度。

健全农业农村投入持续增长机制。优先保障财政对农业农村的投入，坚持将农业农村作为国家固定资产投资的重点领域，确保力度不减弱、总量有增加。充分发挥财政政策导向功能和财政资金杠杆作用，鼓励和引导金融资本、工商资本更多投向农业农村。加大专项建设基金对扶贫、水利、农村产业融合、农产品批发市场等“三农”领域重点项目和工程支持力度。发挥规划引领作用，完善资金使用和项目管理办法，多层级深入推进涉农资金整合统筹，实施省级涉农资金管理改革和市县涉农资金整合试点，改进资金使用绩效考核办法。将种粮农民直接补贴、良种补贴、农资综合补贴合并为农业支持保护补贴，重点支持耕地地力保护和粮食产能提升。完善农机购置补贴政策。用 3 年左右时间建立健全全国农业信贷担保体系，2016 年推动省级农业信贷担保机构正式建立并开始运营。加大对农产品主产区和重点生态功能区的转移支付力度。完善主产区利益补偿机制。逐步将农垦系统纳入国家农业支持和民生改善政策覆盖范围。研究出台完善农民收入增长支持政策体系的指导意见。

探索建立农业补贴、涉农信贷、农产品期货和农业保险联动机制。积极探索农业保险保单质押贷款和农户信用保证保险。稳步扩大“保险 + 期货”试点。鼓励和支持保险资金开展支农融资业务创新试点。进一步完善农业保险大灾风险分散机制。

整合城乡居民基本医疗保险制度，适当提高政府补助标准、个人缴费和受益水平。

2017 年**“中央一号文件”题目为《中共中央 国务院关于深入推进农业供给侧结构性改革 加快培育农业农村发展新动能的若干意见》**，涉及的内容有：继续开展粮改饲、粮改豆补贴试点。

坚定推进玉米市场定价、价补分离改革，健全生产者补贴制度，鼓励多元市场主体入市收购，防止出现卖粮难。采取综合措施促进过腹转化、加工转化，多渠道拓展消费需求，加快消化玉米等库存。调整完善新疆棉花目标价格政策，改进补贴方式。

完善农业补贴制度。进一步提高农业补贴政策的指向性和精准性，重点补主产区、适度规模经营、农民收入、绿色生态。深入推进农业“三项补贴”制度改革。完善粮食主产区利益补偿机制，稳定产粮大县奖励政策，调整产粮大省奖励资金使用范围，盘活粮食风险基金。完善农机购置补贴政策，加大对粮棉油糖和饲草料生产全程机械化所需机具的补贴力度。深入实施新一轮草原生态保护补助奖励政策。健全林业补贴政策，扩大湿地生态效益补偿实施范围。

2018 年**“中央一号文件”题目为《中共中央 国务院关于实施乡村振兴战略的意见》**，涉及的内容有：落实和完善对农民直接补贴制度，提高补贴效能。健全粮食主产区利益补偿机制。探索开展稻谷、小麦、玉米三大粮食作物完全成本保险和收入保险试点，加快建立多层次农业保险体系。

完善基本公共卫生服务项目补助政策，加强基层医疗卫生服务体系建设，支持乡镇卫生院和村卫生室改善条件。

2019 年**“中央一号文件”题目为《中共中央 国务院关于坚持农业农村优先发展做好“三农”工作的若干意见》**，涉及的内容有：完善农业支持保护制度。按照增加总量、优化存量、提高效能的原则，强化高质量绿色发展导向，加快构建新型农业补贴政策体系。按照适应世贸组织规则、保护农民利益、支持农业发展的原则，抓紧研究制定完善农业支持保护政策的意见。调整改进“黄箱”政策，扩大“绿箱”政策使用范围。按照更好发挥市场机制作用取向，完善稻谷和小麦最低收购价政策。完善玉米和大豆生产者补贴政策。健全农业信贷担保费率补助和以奖代补机制，研究制定担保机构业务考核的具体办法，加快做大担保规模。按照扩面增品提标的要求，完善农业保险政策。

附录二："惠农政策与农村发展"调查问卷

尊敬的朋友：

您好！我们是"惠农政策与农村发展"项目调研小组成员，我们调查有关惠农政策和农村发展的基本情况，希望能得到您的支持与帮助，希望能为惠农政策更加惠农贡献我们的力量。此调查仅供学术研究，所有调查信息和资料将严格保密，非常感谢您的合作！

市 县（县级市）乡（镇、县辖区）村（社区）组（街、屯）

问卷统计编号

一　受访者及其家庭基本信息。请填写或者在相应选项上打"√"。

1. 您是 族（A1）①汉族　②其他民族（请注明 ）（A2）

2. 您的性别（A3）①男　②女；您今年多少周岁？____岁（A4）；您念了几年书？____年（A5）。

3. 您是（A6）①村两委干部　②村民小组长 ③普通村民

4. 您是（A7）①中共党员　② 共青团员 ③其他党派成员 ④普通群众

5. 您家有几口人？____口（A8）；1995 年以后出生的（不包括 1995 年出生的）的家庭成员有几人？____人（A9）；1952 年以前出生的（包括 1952 年出生的）家庭成员有几人？____人（A10）；目前家里在读的中

小学生（不包括高中生）有几人？____人（A11）。

6. 最近3年，您家最主要的收入来源是（A12）①种地 ②外出务工 ③个体小商户 ④种植养殖大户 ⑤工资 ⑥其他（请注明）（A13）。

7. 最近3年，您家的主要开支集中在哪几方面？（限选三项）①修房（买房）（A14）②买车（A15） ③农业生产（A16）④子女教育（A17）⑤做生意（投资）（A18）⑥家庭日常开销（A19）⑦就医看病（A20）⑧操办婚丧嫁娶等事项（A21）⑨旅游（A22）

8. 您家承包地面积约为____亩（A23）；

2012年家庭人均纯收入是多少？____元（A24）。

9. 您有闲钱后怎么用？（单选）（A25）

①存银行 ②投资 ③消费 ④接济亲友 ⑤私人放贷 ⑥看情况 ⑦没有闲钱

二 您或者您的家庭成员是否享受（参与）过以下惠农政策？在相应判断所在方框中打“√”。

惠农政策	选项			变量
	①	②	③	
义务教育“两免一补”政策	是	否	不知道	B1
种粮补贴	是	否	不知道	B2
农资综合补贴	是	否	不知道	B3
家电下乡补贴	是	否	不知道	B4
购买农机补贴	是	否	不知道	B5
合作医疗	是	否	不知道	B6
养老保险	是	否	不知道	B7
农业保险	是	否	不知道	B8
最低生活保障制度（“低保”）	是	否	不知道	B9
您还享受（参与）过哪些惠农政策？				B10

三　您了解惠农政策，主要通过哪些途径？（C1）

①广播　②电视　③村务公开栏 ④发的宣传单　⑤亲戚朋友转告 ⑥其他（请注明）（C2）

四　对于您或者您的家庭成员享受（参与）过的惠农政策，您的态度是怎样的？请在相应选项上打“√”（对照上表来填写，没享受过的惠农政策不用评价）。

相关判断	选项					变量
	①	②	③	④	⑤	
义务教育“两免一补”政策	非常积极	比较积极	一般	不太积极	很不积极	D1
粮食直补	非常积极	比较积极	一般	不太积极	很不积极	D2
农资综合补贴	非常积极	比较积极	一般	不太积极	很不积极	D3
家电下乡补贴	非常积极	比较积极	一般	不太积极	很不积极	D4
购买农机补贴	非常积极	比较积极	一般	不太积极	很不积极	D5
合作医疗	非常积极	比较积极	一般	不太积极	很不积极	D6
养老保险	非常积极	比较积极	一般	不太积极	很不积极	D7
农业保险	非常积极	比较积极	一般	不太积极	很不积极	D8
最低生活保障制度（“低保”）	非常积极	比较积极	一般	不太积极	很不积极	D9
您还希望有什么惠农政策？还希望国家出台哪方面的惠农政策？						D10

五　请您根据问题回答，在相应选项上打“√”。

相关判断	选项					变量
	①	②	③	④	⑤	
您知道“两免一补”能免多少钱？能补多少钱吗？	非常清楚	比较清楚	一般	不太清楚	很不清楚	E1

续表

相关判断	选项					变量
	①	②	③	④	⑤	
您知道您家粮食直补每年能得多少钱？	非常清楚	比较清楚	一般	不太清楚	很不清楚	E2
您知道您家农资综合补贴每年能得多少钱？	非常清楚	比较清楚	一般	不太清楚	很不清楚	E3
您知道家电下乡补贴的比例吗？	非常清楚	比较清楚	一般	不太清楚	很不清楚	E4
您知道购买农机补贴的比例吗？	非常清楚	比较清楚	一般	不太清楚	很不清楚	E5
您知道合作医疗报销的程序吗？	非常清楚	比较清楚	一般	不太清楚	很不清楚	E6
您知道合作医疗报销的比例吗？	非常清楚	比较清楚	一般	不太清楚	很不清楚	E7
您知道您 60 岁后每月能拿多少养老金吗？	非常清楚	比较清楚	一般	不太清楚	很不清楚	E8
您知道农业保险如何兑付吗？	非常清楚	比较清楚	一般	不太清楚	很不清楚	E9
您知道有“低保”的人每月能拿多少钱吗？	非常清楚	比较清楚	一般	不太清楚	很不清楚	E10
您还想知道哪项惠农政策的哪方面信息？						E11

六 根据您最近3—5年来的认识，对于下列判断或者问题，请在您认可的选项上“√”。

相关判断	选项					变量
	①	②	③	④	⑤	
中央政府越来越重视农村发展	完全认同	比较认同	一般	不太认同	很不认同	F1
地方政府越来越重视农村发展	完全认同	比较认同	一般	不太认同	很不认同	F2
农村经济发展越来越好	完全认同	比较认同	一般	不太认同	很不认同	F3
农村社会越来越稳定	完全认同	比较认同	一般	不太认同	很不认同	F4
农民生活越来越幸福	完全认同	比较认同	一般	不太认同	很不认同	F5
农村生活环境越来越美好	完全认同	比较认同	一般	不太认同	很不认同	F6
惠农政策使乡亲关系更加融洽	完全认同	比较认同	一般	不太认同	很不认同	F7
惠农政策越来越多	完全认同	比较认同	一般	不太认同	很不认同	F8
惠农政策越来越实惠	完全认同	比较认同	一般	不太认同	很不认同	F9
惠农资金越来越多	完全认同	比较认同	一般	不太认同	很不认同	F10
惠农政策越来越得到老百姓的认可	完全认同	比较认同	一般	不太认同	很不认同	F11

续表

相关判断	选项					变量
	①	②	③	④	⑤	
义务教育“两免一补”政策对缓解家庭教育负担作用大吗？	非常大	比较大	一般	不太大	根本没作用	F12
粮食直补能提高种粮积极性吗？	完全可以	基本可以	一般	基本不能	根本不能	F13
农资综合补贴能提高务农积极性吗？	完全可以	基本可以	一般	基本不能	根本不能	F14
合作医疗对缓解家庭医疗负担作用大吗？	非常大	比较大	一般	不太大	根本没作用	F15
养老保险对缓解家庭养老负担作用大吗？	非常大	比较大	一般	不太大	根本没作用	F16
农业保险对保障农业生产作用大吗？	非常大	比较大	一般	不太大	根本没作用	F17
最低生活保障制度（“低保”）能保障家庭生活吗？	完全可以	基本可以	一般	基本不能	根本不能	F18
惠农政策能增加农民收入吗？	完全可以	基本可以	一般	基本不能	根本不能	F19
惠农政策能改善农村政治环境吗？	完全可以	基本可以	一般	基本不能	根本不能	F20
惠农政策能带动农村发展吗？	完全可以	基本可以	一般	基本不能	根本不能	F21

七　请您根据自己的认识，在相应选项上打“√”。

相关问题	选项					变量
	①	②	③	④	⑤	
您觉得当前农民负担重不重？	非常重	比较重	一般	比较轻	非常轻	G1
您觉得国家是不是在不断减轻农民负担？	是	不是	不好说			G2
您觉得您享受到了该享受的惠农政策吗？	全部享受到了	大部分享受到了	一部分享受到了	小部分享受到了	不好说	G3
您认为惠农政策在贵村落实得怎样？	非常好	比较好	一般	不太好	很不好	G4
您觉得惠农政策对改善您家生活的作用大吗？	作用很大	作用较大	一般	作用较小	根本没作用	G5
您关注惠农政策吗？	非常关注	比较关注	一般	很少关注	根本不关注	G6
您认为惠农政策的宣传工作做的如何？	非常好	比较好	一般	不太好	非常不好	G7
您认为惠农政策贯彻执行的怎么样？	非常好	比较好	一般	不太好	非常不好	G8
您认为惠农政策公平公正吗？	非常公正	比较公正	一般	不太公正	很不公正	G9

再次感谢您的支持与合作！

调查时间：2013 年　月　日　时—2013 年　月　日　时

参考文献

一　著作

1. 《马克思恩格斯选集》（1—4 卷），北京：人民出版社 1995 年版。

2. 《毛泽东选集》（1—4 卷），北京：人民出版社 1991 年版。

3. 《孙中山文集》，北京：人民出版社 1981 年版。

4. 《邓小平文选〉》（1—2 卷），北京：人民出版社 1994 年版。

5. 《邓小平文选》（第 3 卷），北京：人民出版社 1993 年版。

6. 阿瑟·奥肯：《平等与效率》，北京：中国社会科学出版社 2013 年版。

7. 埃利诺·奥斯特洛姆：《公共事物的治理之道》，上海：上海译文出版社 2012 年版。

8. 阿尔蒙德：《比较政治学：体系、过程和政策》，北京：东方出版社 2007 年版。

8. 鲍尔·费思：《农业政策与可持续性——印度、智利、菲律宾及美国的实例研究》，北京：中国环境科学出版社 1995 年版。

10. 布坎南：《同意的计算》，北京：中国社会科学出版社 2000 年版。

11. 陈潭：《寻找公共政策的制度逻辑》，北京：中国政法大学出版社 2016 年版。

12. 陈振明：《政府改革与治理——基于地方实践的思考》，北京：中国人民大学出版社 2013 年版。

13. 陈振明：《政策科学》，北京：中国人民大学出版社 2003 年版。

14. 查尔斯·J. 福克斯、休·T. 米勒：《后现代公共行政》，北京：中国人民大学出版社 2002 年版。

15. 曹锦清：《黄河边的中国》，上海：远东出版社 2001 年版。

16. 邓大才：《国家惠农政策的成效评价与完善研究》，北京：经济科学出版社 2015 年版。

17. 戴维·伊斯顿：《政治生活的系统分析》，北京：人民出版社 2012 年版。

18. 戴维·奥斯本：《改革政府：企业精神如何改革着公营部门》，北京：中国人民大学出版社 1996 年版。

19. 道格拉斯·诺斯：《经济史上的结构与变迁》，北京：商务印书馆 1992 年版。

20. 费孝通：《皇权与绅权》，北京：生活·读书·新知三联书店 2013 年版。

21. 费孝通：《乡土中国》，北京：北京大学出版社 2012 年版。

22. 费孝通：《江村经济——中国农民的生活》，北京：外语教学与研究出版社 2010 年版。

23. 关信平：《社会政策概论》，北京：高等教育出版社 2004 年版。

24. 格雷厄姆·沃拉斯：《政治中的人性》，北京：商务印书馆 1991 年版。

25. 贺雪峰：《最后一公里村庄》，北京：中信出版社 2017 年版。

26. 哈耶克：《个人主义与经济秩序》，北京：生活·读书·新知三联书店 2003 年版。

27. 纪爱真：《中国三农问题发展方向研究》，北京：中国社会科学出版社 2015 年版。

28. 加里·贝克尔：《人类行为的经济分析》，上海：格致出版社 2013 年版。

29. 姜晓萍：《地方政府流程再造》，北京：中国人民大学出版社 2012 年版。

30. 杰伊·M. 沙夫里茨：《公共行政导论》（第六版），北京：中国人民大学出版社 2011 年版。

31. 金太军：《乡镇机构改革挑战与对策》，广州：广东人民出版社 2005 年版。

32. 金太军：《乡村关系与村民自治》，广州：广东人民出版社 2002 年版。

33. 康芒斯：《制度经济学》，北京：华夏出版社 2013 年版。

34. 科尔巴奇：《政策》，长春：吉林人民出版社 2005 年版。

35. 柯武刚、史漫飞：《制度经济学：社会秩序与公共政策》，北京：商务印书馆 2000 年版。

36. 胡宁生：《现代公共政策研究》，北京：中国社会科学出版社 2000 年版。

37. 黄宗智：《华北的小农经济与社会变迁》，北京：中华书局 2000 年版。

38. 陆益龙：《制度、市场与中国农村发展》，北京：中国人民大学出版社 2013 年版。

39. 罗伯特·罗素：《权力论》，北京：商务印书馆 2012 年版。

40. 梁漱溟：《中国文化要义》，上海：上海人民出版社 2011 年版。

41. 刘岳、宋棠：《国家政策在农村实践过程的理解社会学》，昆明：云南人民出版社 2006 年版。

42. 罗伯特·达尔：《多头政体：参与和反对》，北京：商务印书馆 2003 年版。

43. 林德布洛姆：《市场体制的秘密》，南京：江苏人民出版社 2002 年版。

44. 拉斯韦尔：《政治学：谁得到什么？何时和如何得到?》，北京：商务印书馆 1992 年版。

45. 莫里斯·弗里德曼：《中国东南的宗族组织》，上海：上海人民出版社 2000 年版。

46. 马丁·李普赛特：《政治人：政治的社会基础》，上海：上海人民出版社 2011 年版。

47. 莫里斯迪·韦尔热：《政治社会学——政治学要素》，北京：东方出版社 2007 年版。

48. 农业部产业政策与法规司：《农村政策法规调查与研究》，北京：中国农业出版社 2012 年版。

49. 欧克肖特：《政治中的理性主义》，上海：上海译文出版社 2003 年版。

50. 皮帕·诺里斯：《新政府沟通——后工业社会的政治沟通》，上海：上海交通大学出版社 2005 年版。

51. 秦晖：《农民中国：历史反思与现实选择》，郑州：河南人民出版社 2003 年版。

52. 乔耀章：《政府理论》，苏州：苏州大学出版社 2000 年版。

53. 孙柏瑛：《地方治理中的有序公民参与》，北京：人民大学出版社 2013 年版。

54. 孙立平：《博弈：断裂社会的利益冲突与和谐》，北京：社会科学文献出版社 2006 年版。

55. 孙光：《政策科学》，杭州：浙江教育出版社 1988 年版。

56. 斯蒂芬·奥索夫斯基：《苏联农业政策——趋向废除集体农庄》，北京：生活·读书·新知三联书店 1979 年版。

57. 佟光霁：《农业政策学》，北京：科学出版社 2017 年版。

58. 吴光芸：《公共政策学》，天津：天津人民出版社 2015 年版。

59. 吴思：《社会管理——理论、实践与案例》，上海：复旦大学出版社 2011 年版。

60. 吴理财：《改革与重建——中国乡镇制度研究》，北京：高等教育出版社 2010 年版。

61. 吴毅：《小镇喧嚣：一个乡镇政治运作的演绎与阐释》，北京：生活·读书·新知三联书店 2007 年版。

62. 王沪宁：《当代中国村落家族文化——对中国社会现代化的一项探索》，上海：上海人民出版社 1999 年版。

63. 徐勇：《中国农民的政治认知与参与》，北京：中国社会科学出版社 2012 年版。

64. 徐勇：《农民改变中国》，北京：中国社会科学出版社 2012 年版。

65. 徐勇：《中国乡村政治与秩序》，北京：中国社会科学出版社 2012 年版。

66. 徐勇：《现代国家、乡土社会与制度建构》，北京：中国物资出版社 2009 年版。

67. 俞可平：《中国治理变迁 30 年（1978—2008）》，北京：社会科学文献出版社 2008 年版。

68. 张乐天：《告别理想——人民公社制度研究》，上海：上海人民出版社 2012 年版。

69. 赵树凯：《乡镇治理与政府制度化》，北京：商务印书馆 2010 年版。

70. 詹姆斯·R. 汤森，布兰特利·沃马克：《中国政治》，南京：江苏人民出版社 2007 年版。

71. 张静：《基层政权：乡村制度诸问题》，上海：上海人民出版社 2007 年版。

72. 郑欣：《乡村政治中的博弈生存：华北农村村民上访研究》，北京：中国社会科学出版社 2005 年版。

73. 张金马：《公共政策分析：概念·过程·方法》，北京：人民出版社 2004 年版。

二　论文

1. 薄志广等：《现行财政惠农政策执行中存在的问题及建议》，《经济研究参考》2013 年第 40 期。

2. 白描、田维明：《加入 WTO 对中国粮食安全的影响》，《中国农村观察》2011 年第 4 期。

3. 陈浩天：《民生服务：基层善治与乡村资源整合的政治逻辑》，《河南师范大学学报》（哲学社会科学版）2014 年第 3 期。

4. 陈运贵：《我国文化惠农政策的问题透视与理论想象》，《求实》2013 年第 5 期。

5. 陈雪琼、刘建平：《惠农政策组织传播的科层困境与出路》，《农村经济》2012 年第 10 期。

6. 陈浩天：《基层政府公信力：惠农时期农村经济发展的政治逻辑》，《经济体制改革》2011 年第 5 期。

7. 陈艺：《农村居民参与新型农村合作医疗满意度分析——基于四川省成都市 673 户农户的调查》，《农村经济》2010 年第 4 期。

8. 程利英：《国家支农惠农政策述论——以中国古今国家支农惠农政策为例》，《开发研究》2010 年第 3 期。

9. 陈锡文：《强农惠农政策需进一步完善》，《农村财务会计》2007 年第 12 期。

10. 曹云清、张占平、李斯：《和谐社会下新型农村养老保险制度的思考》，《经济与管理》2009 年第 3 期。

11. 邓大才：《惠农政策要适时调整和优化》，《农村工作通讯》2010 年第 13 期。

12. 党国英：《论取消农业税背景下的乡村治理》，《税务研究》2005 年第 6 期。

13. 邓谨、张金梅：《惠农政策执行绩效研究综述》，《中国农学通报》2011 年第 14 期。

14. 方菲、李华燊：《伦理视阈下的农村最低生活保障制度》，《伦理学研究》2010 年第 5 期。

15. 方菲、李华燊：《农村最低生活保障制度运行中的失范效应研究》，《中州学刊》2010 年第 2 期。

16. 冯久先、晏萍：《惠农政策使农民的心态及行为发生了积极变化》，《调研世界》2005 年第 7 期。

17. 高凡变：《进一步完善农村最低生活保障制度的对策思考》，《农业经济》2012 年第 2 期。

18. 郭玮：《美国、欧盟和日本农业补贴政策的调整及启示》，《调研世界》2000 年第 8 期。

19. 黄杰华：《惠农政策中的公平性问题探究》，《求实》2014 年第 4 期。

20. 黄振华：《从强制到适应：政府与乡村关系变迁的一个解释框架——以国家惠农政策为分析视角》，《社会主义研究》2014 年第 4 期。

21. 胡德期：《强农惠农政策及资金管理的现状与对策——基于广西凌云县贯彻落实强农惠农政策情况调研》，《经济研究参考》2013 年第 5 期。

22. 扈映、米红、陈伟鑫：《“后税费”时代的基层治理：逻辑及方式——基于“新农保”试点推行的案例分析》，《探索》2012 年第 5 期。

23. 侯景明：《粮食补贴发放工作存在的问题及对策》，《经济研究参考》2011 年第 51 期。

24. 回良玉：《进一步加大强农惠农政策力度努力保持农业农村发展好势头》，《求是》2011 年第 5 期。

25. 贾义保：《新形势下农村干群和谐关系构建中的问题与对策》，《河南社会科学》2013 年第 9 期。

26. 晋洪涛：《农户行为“四化”：粮食安全潜在危机与政策建议——基于河南 24 县 455 户农民调查》，《经济问题探索》2010 年第 12 期。

27. 姜亦华：《美、欧、日的农业补贴及其启示》，《世界经济与政治论坛》2002 年第 6 期。

28. 蒋旭峰、唐莉莉：《政策下乡的传播路径及其运作逻辑——一项基于江苏省 J 市 10 个乡镇的实证调查》，《学海》2011 年第 5 期。

29. 靳卫东：《贫困文化视角下财政惠农政策的经济绩效研究》，《中央财经大学学报》2008 年第 7 期。

30. 刘彦武：《乡村文化振兴的顶层设计：政策演变及展望——基于“中央一号文件”的研究》，《科学社会主义》2018 年第 3 期。

31. 李若云：《完善财政政策体系保障国家粮食安全》，《中国财政》2014 年第 9 期。

32. 李荣华、程炉：《直补模式的惠农政策：效果、限度与走向》，《云南行政学院学报》2014 年第 2 期。

33. 卢小平：《我国惠农政策多头管理存在的问题及其应对》，《理论导刊》2013 年第 4 期。

34. 李伟毅、赵佳：《中国农业直接补贴：演变历程、阶段特征与变迁方向》，《经济研究参考》2012 年第 60 期。

35. 李海金、汤玉权、黄加成：《惠农和社会保障政策：运行逻辑与减贫效应——以农村最低生活保障制度为例》，《求实》2012 年第 6 期。

36. 丽莉：《惠农政策要长期坚持》，《中国国情国力》2011 年第 11 期。

37. 梁书民：《日本的土地制度与农业政策及启示》，《农业经济问题》2011 年第 9 期。

38. 梁伟军、吴春梅：《农民思想观念的现状及影响因素分析——基于湖北黄梅和大冶的调查》，《科学社会主义》2011 年第 5 期。

39. 李琼：《新型农村合作医疗制度再创新的路径探讨》，《河南大学学报》（社科版）2011 年第 5 期。

40. 李海闻、杨第：《关于“家电下乡”现状与问题的调查分析》，《中国软科学》2010 年第 3 期。

41. 林闽钢：《我国农村合作医疗制度治理结构的转型》，《农业经济问题》2006 年第 5 期。

42. 李敏昌、刘垚：《新世纪惠农政策新探析》，《农村经济》2009 年第 2 期。

43. 李德国、蔡晶晶：《西方政策评估技术与方法浅析》，《科学学与科学技术管理》2006 年第 4 期。

44. 刘砺平、李俊义、张云龙：《惠农政策为何屡遭截留》，《农村工作通讯》2007 年第 4 期。

45. 刘志国：《农户视角的惠农政策实施效果评价》，《农业经济》2009 年第 2 期。

46. 刘渝：《美、欧、日农业补贴特点及其对中国的启示》，《世界农业》2005 年第 5 期。

47. 林毅夫：《有关当前农村政策的几点意见》，《红旗文稿》2003 年第 8 期。

48. 马桂萍：《十一届三中全会后中国共产党惠农政策的演进及走向》，《党史研究与教学》2004 年第 6 期。

49. 马晓河：《今后两年惠农政策的选择》，《宏观经济研究》2002 年第 11 期。

50. 孟庆旭：《农村教育发展中的问题与对策》，《当代教育科学》2006 年第 23 期。

51. 马朝琦：《美国公共政策绩效评估方法及借鉴》，《西北农林科技大学学报》（社会科学版）2006 年第 5 期。

52. 米红、叶岚：《中国农村最低生活保障标准的模型创新与实证研究》，《浙江社会科学》2010 年第 5 期。

53. 孟天广、陈昊：《不平等、贫困与农村基层民主——基于全国 400 个村庄的实证研究》，《公共管理学报》2014 年第 2 期。

54. 慕良泽：《民生政治：惠农政策的政治效应分析》，《马克思主义与现实》2018 年第 1 期。

55. 孟宏斌：《利益主体视角下的西部新农合制度运行困境分析》，

《中国人口？资源与环境》2011年第8期。

56. 潘泽江、黄霞：《农业供给侧改革背景下支农财政政策的研究》，《浙江农业科学》2018年第12期。

57. 潘毅等：《中美公共政策评估系统比较及启示》，《甘肃行政学院学报》2008年第5期。

58. 曲延春、王成利：《政策演进与乡村治理四十年：1978—2018——以“中央一号文件”为基础的考察》，《学习与探索》2018年第11期。

59. 曲绍旭、刘旭东：《辽宁省农村新型合作医疗制度建设试点情况考察》，《广西社会科学》2006年第3期。

60. 任剑涛：《现代化国家治理体系的建构：基于近期顶层设计的评述》，《中国人民大学学报》2015年第2期。

61. 申恒胜：《“分配型政权”：惠农政策背景下基层政权的运作特性及其影响》，《东南学术》2013年第3期。

62. 沈立宏：《20个“中央一号文件”写实重中之重》，《农村工作通讯》2018年第Z1期。

63. 孙津：《税费改革与农民负担》，《中国农业大学学报》（社会科学版）2001年第2期。

64. 田进、凌卯亮：《惠农政策的效果转换分析——以“家电下乡”政策为例》，《农村经济》2014年第6期。

65. 童星、王增文：《农村低保标准及其配套政策研究》，《天津社会科学》2010年第2期。

66. 谭娟、许霞：《惠农政策信息传输与反馈中的问题及其改进》，《湖南农业大学学报》（社科版）2010年第1期。

67. 谭秋成：《农村政策为什么在执行中容易走样》，《中国农村观察》2008年第4期。

68. 谭秋成：《农村政策为什么在执行中容易走样》，《中国农村观察》2008年第1期。

69. 唐文娟：《农村义务教育财政投入的经济学分析》，《辽宁师范大学学报》（社会科学版）2007年第1期。

70. 王文礼：《论西部贫困地区农村义务教育存在的问题及其解决途

径》,《宁夏社会科学》2005 年第 3 期。

71. 王泸生:《从“文件治国”到依法治国》,《暨南学报》(哲学社会科学版)2001 年第 3 期。

72. 王体权:《惠农政策应加入激励机制》,《乡镇论坛》2008 年第 4 期。

73. 黄昌炜:《完善新型农村养老保险探析》,《经济与管理》2008 年第 11 期。

74. 王晓芳、王军锋:《农民对惠农政策落实状况的反映》,《中国农村经济》2007 年第 2 期。

75. 王增文:《农村最低生活保障及其配套项目的实施状况评估》,《农业经济问题》2010 年第 2 期。

76. 王增文:《农村最低生活保障制度的济贫效果实证分析——基于中国 31 个省市自治区的农村低保状况比较的研究》,《贵州社会科学》2009 年第 12 期。

77. 王良健、罗凤:《基于农民满意度的我国惠农政策实施绩效评估——以湖南、湖北、江西、四川、河南省为例》,《农业技术经济》2010 年第 1 期。

78. 王晓红:《家电下乡政策实施中出现的问题及对策研究》,《经济体制改革》2010 年第 6 期。

79. 王思舒、王志刚、钟意:《我国农业补贴政策对农产品生产的保护效应研究》,《经济纵横》2011 年第 4 期。

80. 王环环:《乡村基层政治运作——以开会为视角的分析》,《社会主义研究》2011 年第 1 期。

81. 温铁军、孙永生:《世纪之交的两大变化与三农新解》,《经济问题探索》2012 年第 9 期。

82. 王德福:《政策激励型表达:当前农村群体性事件发生机制的一个分析框架》,《探索》2011 年第 5 期。

83. 吴霜、吴雨龙:《惠农政策知晓度及知晓途径调查——以江苏省徐州市农村为例》,《调研世界》2012 年第 4 期。

84. 吴德椿:《关于惠农补贴方式改革的建议——基于云南洱源县茈碧湖镇的分析》,《经济研究参考》2012 年第 23 期。

85. 王成利：《聚焦“中央一号文件”擘画乡村振兴图景——〈强农惠农富农之路——改革开放以来涉农“中央一号文件”政策梳理与理论分析〉评介》，《山东社会科学》2018 年第 11 期。

86. 王亚华、苏毅清：《乡村振兴——中国农村发展新战略》，《中央社会主义学院学报》2017 年第 6 期。

87. 谢涛：《乡村振兴战略的历史逻辑、现实观照及时代意蕴——以“中央一号文件”为中心的考察》，《邓小平研究》2018 年第 6 期。

88. 谢来位：《惠农政策“自上而下”执行的问题及对策研究》，《经济体制改革》2010 年第 2 期。

89. 谢来位：《惠农政策执行效力提升的阻滞因素及对策研究》，《农村经济》2010 年第 3 期。

90. 谢来位：《惠农政策执行效力提升路径研究》，《云南行政学院学报》2010 年第 6 期。

91. 肖云、吴国举：《惠农政策与计划生育奖扶政策的冲突与对策》，《甘肃理论学刊》2009 年第 3 期。

92. 徐勇：《“绿色崛起”与“都市突破”——中国城市社区自治与农村村民自治比较》，《学习与探索》2002 年第 4 期。

93. 徐勇：《当前中国农村研究方法论问题的反思》，《河北学刊》2006 年第 2 期。

94. 奚长兴：《对法国公共政策评估的初步探讨》，《国家行政学院学报》2005 年第 6 期。

95. 徐勇：《“政策下乡”及对乡土社会的政策整合》，《当代世界与社会主义》2008 年第 1 期。

96. 苏小梅、曹敏：《总结经验统筹兼顾进一步落实好强农惠农政策——访国家发展改革委农经司司长高俊才》，《中国经贸导刊》2011 年第 6 期。

97. 许芳、徐国虎：《民族贫困地区弱势农民群体“新农保”参保意愿与行为实证分析——基于湖北省来凤县的调查》，《中南民族大学学报》（人文社会科学版）2013 年第 6 期。

98. 辛逸、高洁：《中国共产党农民思想及政策述论》，《教学与研究》2011 年第 7 期。

99. 余远方:《我国农村预算改革的方向》,《江西社会科学》2011 年第 5 期。

100. 杨安宝、郭宗藩:《解读“多予、少取、放活”的惠农政策》,《党政干部论坛》2005 年第 2 期。

101. 尹德挺、苏杨、陈可:《论“惠农政策连带人口效应”及其破解》,《重庆工商大学学报》2008 年第 5 期。

102. 杨兰:《中国“家电下乡”政策执行问题的有效性分析》,《经济与管理》2009 年第 12 期。

103. 杨林、高宏霞:《农村金融资源分配扭曲的现象与对策——基于兰州市榆中县、永登县、皋兰县的数据分析》,《经济理论与经济管理》2012 年第 8 期。

104. 杨臣、韦彩玲:《农村惠农政策的认知、评价及政策建议——基于公共服务的主题调查》,《社会主义研究》2011 年第 5 期。

105. 曾文明、魏秋华、廖春光:《我国惠农政策的成效评价及完善研究——以江西为例》,《中国农业资源与区划》2013 年第 1 期。

106. 朱玲:《排除农牧民发展障碍——康藏农牧区发展政策实施状况调查》,《中国社会科学》2013 年第 9 期。

107. 周建群:《强农惠农政策效应实证研究》,《东南学术》2012 年第 6 期。

108. 张金梅、邓谨:《惠农政策实施效果评价及对策研究——以国家级贫困县为例》,《中国农学通报》2011 年第 26 期。

109. 周青年:《信息传递视角下的国家惠农政策农民接受研究——以华中师范大学中国农村研究院“百村调查”为分析基础》,《东南学术》2012 年第 1 期。

110. 赵颖:《我国农村最低生活保障行政程序的实证分析——兼论行政程序与实体的互动》,《国家行政学院学报》2009 年第 6 期。

111. 曾锴、陈程:《对我国家电下乡政策的几点思考——兼论家电制造业发展转变》,《价格理论与实践》2010 年第 3 期。

112. 中央党校“欠发达地区社会主义新农村建设”课题组:《国家“惠农政策”的效果评价——来自湖南省郴州市的报告》,《理论视野》2009 年第 2 期。

113. 郑有贵：《第10次中共中央全会通过的农业决议与当代中国惠农政策演变》，《当代中国史研究》2001年第5期。

114. 周业柱：《惠农政策的关键是农村公共服务政策》，《安徽师范大学学报》2005年第5期。

115. 左延莉：《新型农村合作医疗的实证分析和过程评价》，《复旦大学博士学位论文》2007年。

116. 周永刚、向德富：《论先秦时期的"惠农"政策——中央惠农政策探源》，《福建论坛》2007年第8期。

117. 张娟：《新型农村合作医疗制度实施效果研究——基于湖南省宁乡县枫木桥乡的调查》，《云南农业大学学报》2011年第3期。

118. 周批改：《惠农政策的问题与对策分析》，《北京交通大学学报》（社会科学版）2011年第1期。

后　记

本书是本人主持的2012年国家社科基金项目、中国博士后科研基金项目和河北省博士后科研基金项目的部分成果。在此，首先感谢项目基金的资助，让项目团队能走出校门，走向田野，开展社会调查。同时，感谢实务部门、社会民众对项目调研的认可、支持和帮助！其实，本人关于惠农政策和基层治理的思考和研究，在2005年到华中师范大学读书期间就开始了，感谢华中师范大学中国农村研究院和政治学一流学科依托单位的老师们的教育、培养、提携和启发。特别是感谢我的博士学位指导老师徐勇教授和硕士学位指导老师刘义强教授多年以来的教诲、栽培、指导和关心，让我能够坚持这一领域，做出一点成果。

本人2011年博士毕业后，在河北师范大学法政学院工作，上述基金项目都是在河北师范大学法政学院申报的。2012—2014年也在法政学院马克思主义理论学科从事博士后研究，单位领导和博士后合作导师李建强教授也为本人从事社会调查研究提供了许多指导和方便，在此致谢！2014年后半年起，本人调到山西大学工作，和山西大学的同事们一起从事了采煤沉陷区治理、村庄换届选举、精准扶贫成效第三方评估、历史文化名村转型发展等专题社会调查工作，收获了许多关于本项目研究的资料和同事的帮助。2019年下半年，本人所在研究团队加盟哲学学科群冲击一流学科建设团队，主要从事学科群的社会服务及其研究，本书的出版，也获得了哲学学科群建设经费的支持，在此一并致谢！

本人从2012年开始担任硕士研究生指导老师。在河北师范大学和山西大学指导硕士研究生也从事惠农政策与基层治理方面的研究。本书部分内容也节选自本人指导的硕士研究生王芳、王成豪、刘鹏阳3人的硕士学位论文。当然，节选的内容根据本书研究框架做了一些调整和修改。是教学相长，学生的研究成果让本书更显丰富，更加全面。特别是，王芳也添加了一些最新研究资料，参与了本书第一稿、第二稿的编修工作。在此感谢学生的付出和贡献！本书最初由本人设计框架，也节选了本人公开发表在期刊《马克思主义与现实》和全国哲学社会科学工作办公室内部参阅刊物《成果要报》上的部分成果，以及本人和硕士研究生王晓琨公开发表在期刊《中国行政管理》上的部分成果。本书最终由本人修改定稿，文责由本人承担，也欢迎读者批评指正！

最后，感谢出版社细致、有效的编辑工作，使文字草稿成为一本规整的书籍！

是为后记。

慕良泽

2020 年 3 月于并州